자본 없는
자본주의 리부트

Restarting the Future

자본 없는 자본주의 리부트

초판 1쇄 인쇄일 2024년 9월 5일 **초판 1쇄 발행일** 2024년 9월 13일

지은이 조너선 해스컬 · 스티언 웨스틀레이크 | **옮긴이** 조미현
펴낸이 박재환 | **편집** 유은재 신기원 | **마케팅** 박용민 | **관리** 조영란
펴낸곳 에코리브르 | **주소** 서울시 마포구 동교로15길 34 3층(04003) | **전화** 702-2530 | **팩스** 702-2532
이메일 ecolivres@hanmail.net | **블로그** http://blog.naver.com/ecolivres | **인스타그램** @ecolivres_official
출판등록 2001년 5월 7일 제201-10-2147호
종이 세종페이퍼 | **인쇄 · 제본** 상지사 P&B

ISBN 978-89-6263-285-9 93320

책값은 뒤표지에 있습니다. 잘못된 책은 구입한 곳에서 바꿔드립니다.

자본 없는 자본주의 리부트

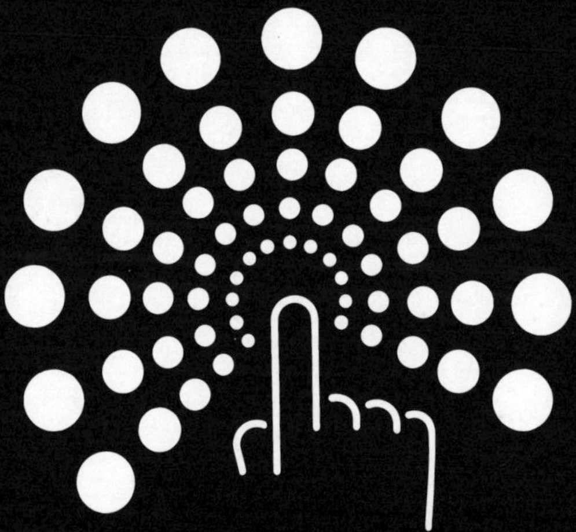

조너선 해스컬·스티언 웨스틀레이크 지음 | 조미현 옮김

에코리브르

차례

그림 및 표 차례

그림

머리말 · 감사의 글

이 책은 우리가 2017년 《자본 없는 자본주의》를 출간한 뒤 나눈 대화에서 많은 영감을 받아 탄생했다. 마틴 브러셀(Martin Brassell), 스티븐 체케티(Stephen Cecchetti), 타일러 카우언(Tyler Cowen), 다이앤 코일(Diane Coyle), 크리스 딜로(Chris Dillow), 대니얼 핀켈스타인(Daniel Finkelstein), 마틴 플레밍(Martin Fleming), 라나 포루하(Rana Foroohar), 빌 게이츠(Bill Gates), 존 해리스(John Harris), 콘스턴스 헌터(Constance Hunter), 리처드 존스(Richard Jones), 존 케이(John Kay), 윌리엄 커(William Kerr), 솔 클라인(Saul Klein), 아널드 클링(Arnold Kling), 바루크 레브(Baruch Lev), 유발 러빈(Yuval Levin), 에흐산 마수드(Ehsan Masood), 조지 몰론(George Molloan), 아터먼 오질리디림(Ataman Ozyilidirim), 로버트 페스턴(Robert Peston), 라이한 샐럼(Reihan Salam), 마이클 손더스(Michael Saunders), 댄 시셀(Dan Sichel), 데이비드 스미스(David Smith), 톰 서트클리프(Tom Sutcliffe), 바트 반 아크(Bart Van Ark), 캘럼 윌리엄스(Callum Williams), 마틴 울프(Martin Wolf) 등 많은 분에게 받은 통찰 가득하고 너그러운 논평에 깊이 감사드린다.

샘 보먼(Sam Bowman), 캐럴 코라도(Carol Corrado), 재니스 에벌리(Janice Eberly), 해럴드 에드퀴스트(Harald Edquist), 피터 굿리지(Peter Goodridge), 마시밀리아노 이오미(Massimiliano Iommi), 체칠리아 조나라시니오(Cecilia Jona-Lasinio), 폴 미젠(Paul Mizen), 개빈 월리스(Gavin Wallis), 자일스 윌크스(Giles Wilkes) 등 계속해서 영감을 준 우리 공동 저자들한테 감사한다. 우리의 관대한 후원자 에릭슨(Ericsson), 영국 경제·사회연구지원위원회(Economic & Social Research Council), 매킨지앤드컴퍼니(McKinsey & Company), 혁신·확산 프로그램(Programme on Innovation and Diffusion)과 생산성연구소(Productivity Institute), 우리의 노력을 지지해줬을 뿐만 아니라 이 책에서 논의한 사안에 헤아릴 수 없이 많은 실용적 통찰을 제공한 잉글랜드은행(Bank of England), 기업·에너지·산업전략부(the Department of Business, Energy and Industrial Strategy), 임페리얼 칼리지(Imperial College), 왕립통계학회(Royal Statistical Society) 등 고용주들에게도 감사드린다. 이 책에 실린 견해는 우리의 것이지 그들의 것이 아니다.

이 책은 브라이언 앤더슨(Brian Anderson), 아짐 아자르(Azeem Azhar), 앨리나 바넷(Alina Barnett), 샌드라 버닉(Sandra Bernick), 매트 클리퍼드(Matt Clifford), 사이먼 콕스(Simon Cox), 댄 데이비스(Dan Davies), 네드 도노번(Ned Donovan), 알렉스 에드먼즈(Alex Edmans), 데이비드 에드먼즈(David Edmonds), 존 핑글턴(John Fingleton), 톰 포스(Tom Forth), 마르코 거로펄로(Marco Garofalo), 샘 지마(Sam Gyimah), 안톤 하우스(Anton Howes), 조니 킷슨(Jonny Kitson), 마크 코야마(Mark Koyama), 앨리스 라스먼(Alice Lassman), 제이미 레니(Jamie Lenney), 폴 루이스(Paul Lewis),

존 마이어스(John Myers), 라마나 난다(Ramana Nanda), 마틴 오닐(Martin O'Neill), 소피 피턴(Sophie Piton), 페트라 사라파트코바(Petra Sarapatkova), 벤 사우스우드(Ben Southwood), 매릴린 톨(Marilyne Tolle), 레이철 울프(Rachel Wolf), 벤 여(Ben Yeoh) 및 프린스턴 대학교 출판부〔특히 조시 드레이크(Josh Drake)와 해나 폴(Hannah Paul)〕를 위시한 이들의 지원과 수고가 없었다면 불가능했을 것이다. 특히 원고 전체를 읽어준 수 해스컬(Sue Haskel)과 스티브 리골로시(Steve Rigolosi)에게 고마움을 전한다.

언제나 그렇듯 한없는 사랑과 응원을 보내주는 키어스틴(Kirsten)과 수(Sue)를 비롯해 가족들에게 감사한다. 이 책을 사랑하는 부모님들께 기쁜 마음으로 바친다. 마릿(Marit)과 로버트(Robert)에게 스티언이, 캐럴(Carole)과 사이먼(Simon)에게 조너선이.

서론: 이번 세기를 다시 시작할 방안

20세기는 넘치는 낙관주의 속에 막을 내렸다. 새로운 과학 기술 및 비즈니스 방식이 곧 부와 인류의 번영에 일대 약진을 가져올 것이라는 희망이 있었다. 그러나 현실은 매우 다른 것으로 밝혀졌다. 지난 20년간 선진국들의 성과는 실망 그 자체였다. 이 책에서는 무엇이 잘못됐는지 새로운 설명을 제시하고, 어떻게 하면 우리가 문제를 바로잡고 더 빠르게 성장하면서도 더 공정하고 지속 가능한 경제를 창조할 수 있을지 제안한다.

지연된 내일: 셀든의 놋쇠 명판과 로렌체티의 프레스코화

돌이켜보면 필연적인 듯한 미래가 당대에는 아슬아슬한 접전이었을 때가 가끔 있다. 그리고 바람직하고 그럴듯해 보이는 미래가 전혀 벌어지지 않을 때도 가끔 있다. 이를 생각하는 하나의 방편으로 오래된 것 두 가지를 살펴볼까 한다. 바로 자동차의 놋쇠 명판과 700년 된 그림 한 점이다.

20세기를 규정하는 과학 기술이 있다면 아마 무엇보다 자동차일 것이다. 이는 좋게든 나쁘게든 우리의 생활 방식, 경제, 도시, 기후에 영향을 미쳤다. 세기를 막 시작할 무렵에도 사람들은 이를 미래의 상징으로 여겼다. 그런데 1900년경 미국의 빈티지 자동차를 가만 보면 많은 차에 이상한 공통점이 있다. 바로 그 차가 조지 셀든(George Selden)이라는 자의 디자인임을 천명하는 놋쇠 명판이다. 자동차의 선구자 카를 벤츠(Karl Benz)나 헨리 포드(Henry Ford)라면 몰라도 셀든이라는 이름은 들어본 적이 없다면, 다 이유가 있다. 셀든은 엔지니어가 아니라 특허변호사였고, 자동차를 단 한 대도 생산한 적이 없다. 그러나 그는 1879년 모든 휘발유차에 해당하는 권리가 자기한테 있다고 주장하는 특허(미국 특허 549,160호)를 출원했다.[1] 이윽고 그는 시판하는 모든 자동차에 로열티를 요구하려고 여러 업체와 카르텔을 조직해 이 특허를 최대한 우려먹었다. 낯선 특허를 취득해 테크 기업을 갈취하는 데 써먹는 현대 특허 괴물들의 선구자인 셈이다. 의욕적인 업계가 탐욕스러운 집단의 희생양이 될 판이었다. 몇 년 뒤 헨리 포드가 이 특허에 이의를 제기해 8년간의 소송 끝에 승리를 거뒀고, 나머지는 누구나 다 아는 얘기다. 하지만 상황이 다르게 돌아갔을 수도 있으며, 그랬다면 미국 자동차 업계는 전혀 다른 방향으로 나아갔을 테고, 보다 넓게는 자동차의 역사에도 영향을 끼쳤을 것이다. 놋쇠 명판은 자동차의 발전이 사실은 당연한 게 아니었음을 일깨운다.

특허 전쟁은 자동차 업계에 국한하지 않았다. 몇 년 안 되어 항공업계도 비슷한 사건에 휩싸였고 하마터면 항로를 이탈할 뻔했다. 어떻게 보면 할리우드도 초기 영화제작자들이 토머스 에디슨(Thomas Edison)이 세운 활동사진특허회사(Motion Picture Patents Company)의 법적 제약에서 벗어나려고 그곳으로 간 덕분에 영화와 동의어가 되었다. 이상의 특허 전쟁은 많은 신기술의 발전과 경제적 결과가 규칙·법률·제도와 관련한 운에 달렸었다는 좀더 광범위한 역사적 교훈의 본보기다.

셀든의 놋쇠 명판은 하마터면 주요 기술의 떡잎을 자를 뻔했던 나쁜 규칙으로부터 경제가 운 좋게 벗어났음을 상기시킨다. 그러나 때로는 사회에 운이 따르지 않아 나쁜 제도가 물질적 진보를 멈춰 세우기도 한다. 이탈리아 시에나에는 명물이 있는데, 바로 이 도시의 14세기 모습을 생생히 그려낸 암부로조 로렌체티(Ambrogio Lorenzetti, 1317~1348년에 활동)의 눈부신 프레스코화 연작이다. 장밋빛과 자줏빛으로 도드라진 탑과 시장, 열심히 일하는 노천 상인들과 행복하게 춤추는 시민들을 세밀하게 묘사했으며, 제목은 〈좋은 정부가 시에나 일대에 미친 영향〉이다. 이 도시를 통치하는 위원회가 자리하던 공회당(현 시에나 시청—옮긴이) 회의실 벽에 그린 그림은 좋은 정부는 경제 번영에 일조한다는 정치적 입장을 견지한다. 이보다 걸맞은 자리가 있을까? 1300년대 초 시에나와 주변의 북이탈리아 도시들은 틀림없이 뛰어난 경제적 위업을 이룬 듯하다. 이들은 무역·금융·투자를 뒷받침함으로써 수 세기 동안 서유럽 대부분이 갇힌 생계의 덫에서 막 벗어나던 참이었다. 그러나 프레스코화 물감이 채 마르기도 전에 경제의 형세가 달라진다. 시에나의 번영에 일조한 제도가 새로운 경제에는 역부족임이 드러났다. 시에나는 다른 북이탈리아 도시들처럼 정체되더니 쇠퇴의 길을 걷기 시작했다. 공회당의 프레스코화는 옛날을 떠올리게 하는 우울한 상징물로 남았다.

시에나의 경험은 우리가 3장에서 탐구할 중요한 질문으로 이어진다. 경제가 성장하고 변화하려면 어떤 제도·규범·전략이 필요한 걸까?

경제적 대실망과 그 징후

작금의 경제 상태를 생각하면 **'이렇게 되지 말아야 했는데'**라고 생각할 수밖에 없다. 세상은 어느 때보다 풍요롭고 놀라운 과학 기술은 우리 생활을 전면적으로 바꿔놓고 있는데도, 경제적 관점에서 보면 **뭔가 잘 못됐다**는 것을 누구나 아는 듯하다.

1970년대 말 영국은 그 **잘못된 뭔가**가 너무 확연해 '유럽의 병자'라는 별명까지 얻을 정도였다. 오늘날 선진국들의 경제가 당면한 문제에는 아무 명칭도 붙지 않았지만, 나라마다 다섯 가지 징후가 보인다. 바로 경기 침체, 불평등, 역기능적 경쟁, 취약성, 비진정성이다. 이런 징후에 주목해야 하는 이유는 단지 객관적으로 바람직하지 않을 뿐만 아니라, 전통적 설명이 아예 먹혀들지 않거나 예기치 않은 모순이 드러나는 등 설명하기 어렵기 때문이다. 이들을 여기서는 간략히 소개하고 1장에서 좀더 상세히 설명하고자 한다.

경기 침체. 생산성의 성장 속도가 지난 10년간 몹시 느렸다. 그 결과 부자 나라들의 1인당 국민 소득은 21세기 성장률이 추세대로 지속했더라면 벌어들였을 것보다 25퍼센트가량 적다. 저성장기 자체는 이상할 게 없지만, 현재 우리의 불황은 장기화한 데다 당혹스럽기도 하다. 이는 초저금리와 여러 이례적 경기 부양 시도에도 끄떡없는 것으로 판명 났다. 게다가 새로운 과학 기술과 이를 활용하는 신생 기업에 많은 이가 열광하는 데도 그렇다.

불평등. 부의 관점에서 측정하든 소득의 관점에서 측정하든 불평등은 1980년대 이후 대폭 증가했고 꾸준히 유지되었다. 그러나 지금 불평등은 단순히 가진 자와 못 가진 자의 문제가 아니다. 오히려 상류층 엘리트와 문화적·사회적 변화에 뒤처진 하층 민중 사이에서 인식하는 격차, 이른바 **존경의 불평등**으로 인해 더 심해지고 있다. 존경과 물질적 풍요 사이에는 어느 정도 상관관계가 있지만 이 관계는 불완전하다. 자산이 넉넉한 은퇴자 상당수가 현대화에 뒤처진다고 느끼고, 빚더미에 앉은 무일푼 대졸자 다수가 자유주의 엘리트에 포함되니 말이다.

역기능적 경쟁. 시장 경제의 생명선인 경쟁이 제대로 작동하지 않는 것 같다. 기업의 운명은 더욱 정해진 것처럼 보인다. 아마존과 구글 같은 1조 달러 기업들은 이윤이 하늘 높은 줄 모르고 치솟으며, 후발 기업들을 끊임없이 제치고 있다. 신생 기업은 점점 줄고, 사람들이 고용주를 바꾸거나 직장을 찾아 이주할 가능성도 점점 희박해진다. 여기서도 모순이 보인다. 경제생활에서 경쟁이 갈수록 스트레스를 유발하고 소모적이며 폭주하는 느낌이라고 많은 사람이 불평하며, 객관적으로 풍족한 이들과 부자들조차 뒤처지지 않으려 더 열심히 일해야 하는 것처럼 보인다.

취약성. 코로나19 팬데믹은 세계 최강국들조차 자연의 힘에는 면역력이 없음을 드러냈다. 사실 팬데믹이 초래한 피해는 경제의 복잡성·고도화와 관련 있다. 우리의 밀집된 대도시, 복잡한 국제 공급망, 세계 경제의 전례 없는 상호 연결성은 바이러스가 이 나라에서 저 나라로 넘어 다니게 해줬고 이를 통제하는 데 드는 봉쇄 비용을 상승시켰다. 15년 전만 해도 중국 외딴 지역에서 발생한 팬데믹은 부유한 세계에서 기껏해야 하찮은 뉴스거리에 지나지 않았을 것이다. 우리는 이제 세계화·공급망·인터넷 덕분에 다른 대륙 나비 한 마리의 날갯짓에도 노출되는 듯하다.

코로나19가 인류에 미친 파괴적 영향은 많은 이들한테 장차 기후변화가 초래할 참사의 예고편이다. 팬데믹의 실제 영향에 지구 온난화의 예상하는 영향을 합치면 생태계 수준의 거대한 위협 앞에 경제가 얼마나 취약한지 잘 드러난다. 두 문제에는 공통점이 또 하나 있다. 바로 해결 방안을 아는 것과 실제로 이행하는 것 사이의 흥미로운 괴리다. 대만부터 태국까지 많은 나라가 올바른 정책은 코로나19 사망자 수와 피해액을 줄여준다는 사실을 입증했다. 경제를 탈탄소화할 믿을 만한 세부 계획도 마찬가지로 존재하기는 한다. 그러나 지식과 실천의 간극은 크고 국가 대부분은 이를 메우지 못하는 듯하다.

또 다른 취약성의 지표는 경제적 충격을 상쇄해야 할 중앙은행들의 역량 저하다. 미국에서 코로나19 팬데믹을 향해 치달은 아홉 차례의 불황 동안, 연방준비제도이사회(연준)는 금리를 평균 6.3퍼센트포인트 인하했다.[2] 그 인하율이 영국에서는 코로나19 이전 다섯 차례의 불황 동안 5.5퍼센트포인트였다. 그러나 2009년 이후 미국·영국·유럽대륙의 중앙은행이 정한 평균 금리는 각각 0.54퍼센트, 0.48퍼센트,

0.36퍼센트였다(2021년 4월까지의 자료). 금리에 관해서는 이들의 이른바 정책 여력이 심히 제한적인 듯하다.

비진정성. 21세기 경제적 대실망의 마지막 특징을 경제학자들은 논하지 않지만 일반인들의 토론에서는 비중이 크다. 우리는 이를 **비진정성** 혹은 **허위성**이라 부른다. 즉 노동자와 기업에 마땅히 있어야 하고 전에는 있던 기개와 진정성이 부족하다는 생각이다. 인류학자 데이비드 그레이버(David Graeber)의 '불쉿 잡(bullshit job: 무의미하고 불필요해서 그 일을 하는 사람조차 왜 하는지 모르는 직업—옮긴이)' 비판을 들여다보자. "실제로 물건을 만들고 옮기고 고치고 관리하는 계급 사람들한테는 날이면 날마다 정리 해고와 독촉이 이어지는" 동안에도 "할 일 없는 유급 사무직원 숫자는 어떤 이상한 연금술을 거친 것인지 결국 늘어나는 것 같다."[3]

그레이버의 비판은 현대 세계가 근본적 현실에서 떨어져나와 디즈니랜드처럼 자체적 새 삶을 시작한 복제물과 상징, 즉 '시뮬라크르'에 지배당하고 있다고 주장한 장 보드리야르(Jean Baudrillard)를 비롯해 포스트모더니스트들의 발자취를 따른다.[4] 보수 논객 로스 다우서트(Ross Douthat) 역시 현대 사회에서 타락의 특징은 문화·미디어·엔터테인먼트의 독창성보다 복제가 판치는 것이라고 했다. 현대 세계를 과거와는 다른 방식으로 짜깁기하고 이야기하며 기획하고 있다는 것이다.[5]

이 견해에는 대중도 공감한다. 제조업은 정부가 이를 더 촉진해야 한다는 생각과 함께 유권자들에게 늘 인기를 끈다. 미국의 제조업 일자리 복원은 2016년 가장 큰 반향을 일으킨 도널드 트럼프(Donald Trump)의 선거 공약이었다. 역대 영국 정부는 "새로운 산업, 새로운 일자리"와 "제조업자들의 행진"으로 글로벌 금융 위기에 대응하겠다고 약속했다. 이 중 어느 하나도 지키지 못했지만 어쨌든 그런 공약을 내걸었다는 사실은, 우리가 '물건을 만드는 일'로 되돌아가야 한다는 생각과 현대의 많은 경제 활동은 왠지 진정성이 없다는 의혹이 얼마나 널리 퍼져 있는지를 강하게 내비친다.

경제와 사회는 종종 불안한 시기를 거쳤다. 그러나 여기 나열한 다섯 가지 문제가 공존한다는 바로 그 점이 특히 당혹스럽고 역설적이다. 경기 침체는 예전에도 우리에게 영향을 끼친 적이 있다. 그러나 오늘날의 불황은 저금리, 기업의 고수익, 우리가 아찔한 속도로 발전하는 과학 기술의 시대에 살고 있다는 통념과 공존한다. 물질적 불평등의 심화 속도는 더뎌졌지만, 그 결과와 후유증—존경의 불평등, 정치적 양극화, 지리적 격차, 황폐해진 공동체, 조기 사망[6]—은 계속 증대하고 있다. 그리고 7장에서 다루겠지만 신생 기업이 줄고 선두 기업과 후발 기업 간의 고질적 실적 격차가 벌어지면서 경쟁은 둔화한 것처럼 보인다. 그런데 관리자나 노동자나 매한가지로 직장 생활이 이전보다 미친 듯 바빠졌다고 느낀다.

이 책에서 두 가지 핵심 질문에 답하려 한다. 무엇이 이 모든 징후를 초래하는가? 그리고 여기에 대해 우리는 무엇을 할 수 있는가?

경제적 대실망 설명하기: 행동 대 상황 대 경제적 변화

상황이 크게 잘못되었을 때 그 이유를 설명할 이론이 부족한 경우는 거의 없다. 1장에서 다룰 텐데, 경제적 대실망에 관한 이론은 대략 행동 때문이라는 부류와 상황 때문이라는 부류 두 가지다.

행동론은 우리가 잘 처신했다면 문제를 피해갈 수 있었을 거라 주장한다. 좌파 평론가들은 증세나 경쟁법 강화로 신자유주의를 무너뜨렸어야 한다고 외친다. 우파 평론가들은 기업가 정신의 쇠퇴를 탓하며 사라진 '건설적' 문화를 개탄한다. **상황**론은 더 숙명론적이다. 지금 우리가 당면한 사안은 그저 해묵은 결함이 모습을 드러낸, 자본주의의 자업자득일 뿐이라고 얘기한다. 다른 이론은 경기 침체가 진보의 필연적 결과라면서, 역대급 성장률은 아마 과학 기술에 행운—가령 내연 기관, 전기, 텔레비전, 실내 화장실 같은 혁신적 발명품—이 함께 한 것에 기인했을 텐데, 지금 우리가 활용할 수 있는 기술에는 그만한 운이 따르지 않기 때문이라고 역설한다. 또 다른 이론은 비관적이어서 지난 20년이 뉴 노멀(시대가 변함에 따라 새롭게 떠오르는 표준—옮긴이)을 나타낸다고 주장한다. 그런가 하면 우리가 신기술을 생산적으로 활용할 방안을 발견한다면 향후 상황이 호전할 것으로 예측하는, 더 낙관적인 이론도 있다.

우리는 세상이 그냥 나빠졌다거나, 천운이나 과학 기술의 거대한 흐름이 우리에게 등을 돌렸다는 가정에 기대는 이론에는 회의적이다. 이 책은 대안적 설명을 제시한다. 우리는 주로 물질적이던 경제가 생각·지식·관계에 기반한 것으로 근본적으로 바뀌는 과정에 있다고 생각한다. 안타깝게도 경제가 의존하는 제도는 거기에 보조를 맞추는 데 대개 실패했다. 우리 눈에 보이는 문제점은 돌이킬 수 없는 과거와 이루지 못한 미래 사이에 갇혀버린 경제의 병적 징후다.

우리는 2017년 《자본 없는 자본주의》라는 책에 주로 물질적이던 경제가 생각·지식·관계에 기반한 경제로 넘어가는 변화를 기록했다. 거기서 우리는 무형 자산〔가령 소프트웨어, 데이터, 연구개발(R&D), 디자인, 브랜딩, 훈련, 사업공정〕 투자로 넘어가는 변화에 주목했다. 이 변화는 40년 넘게 지속했다. 이 책에서 밝히겠지만, 이 변화 자체가 존경의 불평등 심화부터 선두 기업과 후발 기업 간의 고질적 격차에 이르기까지 경제적 대실망의 특징이 나타나는 이유다.

우리는 《자본 없는 자본주의》를 집필하던 중 무형 자본 이야기의 예기치 못한 측면을 알게 됐다. 장기간에 걸친 무형 자산 투자의 증가세가 금융 위기 무렵부터 더뎌진 것 같았다. 이 둔화는 완전히 예상을 벗어난 것이었다. 어쨌든 무형 자산 투자는 수십 년 동안 건실하게 성장했으니 말이다. 소프트웨어나 연구개발 같은 무형 자산 투자와 플랫폼, 네트워크, 강력한 브랜드가 가져다주는 무형의 이득은 기업에 갈수록 중요해지고 있었다. 무형 자산이 풍부한 기업들은 세계 주식 시장에서 지배력을 높여갔고, 미시적 차원에서도 무형 자산 투자 수요는 위축될 기미가 보이지 않았다. 처음에 우리는 무형 자산 투자의 증가세 둔화가 틀림없이 글로벌 금융 위기의 일시적 결과일 것으로 추정했다. 그러나 데이터를 더 많이 입수하면서 일시적 하락세가 아님이 확연해졌다. 그런 지도 이제 10년이고, 우리는 그것이 이 시기 생산성 증가율 하락의 상당 부분을 설명해준다고 본다.

미완의 혁명

3장에서 자세하게 다룰 우리의 명제는 **부적합한 제도**가 근본적 문제라는 것이다. 더글러스 노스(Douglass North)가 서술한 "정치적·경제적·사회적 상호 작용을 조직하는, 인류가 고안한 제약" 또는 아널드 클링과 닉 슐츠(Nick Schulz)가 말하는 경제의 "운영 체제", 바로 제도에 경제 활동이 달렸다는 것은 경제학자나 일반인이나 대부분 받아들인다. 건실한 제도는 다음 교류를 가능하게 해준다. 거래, 투자, 경제를 발전시키는 전문화(專門化). 대신 건실한 제도가 되려면 다음 네 가지를 달성해야 한다. 충분한 **약속** 보장, **집합 행위** 문제 해결, **정보** 제공, 소모적 **영향력 활동** 제한.

관건은 무형 자본의 경제적 성격이 특이하므로 제도가 이를 수용할 수 있도록 바뀌어야 한다는 것이다. 예를 들어 집합 행위의 필요성 증가를 생각해보자. 기초 과학 연구나 직업 훈련처럼, 기업이 선뜻 돈을 대지 않는 무형 자산에 자금을 지원하는 공공 기관이 경제 정책에서 더 중요해지고 있다. 정보의 필요성 증가도 고려해보자. 자본 시장과 은행 시스템은 대출 담보로 사용하기 어려운 자산을 보유한 기업에 돈을 빌려줄 수 있어야 한다. 그와 동시에 소모적 영향력 활동도 증가한다. 특정 무형 자산에 소유권을 부여하는 지식 재산권을 둘러싼 소송이 늘고, 무형 자산 투자가 왕성해보이는 인구 밀집 지역에서는 도시 계획과 지역 지구제를 놓고 역기능적 분쟁이 벌어진다. 적절한 제도가 없으면 다음 두 가지 문제가 발생한다. (1) 가치 있는 무형 자산 투자가 이뤄지지 않아 성장 둔화를 초래하고 (2) 무형 자산이 풍부한 경제의 잠재적 문제가 판친다.

무형 자산을 국내 총생산(GDP)의 약 15퍼센트까지 끌어올리기에 충분하던 제도가 왜 그 이상의 증가를 뒷받침하지 못하는지 생각해보기 위해 화학의 촉매제 비유를 들 수 있다(경제학은 이미 비유적 개념으로 가득하지만, 이런 논법에 반대하는 순수경제주의자들한테는 사과드린다). 맥주와 포도주 제조업자들은 효모균이 당류를 에탄올과 이산화탄소로 바꾸는 반응의 촉매인 치마아제 효소를 분비하는 것을 안다. 그러나 발효 중인 액체의 알코올 농도가 15퍼센트 이상으로 오르면 효모균이 죽어, 이 반응을 결정짓는 치마아제가 더 이상 생성되지 않는다. 효모균은 포도주는 만들지만 브랜디는 만들지 않고, 맥주는 만들지만 위스키는 만들지 않는다. 화학공학자들은 촉매제의 효과가 불순물이나 활성화한 반응의 부산물로 인해 감소하는, 촉매 피독(被毒)이라는 좀더 일반적인 현상을 얘기한다.

무형 경제가 의존하는 제도도 같은 방식으로 작동하는 듯하다. 무형 친화적 제도가 경제의 극히 일부에만 존재해 확장에 별 쓸모 없을 때가 있다. 한 예가 최대 규모의 무형 집약적 기업 다수에 초기 자금을 지원한 벤처 캐피털 업계다. 그런가 하면 무형 자산이 자본 스톡에서 작은 비중을 차지할 때는 미미한 문제에 불과하던 결함과 클루지(kludge: 급조한 컴퓨터 장치의 인터페이스로 눈가림하는 임시방편을 뜻하기도 함—옮긴이)가 무형 자본이 중요해지며 심각한 문제가 될 때도 있다. 설계가 형편없는 지식 재산권 체계가 유발한 특허 전쟁, 독자의 비위를 맞추려는 학자들의 연구 사기, 클러스터(산업 집적지—옮긴이) 확대를 가로막는 도시 계획 분쟁은 모두 1980년대보다 현시대에 더 큰 골칫거리다.

또 어떤 경우는 더 무형적인 경제의 결과—가령 불평등 심화, 자유주의자 엘리트와 뒤처진 대중 간 격차 확대가 가져온 정치적 결과—가 무형 경제가 의존하는 제도를 약화시키는 역할을 하기도 한다. 무형 자산이 풍부한 엘리트들의 득세에 화가 난 유권자들이 포퓰리즘 정부를 선출하고, 이 정부가 과학 연구처럼 무형 자산 투자를 촉진하는 제도의 예산을 삭감한다. 값비싼 소프트웨어나 네트워크를 통해 시장 우위를 차지한 기업이 경쟁업체의 생존을 더 어렵게 만들 로비에 돈을 대고, 이들은 투자를 단념하기에 이른다. 그 결과 부적절한 제도의 비용이 상승한다.

무형 자산이 중요해짐에 따라 우리의 경제가 의존하는 제도는 대형 은행이나 정부 부처에서 쓰는 철 지난 소프트웨어 시스템처럼 보이기 시작한다. 구조는 시대에 뒤떨어지는데 비용은 갈수록 많이 드는, 소프트웨어 개발자들이 **기술 부채**라 부르는 상황이다. 초기에는 손쉬운 방법, 즉 구조 절충 및 임시방편이 통할 수 있지만 시간이 흐르면서 비용은 상승하고, 결국 그 부채를 상환하지 않으면 시스템이 고장 난다. 기술 부채가 대중의 의식 속에는 거의 침투하지 않았지만—아마 가장 유명한 사례는 해결하는 데 수천억 달러가 들어간 밀레니엄 혹은 Y2K 버그일 것이다—우리 모두가 일상적으로 의존하는, 많은 소프트웨어 안에 잠복하고 있다. 무형 자산의 중요성 증대는 우리가 **제도적 부채**라 부르는, 더 크고 만연한 기술 부채를 창출했다.

제도적 부채 상환

이 책의 후반부에서 우리는 미래의 무형 자산 투자를 가로막고 이미 진행 중인 투자의 문제를 악화시키는, 제도적 부채가 가장 심각한 네 영역을 살펴보고자 한다.

공공 자금과 지식 재산. 가장 두드러진 문제는 무형 자산 투자 촉진이라는 명확한 목적이 있는 제도와 관계있다. 지식재산법과 연구, 훈련, 문화 콘텐츠에 자금을 대는 공공 기관은 전부 무형 자본의 중대한 특성 한 가지를 해결하는 일을 한다. 바로 스필오버(spillover: 특정 개인이나 기업이 투자한 무형 재화에서 타인이 이득을 취하는 경향—옮긴이)가 일어나 그렇지 않았다면 투자했을 민간 기업의 인센티브를 감소시키는 것이다. 4장에서 다루겠지만, 그런 이유로 정부는 스필오버를 제한할 지식재산법을 제정하거나, 보조금을 지원하거나, 투자 자금을 직접 댄다.

안타깝게도 적절한 균형은 찾기 어렵고, 위험성이 더 낮은 유형 집약적 경제에 맞춰 설계한 기존 제도는 시험대에 오른다. 우리의 기존 시스템은 투기와 달리 고수익 무형 자산 투자를 장려하는 데는 흔히 애를 먹는다. 아무도 읽지 않는 논문을 작성하라고 권유받는 연구자들, 고용주가 쳐주지도 않는 학위를 따는 청년들 이야기에 다들 익숙하다. 이런 문제는 무형 자본의 근본 특성에서 나온다. 바로 그 가치가 유형 자본에 비해 더 다양하고 불균일하다는 것이다. 알맹이와 쭉정이를 식별하는 과제는 정부에 큰 부담을 안긴다. 정부의 연구 자금 지원이나 특허 관리 체제는 보통 규칙에 의존하는데, 이 규칙이 그 과제에 맞지 않기 때문에 더 그렇다. 게다가 기존 체제가 공공 자금을 제공할 수는 있지만, 프로젝트의 성공에 갈수록 긴요해지는 다양한 아이디어의 촉진은 어려울 수 있다.

금융 및 통화 정책. 민간 부문 기업에 자금을 제공하는 금융 시장, 은행 시스템뿐만 아니라 이를 뒷받침하는 통화 정책 시스템에도 못지 않은 난관이 존재한다. 기업의 외부 자금은 대부분 부채의 형태다. 그러나 무형 집약적 기업은 부채 금융에 적합하지 않다. 무형 자산은 담보로 잡기가 힘들고, 승자 독식 성격으로 인해 신용도 평가도 더 어렵다. 이런 실태 때문에 금리 조정을 통해 경기 순환을 관리하는 중앙은행의 역량이 약해진다. 해결책은 주식보다 부채에 유리한 조세·규제 규칙과 금융 기관 규제 방식의 제도적 변화를 병행하는 것, 다시 말하면 무형 자산이 풍부한 기업에 대한 중앙은행의 투자 역량을 키우는 것이다.

아울러 경기 부양책이 필요할 때 신용 거래 비용을 줄이는 중앙은행의 전통적 역할을 재검토할 때다. 이는 제로에 가까운 금리—한편으로 경제가 더욱 무형화함에 따라 리스크 프리미엄(위험을 감수한 대가로 지불받는 보상—옮긴이)이 상승해 생긴 현상이다—로 더 힘들어졌다. 우리는 이 쟁점을 5장에서 다루고자 한다.

도시. 실리콘밸리부터 선전(深圳)·소호(Soho)에 이르기까지 전통적으로 무형 집약적 기업은 번화한 인구 밀집 도시에 집적됐다. 무형 자산은 스필오버를 발생시키고 시너지 효과를 내는데, 이를 활용할 최고의 방안은 코로나19에도 불구하고 어느 정도는 대면 상호 작용인 듯하다. 그러니 선진국 대부분의 도시 계획 및 지역지구제법은 유주택자들에게 거부권을 쥐어줌으로써 도시 성장을 방해한다. 이 거부권의 비용은 무형 자본이 중요해질수록 나날이 높아진다. 우리는 6장에서 이 사안의 증거를 검토하고, 해결에 따르는 정치적 도전을 논의하고, 유주택자들과 지역 사회가 도시 성장의 혜택을 공유할 뿐만 아니라, 무형 자산이 풍부한 경제에서 원격근무의 혜택도 극대화할 해법을 제시하고자 한다.

경쟁 정책. 지배적인 대기업들—구글 같은 테크 플랫폼부터 월마트 같은 유통 체인까지—의 득세는 경쟁 정책이 약해진 결과이며, 올바른 대응은 더 공격적이던 1960~1970년대의 경쟁 규칙으로 되돌아가는 것이라는 주장이 나날이 거세지고 있다. 7장에서 다루겠지만 우리는 이 주장의 방향이 틀렸다고 본다. 선두 기업과 후발 기업 간 격차 확대는 대개 무형 자산의 중요성이 커진 결과이며, 이는 임의적 기업 해체를 통해서가 아니라 시장의 진입 장벽을 확실히 낮춰 해결해야 한다. 그보다 서서히 퍼지며 골치를 썩이는 또 다른 양상의 경쟁도 있다. 구체적으로 말하면 불필요한 석사 학위와 남아도는 전문 자격증처럼 쓸데없는 신호에 더 투자하게 만드는—역시 무형 자산의 중요성이 커진 데서 비롯한—개인들의 경쟁 심화다. 이런 유형의 제로섬(참가자 각각의 이득과 손실의 합이 제로가 되는 상황—옮긴이) 경쟁 방지에 대해 정부 대부분은 걱정하지 않으나, 정치의 우선 과제가 돼야 할 것이다.

두 가지 공통 주제가 이들 제도적 문제를 떠받치는 동시에 해결책을 가리킨다. 첫 번째 주제는 특히 무형 자산 투자 관련 기능에 있어, 정부와 우리 제도를 뒷받침하는 조직의 역량 구축이 중요하다는 것이다. 이는 전통적으로 정부의 우선 과제가 아니던 연구개발 같은 분야에 더 많은 금액을 지출하는 일일 수 있다. 그러나 올바른 판단력을 발휘하고 업무를 완수하는 능력에 투자하는 일인 경우가 더 많다. 제대로 기능하는 지식 재산 체계, 과학 연구·교육에 대한 효율적 자금 지원, 무형 집약적 기업을 위한 깊이 있고 유동적인 자본 시장은 하나같이 이런 능력을 요구한다. 이 능력이 정부 내에는 특히 희박한데도 종종 효율이나 긴축이란 이름으로 도려낸다. 특허심사관, 법원 행정관, 연구자금담당관들은 아마 가장 화려하지 않은 공무원에 속할 테고, 정치인들이 관료 기구와 관리직을 줄이겠다고 공약할 때면 제일 먼저 잘릴 업무를 하는 사람들이다. 그러나 이런 형태의 정부·제도 역량 구축은 자라나는 무형 경제를 배양하는 데 아주 중요하다.

두 번째 주제는 우리가 제도를 바로잡고 싶다면 정치적 협상을 확인하고 매듭지어야 한다는 것이다. 우리의 제도가 부적합한 이유는 현명한 아이디어가 충분치 않아서가 아니라, 많은 사람에게 현 상태가 잘 맞고 변화에 정치적·사회적 비용이 따르기 때문이다. 유주택자는 주택 증설을 바라지 않으며 이를 가로막을 규칙을 좋아한다. 지식 재산 체계는 권리자들에게 혜택을 주며 이들은 자기 권리를 확대·강화하고자 로비 활동을 한다. 이런 제도를 개선하려면 효율적 테크노크라시(과학 기술 전문가들이 큰 권력을 행사하는 정치·사회 체제―옮긴이)가 아닌 그 이상이, 즉 새 제도를 돌아가게 할 합의가 필요하다. 예를 들어 거리 단위 지역 지구제(6장에서 다룬다)는 유주택자들에게 신규 주택 공급을 지지할 인센티브를 제공하며, 정치적 자본 증가는 정치인들로 하여금 과학 연구 같은 엘리트 프로젝트에 대한 공공 지출 인상을 정당화할 수 있게 한다.

이들 요건은 정치적으로 무리한 요구로 보일지도 모른다. 정부 역량 재건은 솔깃한 선거 공약은 아니고, 새 제도가 먹혀들게 하는 협상에는 창의력, 묘책, 기득권에 도전하는 의지가 필요하다. 또 상황이 실제로 나아질 수 있다는 믿음, 즉 실용적 낙관주의도 필요하다. 그러나 경제적 대실망에 관한 다른 설명과 달리, 우리가 하는 이야기와 제안하는 해법은 낙관주의의 근거다. 만일 우리가 직면한, 중대한 경제적 문제가 일부 논객들이 하는 말처럼 전반적 도덕성의 타락이나 신기술의 멈출 수 없는 외생적 생산성 변화라면, 이를 바로잡기란 엄청난 난제일 터이다. 그러나 경제 구조의 변화를 따라잡기 위해 제도를 갱신·개선하는 데 실패한 것이 문제라면, 실행은 어렵겠지만 해결책이 있다. 제도의 일신은 예전에도 일어났고 또 일어날 수 있다. 우리가 이를 실행하는 데 성공한다면 성장과 번영을 증진하고, 팬데믹에서 지구 온난화에 이르는 생태계의 위협에 대응하고, 거의 20년간 경제를 가둬놓은 음울한 사회복귀시설(앞서 거론한 '유럽의 병자' 비유와 연결됨—옮긴이)의 탈출구를 모색할 수 있을 것이다.

Restarting the Future
How to Fix the Intangible Economy

1부

무엇이 잘못됐나, 그리고 그 이유는?

1

경제적 대실망

선진국들은 21세기 초부터 중대한 여러 문제와 씨름해왔다. 경기 침체, 불평등, 취약성, 역기능적 경쟁, 전반적으로 감지되는 이른바 비진정성이다. 이 장에서는 이상의 문제점과 이를 설명하는 데 이용하는 서사 몇 가지를 얘기하고자 한다. 이들 서사의 특징은 노스탤지어, 숙명론 혹은 양쪽 모두다. 대안적 설명도 제시한다. 바로 유형 자산 의존에서 무형 자산 의존으로 넘어가는, 선진 경제로의 힘겨운 전환의 결과로 이들 문제를 바라봐야 한다는 것이다.

지금 당장은 코로나19 팬데믹과 그 여파라는 프리즘을 통하지 않고 현대 경제를 보기 어렵다. 너무 많은 것이 잘못됐고 달라졌기에 코로나19 이전에 있던 문제는 마치 사라진 세상의 낡은 사진처럼 보일 지경이다.

그러나 2019년을 돌이켜보면 그때도 선진국들에 뭔가 잘못됐다는 느낌이 널리 퍼져 있었음이 기억날 것이다. 이 우려는 어디에나 있었고 다면적이었다. 또한 다보스 포럼(기업인·정치인·경제학자·언론인들이 스위스 다보스에 모여 토론하는 세계 경제 포럼—옮긴이)의 기조부터 포퓰리즘 정치인들의 전당 대회까지 현대 생활에 대한 우리의 화법에서 일종의 바탕화면을 구성했다. 이는 국가 경제에 관한 거시적 이야기(왜 이렇게 경제가 저성장일까? 왜 우리는 더 이상 물건을 **제조**하지 않을까?), 개인 생활에 관한 사고방식(직장 생활의 스트레스는 왜 갈수록 심해질까? 내 업무는 왜 이렇게 하나 마나 한 것이 많을까?)에서 드러났다. 그것은 장기 침체와 시장 집중을 놓고 토론을 벌이는 주류 경제학자들과, 자본주의가 지구를 파괴하고 메울 수 없는 빈부 격차를 창출하는 게 아니냐고 질문하는 비판의 목소리들을 의심할 여지 없이 통합시켰다. 사람들은 경제를 얘기할 때면 마치 우리가 납의 시대(1960년대 말부터 1980년대 초 이탈리아의 사회적·정치적 혼란기—옮긴이)라도 사는 양 실망감을 나타냈다.

세계 보건 위기의 극복이라는 난제 앞에서 이런 우려는 별스럽고 구닥다리처럼 보일 수 있다. 생산량이 25퍼센트 하락했는데 누가 장기 침체에 신경 쓰겠는가? 당면 문제가 공중 보건과 소비자·투자자 신용을 지키는 것인데 누가 경제 구조에 신경 쓰겠는가? 그러나 이런 장기적 우려는 사라지지 않았기에 우리는 계속 신경을 써야 한다. 여기에는 우리 경제에서 일어나고 있는, 장기간에 걸친 변화에 근거한 공통의 원인이 있다. 우리의 이해력과 대응력이 경제를 재건할 능력을 결정할 터이다. 코로나19 위기는 어두운 밤 몰아치는 번개처럼 우리가 맞닥뜨린 장기적 문제를 밝혀내고 숨겨진 쟁점을 명확하게 해준다. 또한 이를 바로잡을 기회를 제공하기도 한다. 더욱이 코로나19는 경제의 장기적 특성을 제대로 이해하는 것의 근본적 필요성을 여실히 보여준다. 전쟁 이전 축적된 기초 연구를 토대로 한 제2차 세계대전 시기의 혁신처럼, 코로나19 백신은 커털린 커리코(Katalin Karikó)의 합성 전달 물질 RNA 연구와 같은 과거의 발견이 기반이었다.[1] 그리고 코로나19로 쌓인 부채를 상환하려면 당연히 더 빠른 경제 성장이 필요할 것이다.

경제적 대실망의 다섯 가지 징후

가끔 가장 익숙하고 어디서나 보이는 현상을 인식하고 서술하는 게 예상외로 어려울 때가 있다. 우리는 의사가 여러 증상이 있는 환자를 볼 때 던지는 질문을 똑같이 해야 한다. 어떤 증상이 연관 있을까? 어떤 증상을 무관한 것으로 제쳐놔야 할까? 그렇다면 우리의 첫 번째 과제는 21세기 경제에 관한 장기적 우려를 항목별로 정리하는 것일 터이다.

서론에서 밝혔듯 사람들이 걱정하는 21세기 경제의 부정적 특징 다섯 가지를 제시한다. 바로 **경기 침체, 불평등, 역기능적 경쟁, 취약성, 비진정성**이다. 이들을 차례대로 설명하기로 한다.

경기 침체

2020년 코로나19 발병에 뒤이은 생산량의 극적 하락은 경제 성장에서 우리가 기억하는 가장 극심한 충격이다. 그러나 선진국들은 진작부터 경제 상태가 좋지 않았다.

그림 1.1은 금세기 초부터 금융 위기 때까지 추세대로 성장률이 지속했다면 1인당 생산량이 어땠을지를 보여준다. 선진국들은 20~30퍼센트 더 부유해졌을 것이다.

좀더 긴 기간을 살펴보면 실망은 한층 커진다. 선진국들은 20세기 후반 대부분을 연 2퍼센트가 넘는 평균 실질 국내 총생산 성장률에 의존할 수 있었다. 세기가 바뀌며 경제 성장에 극적인 50퍼센트 하락이 나타났다. 2000~2016년 미국의 1인당 실질 국내 총생산 성장률은 약 연 1퍼센트였다(표 1.1 참조). 세계 금융 위기와 그 이후에 초점을 맞추면, 이 수치는 2006~2016년 미미한 연 0.6퍼센트 성장률을 기록하며 더 나빠진다. 유럽 국가들도 마찬가지로 저성장을 겪었다. 2019년 말 영국 왕립통계학회는 지난 10년의 추세로 생산성 저성장을 꼽았다.

코로나19 이전에도 전문가들이 저성장을 당연시한 만큼 지금 우리한테는 저성장이 너무 익숙하다. 그러나 20년, 아니 30년 전만 해도 이는 관찰자들에게 대단한 충격이었을 것이다. 현재 성장 수준이 얼마나 실망스러운지 생생한 감을 잡을 수 있는 한 가지 길은 금세기 초와 그 이전의 장기적 경기 예측을 살펴보는 것이다. 세계 금융 위기가 시작되기 전 미국 의회예산처(Congressional Budget Office)의 마지막 보고서는 2010년대 중반 성장률을 연 2.5퍼센트로 점쳤다.[2] 다른 중앙은행

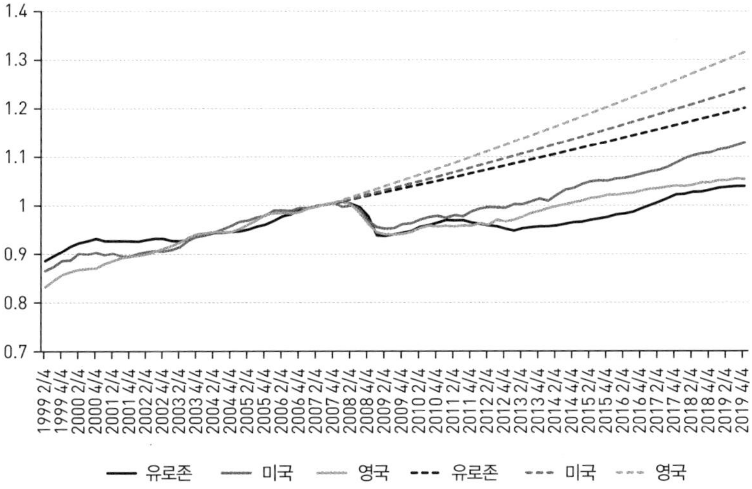

그림 1.1 금융 위기 이전 추세 대비 1인당 생산량. 출처: OECD 데이터를 바탕으로 저자들이 산출. 옮긴이 주: 연도 뒤 2분기는 2/4, 4분기는 4/4로 표시했다.

들도 대부분 똑같이 가정한 듯하다.

그보다 10년 전에는 전문가들이 더 낙관적이던 것 같다. 1992년부터 경제협력개발기구(OECD)의 세부 조사는 2010년대 미국 경제 성장에 관해 여러 시나리오를 내놓았다. 평상시와 다름없던 이들의 두 가지 예측에서는 미국 경제가 연 3.1~3.4퍼센트 성장할 것으로 내다봤다. 가장 비관적인 경우〔선견지명답게 '세계 위기(Global Crisis)'라 불렀다〕에도 성장률을 연 2.3퍼센트로 예측했다. 시나리오 기법의 창시자인 피터 슈워츠(Peter Schwartz)는 1997년 〈와이어드(Wired)〉 지의 인기 기고문에서 한층 더 낙관적인 시각을 보이며, 미국 경제가 2020년까지 연 4퍼센트 성장할 것이라 예견했다.[3] 1990년대 여러 차례 중쇄에 들어간, 대놓고 비관적인 폴 크루그먼(Paul Krugman)의 저서 《기대감소의 시

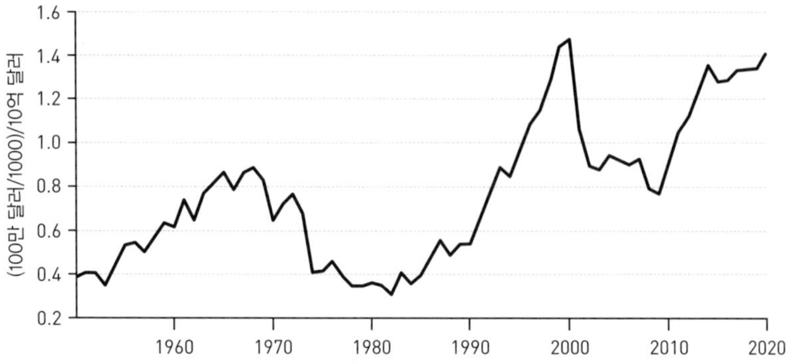

그림 1.2 미국의 토빈의 Q. 출처: 미국 연준의 경제 자료.

대》 역시 과도하게 낙관적이어서 향후 몇십 년간 미국 경제가 연 2퍼센트를 웃도는 성장을 할 것이라는 기본 예상을 내놓았다.[4] 존 메이너드 케인스(John Maynard Keynes)라도 실망했을 것이다. 그는 〈우리 손주 세대의 경제적 가능성(Economic Possibilities for Our Grandchildren)〉을 쓴 1930년에 국내 총생산이 1930~2030년 8배 증가할 것으로 추정했다.[5] 지금까지의 성장률을 근거로 할 때 코로나19 팬데믹의 효과를 배제해도 영국과 미국의 경제는 가까스로 5배와 6.4배 성장했다.

그러나 경제 성장의 문제는 둔화만이 아니었다. 경제학의 많은 표준 설명을 깡그리 무시하는 방식으로 둔화한 것이다. 21세기 초의 성장세 약화는 저금리와 공존했고, 코로나19 위기가 올 때까지는 높은 기업 가치 평가와도 공존했다. 경제학자들은 이런 현상을 **장기 침체**라 부른다. 우리는 그림 1.2에서 그런 높은 가치 평가를 볼 수 있다. 토빈의 Q(투자자들이 기업의 향후 수익에 관해 얼마나 낙관적인지를 측정한 값)가 닷컴 호황이 아찔할 정도로 최고조였을 때만큼은 아니어도 1980년대의 저점보다는 훨씬 위에 있다.

작금의 상황은 놀라울 따름이다. 보통 기업의 높은 이윤은 업체들이 투자금에서 좋은 수익을 내고 있다는 신호다. 만일 금리가 저렴하다면 우리는 기업들이 자금을 마련해 주어지는 가능성에 더 많이 투자하고, 따라서 경제 성장세는 회복할 것이라 예상하기 마련이다. 그러나 지난 10년간 금리가 낮았는데도 성장률은 계속 낮다. 게다가 이 경제 성장 둔화는 흥미진진한 과학 기술의 진보가 여럿 진행 중이라는 믿음이 널리 퍼진 시기에 벌어지고 있다. 이것이 사실이라면(4장에서 더 자세히 살펴볼 문제다) 우리가 전혀 기대하지 않은 현상이다.

불평등

우려를 자아내는 것은 경제적 파이의 크기만이 아니다. 이를 어떻게 나누느냐도 문제다. 세기가 바뀐 이래, 특히 금융 위기 이후 최고 부자들과 나머지 사이의 격차에 대한 우려가 커졌다. 리처드 윌킨슨(Richard Wilkinson)과 케이트 피킷(Kate Pickett)의 베스트셀러 《평등이 답이다》는 불평등이 빈곤층뿐만 아니라 사회 전반에 걸쳐 범죄, 나쁜 건강, 불행을 불러온다고 말한다.[6] 2011년 '월가를 점령하라' 운동은 '99퍼센트'라는 밈을 대중화시키며 부유한 엘리트와 전체 인구의 이분법을 강조했다. 그리고 토마 피케티(Thomas Piketty)의 《21세기 자본》은 부의 불평등에 관한 수십 년 동안의 실증 연구로 대중 토론에 영향을 미쳤다.[7]

우리가 주시하는 것은 선진국들에 나타나는, 국민의 부와 소득 모

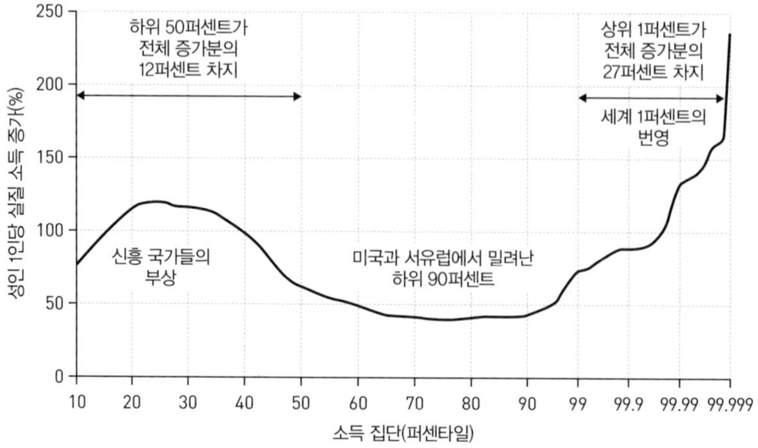

그림 1.3 세계의 소득 집단별 증가, 1980~2016년. 출처: Alvardero 외(2020), 그림 E4.

두의 물질적 불평등이다. 40년 전과 비교했을 때 얼마나 많이 **가졌느냐**와 얼마나 많이 **버느냐** 양면에서 사회의 최고 부자들이 가장 가난한 사람들을 훨씬 앞지르고 있다. 어떤 불평등 척도는 계속 상승하고 다른 척도는 정체 상태인 듯하더니 1980~1990년대에 이르러 대부분이 증가한 것으로 보인다.

그림 1.3을 보면 이런 수치의 감을 잡을 수 있다. 1980~2016년 전 세계 최빈국부터 최부국까지 성인 1인당 소득의 증가가 보인다. 그림 왼쪽에서 신흥 국가들의 부상으로 세계 최하위권에 분포한 국가들의 소득이 올라갔음을 알 수 있다. 그러나 최상위권의 증가가 이보다 더 크고, 거기서 상위 1퍼센트가 전체 증가분의 27퍼센트를 차지했다(반면 하위 50퍼센트는 전체 증가분 중 겨우 12퍼센트를 차지했다).

불평등 심화도 경제 성장 실패처럼 20세기 미래학자들이 예측하지 못한 현상이었다. 15년 전에 쓴, 미래에 대한 대서사들을 되돌아보면 극빈층과 사회적 배제에 관한 큰 우려는 찾을 수 있지만, 슈퍼리치나 자유주의 엘리트에 관한 우려는 없다. 베스트셀러 《2020년의 세계(The World in 2020)》의 저자 해미시 맥레이(Hamish McRae)는 2020년 미국에서 범죄, 마약 복용, 가족 해체 등 사회 분열이 "가난한 사회경제적 집단들에 주로 영향을 미칠 것"을 위협 요인으로 보지만, 오늘날 그 서사의 가장 중요한 특징인 엘리트와 대중의 격차에 관해서는 아무 언급도 하지 않는다.[8]

현대의 불평등은 그저 경제 현상이 아니다. 2000년대와 2010년대 들어서면서 영국의 탈공업화 중소 도시에서 미국의 러스트 벨트(미국 제조업 호황의 중심지였으나 공업과 함께 쇠퇴한 중서부·북동부 공장 지대—옮긴이)에 이르기까지, 선호도가 떨어지는 소위 낙후 지역 주민들과 도시의 교육받은 자유주의 엘리트 사이에서 심화한 **지위의 불평등**이 익숙한 유형의 물질적 불평등에 가세했다. 현대 불평등의 이런 양상은 돈 이외의 것과 관련 있다. 즉 개방성·학력·고착성·존경의 차이가 포함된다. 지리적 요소가 강하고 가끔 경제적 불평등과 무관할 때도 있다. 부채를 지고 저임금에 시달리는 많은 대졸자를 어쩌다 보니 자유주의 엘리트라 부르는가 하면, 집과 연금이 있는 안락한 은퇴자들이 뒤처졌다고 느끼는 이들에 속하기도 한다.

경제학자 엔리코 모레티(Enrico Moretti)는 미국의 번화한 도시와 낙후한 도시 사이에 졸업률과 대졸자의 월급부터 이혼율과 사망률에 이르기까지, 모든 면에 격차가 있다는 증거를 제시하면서 그 지리적 차원을 '대발산'이라 칭했다.[9] 영국의 두 정치과학자 윌 제닝스(Will

Jennings)와 게리 스토커(Gerry Stoker)는 2010년대 초 그들이 말하는 "두 개의 잉글랜드" 사이에 나타난 차이—하나는 세계 시민적·외향적이고, 다른 하나는 반(反)자유주의적·국수주의적이다—를 관찰했다.[10] 비슷한 차이가 2010년 말 정치의 지배적 요인이 되어 미국 대선에서 도널드 트럼프가 백악관에 앉았고, 영국은 유럽연합(EU)을 탈퇴했고, 전 세계 포퓰리즘 정치인들이 정계에 진출했다.

이런 종류의 불평등은 충분히 생사의 문제가 될 수 있다. 앤 케이스(Anne Case)와 앵거스 디턴(Angus Deaton)은 이를 중년 백인 미국인들 사이에서 1990년대 말 시작해 계속 늘어난, 자살·오피오이드(opioid: 아편과 비슷한 작용을 하는 진통·마취제—옮긴이) 남용·알코올중독으로 인한 사망 급증, 즉 '절망사' 유행과 연관 짓는다.[11] 이를 비롯한 지위 불안의 징후는 소득·부의 불평등이 안정세를 유지하는 동안에도 계속 증가해왔다.

역기능적 경쟁

21세기 경제에서 보이는 문제점의 다음 요소는 시장을 돌아가게 하는 경쟁력과 관련 있다. 경제학자들이 시장의 건전성을 판단하는 데 활용하는 여러 중요한 척도가 오랫동안 이상한 양상을 나타냈다.

첫째로 가장 성공한 기업들과 나머지 간의 격차가 거침없이 벌어지는 듯하다. 부문과 국가를 막론하고 수익·생산성이 가장 높은 기업들과 나머지 간의 격차는 그림 1.4에 나타나듯 지난 몇십 년 동안 극적으로 커졌다. 정보통신 기술 서비스 기업들의 격차가 벌어졌다는 사실

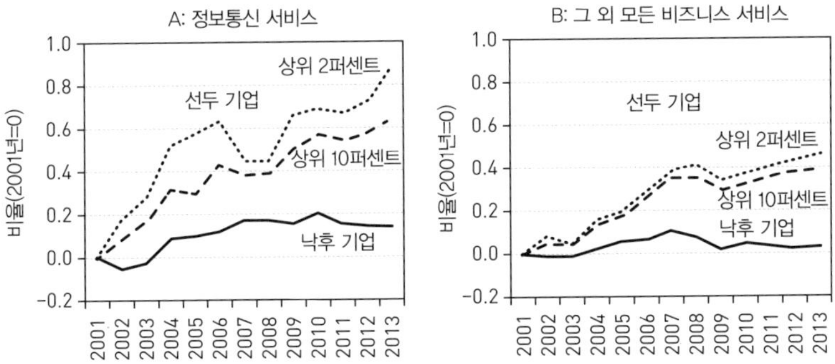

그림 1.4 실적 격차. 주: A와 B에서 세계의 선두 기업 집단은 표준산업분류상의 각 업계에서 총요소 생산성 수준이 최고인 상위 5퍼센트 회사들을 말하며, 그 외 모든 기업은 낙후 기업으로 간주한다. 출처: Andrews, Criscuolo, and Gal 2016.

은 놀랍지 않을지 모르지만, 다른 업계에도 어디나 격차가 있다.

한편 비생산적 기업이 위축되고 생산적 기업이 성장하는 경향—경제학자들이 **기업 활력**이라 부르는 현상—이 2000년 이후 라이언 데커(Ryan Decker)와 동료들이 말하는 "만연한 쇠퇴"를 겪었다.[12] 연구 결과 고성장 기업가 정신이 상당히 감소하며 창업하는 회사 또한 줄어들었다.

게다가 최근에 경제학자들은 가격과 한계 비용(제품 한 단위를 추가 생산할 때 필요한 총비용의 증가분—옮긴이) 사이에서 기업들이 벌어들이고 있는 듯한 마크업(markup: 제품의 판매가에서 비용을 뺀 이익 또는 마진—옮긴이)이 상승했음을 입증했다(그림 1.5 참조).[13] 이 연구는 경제학자 토마 필리퐁(Thomas Philippon)의 탁월한 저서 《대역전(The Great Reversal)》에서 잘 요약했다.[14]

개별 노동자 차원에서도 데이터는 기업 활력 쇠퇴의 징후를 보여

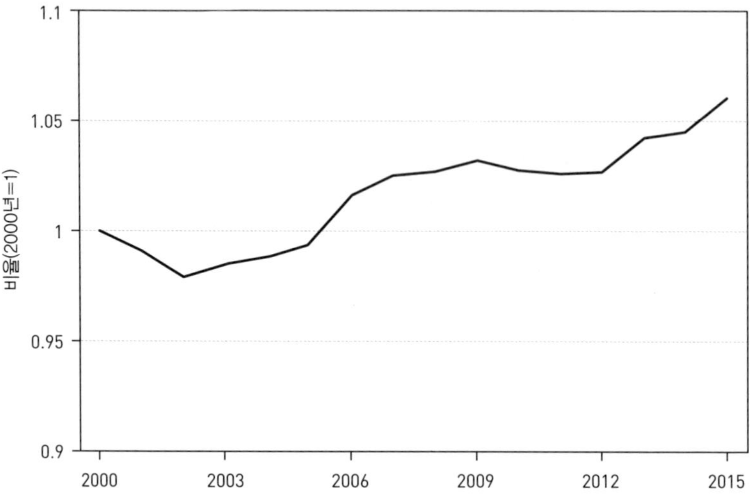

그림 1.5 세계 평균 마크업, 2000~2015년. 출처: Diez, Fan, and Villegas-Sanchez 2019.

준다. 밀레니얼 세대(1980년대 초부터 2000년대 초까지 출생한 세대—옮긴이)가 직장을 전전한다는 대중적 신화와 대조적으로, 젊은 직장인들은 이전 세대보다 이직을 훨씬 덜 한다. 직장을 찾아 다른 도시로 이동할 가능성도 더 적다. 경제학자 타일러 카우언은 이런 경향을 "변화를 지연시키려고 어느 때보다 더 열심히 일하는" 신흥 "현실 안주 계층"의 징후라고 설명한다.[15]

그러나 여기에는 모순점이 있다. 만일 당신이 평범한 노동자나 경영자에게 시장에서 경쟁은 감소하고 노동자들은 점점 현실에 안주한다는 증거를 제시한다면, 그들은 놀람부터 불신까지 다채로운 반응을 보일 것이다. 기업의 경쟁과 활력이 쇠퇴하는 듯 보여도, 기업 대부분이 체감하는 비즈니스 환경은 코로나19 팬데믹이 비즈니스 세계를 혼돈으로 내몰기 이전에도 무사안일하지 않았다. 1981년 미국 재무 장관 맬컴 볼드리지(Malcolm Baldrige)의 미국 회사들에 관한 직설적 묘사를 인용하면, 기업들은 그다지 "뚱뚱하고 멍청하고 행복하다(fat, dumb and happy)"고 느끼지 않는다.[16]

노동자들도 자신의 직장이나 근무 환경이 그렇게 행복하다고 느끼지 않는다. 아마존 창고의 일자리 같은 저임금 직무의 강도와 지독한 실적 관리는 탐사 보도 기자들의 단골 이야깃거리다. 실업자들의 노동시장 복귀를 장려하려고 설계한 조건부 수당 시스템은 실업마저 몇십 년 전보다 힘들어졌음을 의미한다.

고임금·고숙련 노동자들의 직장 생활 강도가 약해졌는지는 확실치 않다. 대니얼 마코비츠(Daniel Markovits)의 책 《엘리트 세습》은 어떻게 "미친 듯한 경쟁이 최고의 일자리들을 지배하고 있는지" 얘기하면서, 1950년대의 나른한 기업 세계 및 최고 경영자가 "무자비하거나 성공의 강박에 내몰릴" 필요는 없다고 쓴 윌리엄 화이트(William Whyte)의 1956년 저서 《조직인(The Organization Man)》과 대조한다.[17] 최고 경영자들의 싸움은 사무실 문이 아니라 유치원에서 시작된다. 미래의 엘리트들은 더 많은 케이크라는 보상이 따라오는 상류층의 케이크 먹기 시합에서, 경쟁이 고도로 치열한 직업에 대비해 끝없이 이어지는 고리를 통과해야 하기 때문이다. 마찬가지로 경제학자 피터 쿤(Peter Kuhn)은 미국 남성의 평균 노동 시간이 줄어들지만 최상위·최하위 소득자들의 경우에는 늘어난다고 썼다.[18]

취약성

코로나19 팬데믹은 최강국들조차 자연력 앞에서는 면역력이 없음을 극적으로 입증했다. 사실 팬데믹이 초래한 피해는 경제의 복잡성·고도화와 연관된다. 우리의 밀집된 대도시들, 복잡한 국제 공급망, 세계 경제의 전례 없는 상호 연결성이 바이러스가 이 나라에서 저 나라로 뛰어넘을 수 있게 해줬다.

이런 상호 연결로 인한 취약성은 어느 정도 세계 경제 분화의 자연스러운 결과이다. 이 취약성의 또 다른 차원은 우리가 직면한 충격을 상쇄하기 위해 정부가 할 수 있는 일이 거의 없다는 것이다. 전반적으로 유럽 국가들은 경제적 충격을 완화하기 위해, 좀더 평범하게 말하면 시민들에게 사회 보험을 제공하기 위해 정부에 의존해왔다. 이 보험의 일부는 복지 국가에서 생겨나며 재정도 마찬가지다. 그러나 중요한 점은 그 보험의 일부는 통화 정책에서 나온다는 것이다. 예전에는 부정적 충격에 맞닥뜨리면 중앙은행들이 금리를 인하했고, 그렇게 경제 활동에 다시 불을 지피고 성장을 회복시켜 경제를 안정시킬 수 있었다. 그러나 그림 1.6이 보여주듯 금리는 거의 40년간 하락해왔다. 금리가 거의 '제로(0)'에 근접한 상황에서 중앙은행들이 제공할 수 있는 완충 장치에는 한계가 있어 보인다.

경제학자 제이슨 퍼먼(Jason Furman)과 로런스 서머스(Lawrence Summers)는 이런 정책 여력의 부족을 강조한다. 이 책의 서론에서 언급했듯이, 그들은 코로나19 팬데믹으로 치달은 미국의 아홉 차례 불황 동안 연준이 금리를 평균 6.3퍼센트포인트 인하한 것으로 계산한다.[19]

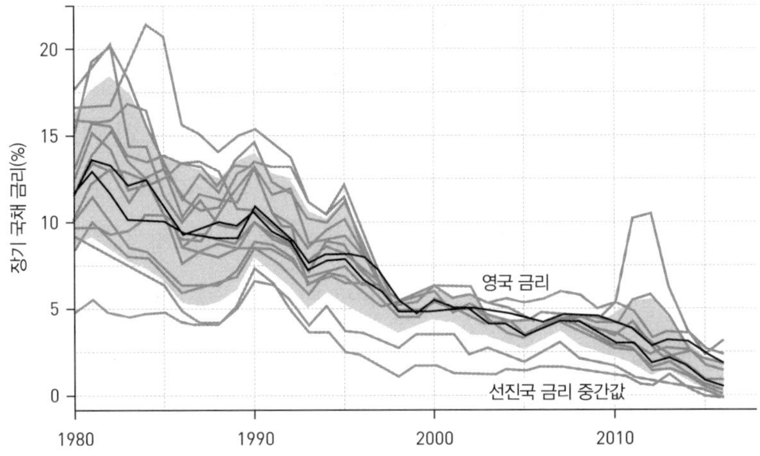

그림 1.6 1980년 이후 선진국 금리. 회색 부분은 선진 17개국 전체의 90퍼센타일에서 10퍼센타일까지를 나타낸다. 자료 출처: Jorda, Schularick, and Taylor(2017), https://bankunderground.co.uk/2020/06/03/theres-more-to-house-prices-than-interest-rates/에서 인용함.

우리도 영국에 대해 비슷한 계산을 한 바 있다. 코로나19 이전 4차례 불황 동안 은행 금리는 평균 5.5퍼센트포인트 인하됐다. 가령 1980년 7월에서 1981년 3월 사이에는 17퍼센트에서 12퍼센트로 내렸다. 경기가 풀린 시기에는 11개월 동안 월평균 0.5퍼센트포인트의 인하가 있었다. 이 책의 집필 시점에 영국의 은행 금리는 0.1퍼센트로, 이는 현재 영국 금리에 ('제로'를 찍기 전까지) 일주일 치의 인하 여력이 남았다는 뜻이다.

더욱이 코로나19는 현대 경제가 거대한 자연의 힘 앞에 취약성을 나타낸 유일한 사례가 아니다. 산업 사회의 핵심인 동화와 같은 마법은 바로 풍부한 에너지다. 문명의 불빛이 계속 타오르게 하려면 에너지가 연 1만 테라와트시(terawatt時: 1테라와트의 일률로 한 시간 동안 하는 일의 양—옮긴이) 필요한데, 우리는 요행히도 이만한 에너지를 발생시킬 수 있었기에 사라져가는 아주 작은 인간 존재의 조각 속에 지금까지 살아남았다. 그러나 좋은 동화에는 늘 저주가 있고 우리의 동화에서 저주는 바로 이것이다. 이 에너지의 약 80퍼센트는 발생시킬 때 시간이 흐르면서 지구상에 대참사를 유발하는, 보이지 않고 표면상으로는 무해한 공해를 창출한다는 사실.

기후 변화의 실상만 우울한 것은 아니다. 거기에 대처할 우리의 명백한 무능도 우울하기는 마찬가지다. 저탄소 에너지 기술은 존재하며 최근 그 가격은 급격히 하락했다. 세계에서 가장 똑똑한 사람 다수가 이 문제 해결에 자기 경력을 바치고 있다. 탄소 배출을 어떻게 감축할지의 경제학은 상당 부분 해결된 문제다. 정부 대부분은 탄소 배출과 기후 변화의 영향을 경감시킬 장기 정책이 있다. 요컨대 탄소 배출 감축은 **어려운** 문제지만 경제 성장률을 높이는 문제와 비교하면 **불가사의한** 문제 같지는 않다. 그렇지만 광범위한 문제의식과 상당한 정치적 에너지에도 불구하고 저탄소 경제로의 전환은 너무 더딘 듯하다.

충격이 코로나19처럼 급박하고 예상치 못한 것이든 기후 변화처럼 느리게 일어나든, 현재 선진국들이 유난히 혼란에 취약하며 문제의 예방책을 강구하지 못한다는 생각은 널리 퍼져 있다.

비진정성

21세기 경제의 마지막 실망스러운 특성은 **허위성**이라 할 수 있다. 이런 비판은 경제학자들한테서는 자주 들리지 않지만, 작금의 경제에서 벌어지는 행태가 마땅히 있어야 하고 전에는 있었던 '진실성(realness)'과 진정성이 결여했다는 생각을 공유하는 듯한 타 학문 분야의 논객들과 일반인들은 널리 인용한다. 현대 경제가 유감스럽게도 가짜라는 생각은 보수 진영의 현대성 비평에서 반복하는 주제다. 우리는 이를 "날아다니는 자동차를 원했지만 그 대신 가진 것은 140자"(140자로 제한되는 트위터가 인류 기술 발전의 현 수준이라는 의미—옮긴이)라는 투자자 피터 틸(Peter Thiel)의 한탄에서 본다. 논객들은 현대의 많은 경제 활동이 가짜거나 진실하지 않거나 심지어 사기라는 믿음을 표명한다.

이런 불만은 여러 서구 국가가 산소 호흡기와 개인 보호 장비가 부족하고 이를 신속히 제조할 여력이 없음을 알게 된 코로나19 팬데믹 시기에 심해졌다. 많은 이들이 물었다. 부자 나라들이 어쩌다 이 중요한 물건들을 만드는 능력을 잃어버렸을까?

이런 허위성과 비진정성의 느낌은 우리가 앞서 언급한 온라인 경험으로 악화한다. 인터넷은 자유로운 정보의 보고가 될 수 있지만, 협잡꾼과 사기꾼과 장사꾼들이 득시글대는 것처럼 보이기도 한다. 2019년 한 연구는 '라이언스 월드(Ryan's World)'를 1900만 명 이상의 구독자를 거느린, 유튜브 누적 조회수 6위의 어린이 채널이라고 기록했다. 거기서 일곱 살배기 브이로거 라이언 카지(Ryan Kaji)는 어린이 장난감·게임을 리뷰한다. 그는 2018년에 2200만 달러의 수입을 올렸다.[20]

요약하면 21세기 초 선진국 경제에는 다섯 가지 문제점이 있다. 첫째, 금리는 낮고 기업들의 실적은 대부분의 기간 괜찮았고 과학 기술은 풍부해 보이는데도 지난 20년간 경제 성장이 둔화했다. 둘째, 빈부 격차가 벌어졌고 이를 고착화하는 유형의 사회적·문화적 분열을 수반했다. 셋째, 기업들 사이에서는 무기력하고 생산성을 저하하는 나태함이, 일상 경험에서는 진을 빼는 과열 경쟁이 모순적으로 혼재하며 국민의 직업 생활을 지배하는 듯한데도 경쟁 결핍이 감지된다. 넷째, 경제가 취약해 보인다. 경기를 부양하려고 통화 정책을 활용하는 우리의 능력도 마찬가지로 약해지고 있는 듯하다. 우리는 지속 가능하지 않은 화석 연료 소비에 의존하며, 꽤 명확한 해결책이 있는데도 전면적 변경은 매우 어려운 것으로 밝혀지고 있다. 다섯째, 우리 경제에서 벌어지는 행태는 대부분 진실하지 못하고 신뢰할 수 없다는 느낌이 팽배하다.

황금시대와 대분열: 경제적 대실망에 관한 두 이야기

이렇게 경제적 사건들의 불안한 조합에 맞닥뜨린 논객과 학자들은 다양한 설명을 내놓았다.

노벨상 수상자 로버트 실러(Robert Shiller)는 최신작에서 경제학에 있어 **서사**(내러티브)의 중요성에 대해 강력한 논거를 제시한다.[21] 에드 리머(Ed Leamer), 유발 하라리(Yuval Harari), 존 케이와 머빈 킹(Mervyn King)도 비슷한 내용을 썼다.[22] 실러는 인간이 경제가 어떻게 돌아가는지 이해하고 묘사하기 위해 서사를 고수한다고 말한다. 이 서사는 원형적 경향을 띤다. 즉 마치 우리 눈이 달의 그림자와 분화구에서 사람의 얼굴을 인식하듯, 우리가 자연스레 끌리고 알아내고자 하는 몇 가지 이야기가 반복된다는 것이다. 그리고 실러가 볼 때 이 이야기들은 경제적 위력이 있다. 이들은 사람들이 세상을 묘사하게 해주는 데 그치지 않는다. 인간 행동의 동기가 되기도 한다.

사실 경제 전문가들이 선진국의 경제 현황을 말할 때면 여러 익숙한 서사적 요소, 특히 두 개의 원형적 이야기가 속출한다. 이들을 잃어버린 황금시대와 대분열이라고 하자.

잃어버린 황금시대

첫 번째 인기 있는 설명은 우리가 과거에 비해 어딘가 모자란 시대에 살고 있다고 주장한다. 이 결론은 자료에서 상당히 명확하게 도출된다. 생산성 증가율이 금융 위기 이래, 어쩌면 그 이전부터 꽤 낮아졌으니 말이다. 그러나 **잃어버린 황금시대**라는 인류의 아주 오랜 이야기를 활용하기도 한다. 태평성대를 누리다가 액운 또는 나쁜 행실 때문에 고역과 결핍의 현대에 자리를 내준 시대. 한때 신들은 우리를 어여삐 여겼으나 이제는 호의를 철회했고, 우리는 번성하던 황금시대를 회복하기 어렵다고 생각한다.

오늘날의 생산성 하락에 대한 어떤 경제적 설명은 비난의 화살을 외부 사건으로 돌린다. 타일러 카우언(《거대한 침체》)과 로버트 고든〔Robert Gordon, 《미국 성장의 흥망성쇠(The Rise and Fall of American Growth)》〕의 성장 둔화 서사는 이 유서 깊은 전통에 잘 들어맞는다.[23] 두 사람은 다양한 역풍이 과학 기술 진보와, 교육 개선 같은 인적 요인 양쪽의 성장이 둔화했음을 뜻한다고 말한다. 특히 고든은 향후 다시 속도가 붙

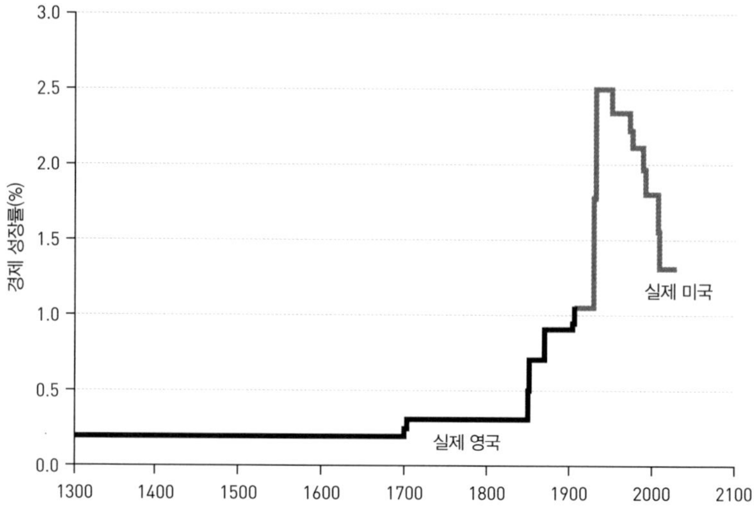

그림 1.7 1300년 이후 선도국들의 경제 성장. 출처: Gordon 2012.

을 것이라는 데 비관적이다. 고든은 1300년 이후 선도국(영국과 미국)들의 경제 성장을 나타내는 그림 1.7에서 장기적 성장 추세를 극적으로 보여줬다. 고든의 말에 따르면 20세기는 경제의 황금시대였다. 시대는 바뀌었고 우리는 그 사실을 받아들여야 한다.

경제 성장 전문가인 디트리히 볼래스(Dietrich Vollrath)의 뛰어난 저서 《성장의 종말》은 경제 성장이 계속 하향 단계를 밟아왔다며 상세한 논거를 펼친다.[24] 볼래스에 따르면 즉각적 성장 기여 요소는 노동자들의 직무 수단인 물리적·인적 자본의 증가다. 예를 들어 농부는 더 많은 트랙터(물리적 자본)를 가지고 교육 및 훈련을 더 잘 받은 일꾼들(인적 자본)과 일하면 수확을 늘릴 수 있다. 미국에 초점을 맞춘 볼래스는 20세기 후반의 중등 교육 대폭 확대를 지적한다. 1940년에는 25세 이상 인구의 60퍼센트가 초등학교를 마쳤으나 그 이상 교육받지 않았고, 10퍼센트 미만이 대학을 졸업했다. 한데 2010년에 들어서자 초등교육만 마친 인구는 5퍼센트뿐이었고 대졸자가 33퍼센트였다. 이렇게 70년이 지나는 동안 미국 노동자들의 학력은 높아졌다. 이 늘어난 인적 자본은 미국의 경제 성장에 크게 기여했다. 1인당 국내 총생산이 1950~2000년 연 2.3퍼센트 증가했고, 그 경제적 수익으로 (교육으로 높아진 노동자들의 생산성만큼) 인적 자본을 대폭 늘리면서 연 0.6퍼센트를 또 기여한다.

하지만 2000년 들어 이 효과는 수명을 다했다. 일단 모두 16세나 18세까지 교육을 받으니 더 많은 사람을 학교로 보내 경제 성장을 도모할 가능성이 줄었다. 특히 2000~2016년 경제 성장에 대한 인적 자본 확대의 기여도는 −0.10퍼센트였다. 사실 볼래스는 2000년 이후 생산성 증가율 하락을 경제 성장에 대한 인적 자본의 기여도 감소를 통해 대부분 설명할 수 있음을 보여준다. 그는 요즘의 성장률 저하에 관해 냉철해져야 한다고 충고하면서, 자녀를 덜 낳는 것부터 직장 때문에 이사 다니는 일이 줄어든 것까지 우리가 풍족한 사회에서 내리고 싶어 하는 선택의 결과라고 역설한다. 그러나 그도 고든처럼 과거의 성장률을 회복하려고 정치적 에너지를 허비하는 것은 어리석다고 말한다.

잃어버린 황금시대 이야기의 대안은 우리가 성장 부진의 시대에 살고 있다는 데는 동의하지만, 경제 성장이 회복할 것으로—어쩌면 예전보다 훨씬 더 빨리—확신해도 된다고 주장한다. 우리가 세계대전 직후의 황금시대를 살지는 않을지라도, 장차 새로운 과학 기술로 도래할 다른 경제의 새벽을 기대할 수 있다는 것이다. 에릭 브리뇰프손(Erik Brynjolfsson)과 앤드루 맥아피(Andrew McAfee)의 《제2의 기계 시대》는 새로운 과학 기술이 속속 등장하고 있기에 우리가 저성장 시대에 사는 것이라고 말한다.[25] 경제의 들판이 빈 것처럼 보이지만 조금만 기다리면 컴퓨터의 역량이 급속도로 증가하고, 인간 활동의 모든 영역에 적용되면서 풍작이 찾아올 것이다. 이 **재도구화 가설**에 따르면, 저성장 시기는 기업과 노동자들이 근본적으로 다른 신기술을 사용할 태세를 갖추었음을 반영한다.

그러나 이상의 이야기는 몇 가지 의문을 부른다. 우리가 기다리는 동안 왜 생산성 증가율이 **하락**할까? 새로운 흐름이 생산성 증가율을 다시 높일 때까지 왜 그대로 유지되지 않는가? 답은 어떻게 생산성을 측정하느냐에 있다. 무인 자동차를 생각해보자. 거액의 돈을 소프트웨어, 하드웨어, 무인 자동차 테스트에 썼다. 그러나 이 책의 집필 시점에 무인 자동차는 상용화하지 않았다. 이제 투입 단위당 산출로 정의하는 생산성 측정을 고려해보자. 무인 자동차를 개발하면서 우리는 투입을 크게 늘렸지만 아직 산출의 혜택은 거두지 않았다. **측정 오류 가설**에 따르면 이런 현상은 꽤 널리 퍼져 있다. 어쩌면 의료 서비스와 교육 같은 여러 업계에서 대규모 투입물 용도 변경이 있었는데 결과를 입증할 산출은 없었을 수 있다. 이런 불일치로 왜 오늘날 과학 기술의 가능성이 그토록 많은데도 생산성은 낮아 보이는지 설명할 수 있을 것이다.

대분열

현대의 경제 토론에 계속 등장하는 두 번째 오래된 서사는, 부유하고 연줄 좋은 엘리트와 뒤처진 다수 사이의 **대분열** 개념이다. 엘리트의 비위와 도덕적 결함이 우리가 처한 상황의 이유라는 것이다.

잃어버린 황금시대 이야기처럼 대분열 이야기도 데이터로 뒷받침할 수 있다. 우리는 부와 소득의 불평등이 수년간 높았고 선진국에서 부자 동네와 가난한 동네 사이 부의 격차가 어느 때보다 크다고 알고 있다. 그러나 이 서사는 현재 데이터의 단순한 반영 이상이다. 비도덕적 엘리트의 번영은 도덕적 빈곤층의 궁핍으로 보호받고 거기 의존한다는 생각은 나름 파란만장한 역사가 있는 서사이다.

어떨 때는 경제적 대실망에 관해 설명하며 이 두 개의 원형적 서사가 수렴하기도 한다. 탐욕스럽고 연줄 있는 소수가 사리사욕을 위해 전체 사회를 희생시키며 게임의 규칙을 바꾸는 한편, 꾸준한 경제 성장을 위해 우리가 의존하던 메커니즘을 망가뜨렸다는 것이다. 극우 정당들이 널리 받아들이는 이 설명은 가끔 음모론·인종차별주의와 연계된다. 그러나 이는 포퓰리즘만의 화두가 아니다. 마르크스주의 경제학자인 데이비드 하비(David Harvey)의 《신자유주의: 간략한 역사》부터 윌 허튼(Will Hutton)의 《우리가 처한 상태(The State We're In)》까지 좌파 진영에도 다양한 형태가 존재한다. 두 책 모두 자기 잇속만 차리는 엘리트들이 1980년대부터 줄곧 탈규제·민영화·감세라는 의제를 가지고 자본주의를 막다른 골목으로 내몰았다고 주장한다.[26] 스티븐 코언(Stephen Cohen)과 브래드 들롱(Brad DeLong)의 《현실의 경제학》은 이런

선택이 선진국들의 생산성 증가는 약화시키고 부자들은 더 부유하게 만들었다고 얘기한다.[27]

대분열 스토리의 대중적 형태는 경쟁에서 스스로를 보호하고자 로비를 벌이는 대기업들에 초점을 맞춘다. 토마 필리퐁의 영향력 있는 책 《대역전》은 미국 대기업들이 독점금지법을 서서히 약화하려고 정치적 영향력과 로비 활동을 써먹고, 경쟁으로부터 보신하고, 고객과 노동자와 전체 사회의 희생으로 독점적 이윤을 거둬들인다고 주장한다.[28] 이는 많은 평론가에게 강력한 경쟁업체가 거의 없는 거대 기업(검색 엔진은 구글, 온라인 소매업은 아마존)의 성장과 생산성 하락의 이유를 모두 설명해준다. 경쟁을 예상하지 않는데 왜 혁신하겠는가? 또 다른 평론가들은 특허·저작권과 그 외 지식 재산권이 부여한 법률상 독점을 지적한다. 특허 괴물들이 오로지 합법적 기업을 고소할 목적으로 특허를 취득할 때, 아니면 미디어 회사들이 수익 독점 사업의 저작권을 세부 조항까지 연장해 가져가려 할 때, 우리는 권력을 가진 측의 나쁜 행실이 경제를 가로막고 있다고 생각하지 않을 수 없다.

인간이 끌리는 서사는 강하지만 위험하기도 하다. 실제 벌어지는 일을 지나치게 단순화하거나 잘못 전달할 수도 있고, 정말 나쁜 조언을 담았을 수도 있다는 점에서다. 더욱이 역사가들은 가끔 '봉건제'와 '혁명' 같은 개념이 거기에 부과한 개념적 무게와 같지 않을 때, **지나치게 도식적**이라고 말한다. 그 결과 우리는 성급히 일반화해 잘못된 결론을 내린다. 어쩌면 비슷한 일이 오늘날 벌어지고 있을 수 있다. 잃어버린 황금시대와 대분열 서사는 너무나 강력한 나머지 현실로 벌어지고 있는 일의 중요한 측면을 놓치고 만다. 이런 측면을 다음으로 탐구하려 한다.

전통적 설명: 몇 가지 의혹

저성장의 원인은 절대 **한 가지**가 아니다. 이 때문에 우리가 앞서 제시한 설명만으로는 충분치 않을 것 같다.

과학 기술: 성장은 끝났을까

로버트 고든이 썼듯 장기간의 생산성 하락에 주목하지 않을 수 없다(다시 한번 그림 1.7 참조). 그렇긴 하지만 경제학자 댄 시셸은 경제학자들이나 과학 기술 전문가들이나 미래 예측에는 그다지 능하지 못하다고 상기시킨 바 있다.[29] 어려운 점은 과학 기술을 어떤 목적으로 이용할지 아는 것이다. 조엘 모키르(Joel Mokyr)는 정보통신 기술이 개인 맞춤형 의학, 유전자 치료법 같은 과학 기술을 통해 건강에 미치는 성장 효과는, 아마 이 분야가 장래성은 아주 높지만 신기술 적용도 매우 어렵기 때문에 아직 나타나지 않은 듯하다는 견해를 개진했다.[30] 과학 기술은 우리를 기분 좋게 놀라게 할 능력을 아직 잃지 않았다. 가령 2020년 초만 해도 많은 이들이 코로나19 백신은 몇 년 후에나 나오지 않을까 생각했다. 그러나 몇 개월 지나지 않아 안전하고 효과적인 백신을 여럿 개발했을 뿐만 아니라 코로나바이러스 백신 일반화에도 진전이 있었고, 효험 있는 말라리아 백신도 등장했다.

교육: 성장은 끝났을까

생산성 증가 둔화에 관한 두 번째 설명은 교육의 기여다. 볼래스가 산출한 결과 일부는 거론할 만하다. 그의 말대로 1인당 산출량 증가는 1인당 투입량 증가로 설명할 수 있다. 표 1.1은 관련 데이터를 요약한다. 1950~2000년 미국 데이터는 1인당 생산량이 연 2.3퍼센트 증가했음을 보여준다. 1인당 자본 서비스(capital service) 증가는 연 0.6퍼센트, 1인당 평균 숙련도 증가는 연 0.5퍼센트 기여했다. 물리적·인적 자본을 모두 활용하는 효율성으로 볼 수 있는, 총요소 생산성(Total Factor Productivity)이라 지칭하는 그 밖의 전체가 연 1.1퍼센트 기여했다. 해당 행에 나타나듯 각 요소는 꽤 골고루 기여했다. 마지막 칸은 이 시기에 인적 자본 혹은 1인당 숙련도의 증가율이 미국의 고등 교육 확대를 반영하여 무려 0.8퍼센트였음을 나타낸다.

2000~2016년 미국 데이터를 정리한 마지막 행은 사뭇 다른 그림을 보여준다. 1인당 국내 총생산 성장률이 2.3퍼센트에서 1퍼센트로 상당히 둔화했다. 1인당 자본 서비스의 기여도는 기본적으로 달라지지 않았는데, 1인당 인적 자본의 기여도는 총요소 생산성과 마찬가지로 크게 하락했다. 볼래스가 썼듯이, 그리고 마지막 행에 보이듯이, 1인당 인적 자본 증가율은 1950~2000년 0.8퍼센트에서 2000~2016년 −0.2퍼센트로 현저히 감소했다. 볼래스는 이 데이터를 근거로 미국의 생산성 둔화는 교육 햇수의 효과가 바닥났기 때문이라고 주장한다.[31]

볼래스의 책은 미국의 데이터를 제시한다. 표 1.1에 나타나듯 우리

표 1.1 유로존, 영국, 미국의 1인당 생산성 증가율 요인

			기여도			비고
국가	시기	1인당 GDP(%)	1인당 자본 서비스(%)	1인당 인적 자본(%)	총요소 생산성(%)	1인당 인적 자본(%)
유로존	1950~2000	3.3	1.3	0.0	2.0	0.0
유로존	2000~2016	0.7	0.5	0.2	0.0	0.4
영국	1950~2000	2.4	1.1	0.2	1.1	0.3
영국	2000~2016	1.1	0.4	0.0	0.6	0.1
미국	1950~2000	2.3	0.6	0.5	1.1	0.8
미국	2000~2016	1.0	0.5	−0.1	0.6	−0.2

출처: EU KLEMS(유럽연합의 자본·노동·에너지·물자·서비스에 대한 조사 연구—옮긴이)와 Bergeaud, Cette, and Lecat(2015)의 데이터를 바탕으로 저자들이 산출.

는 영국과 유로존의 데이터도 수집했다. 마지막 열에 보이듯 유로존과 영국의 상황은 다르다. 유로존의 숙련도 증가율은 둔화하지 않았다. 오히려 시간이 흐르면서 속도가 붙어 1950~2000년 0퍼센트에서 2000~2016년 0.4퍼센트로 높아졌다. 영국의 경우 같은 기간에 숙련도 증가율이 연 0.3퍼센트에서 연 0.1퍼센트로 떨어진 게 사실이지만 미국만큼 극적이지는 않다. 따라서 교육에서의 둔화가 미국에서는 중요하지만 그에 반해 유로존의 숙련도는 향상했으므로, 유럽 상황을 이해하고자 한다면 다른 요소를 살펴봐야 한다.

재도구화 가설 평가

급진적 신기술을 최대한 활용할 방안을 알아내는 사이 불가피하게 저

성장기에 접어들 수 있다는 재도구화 가설은 뒷받침할 증거가 있다. 데이비드 번(David Byrne), 캐럴 코라도, 댄 시셀은 클라우드 컴퓨팅 서비스 제공 업체들이 하드웨어에 막대한 투자를 했으나 공식 데이터에는 이것이 누락됐을 것이라고 주장한다. 이런 투자는 대부분 내부에서 이뤄지는데 대개 공식적 투자 설문 조사는 응답자들한테 외부 구매에 관해 알려달라고 요청하기 때문이다.[32] 이렇게 누락된 클라우드 컴퓨팅 투자 결과는 2007~2015년 국내 총생산 증가율에 0.1퍼센트포인트를 보태기에 충분하다. 그렇지만 측정 문제는 금융 위기 이후는 물론 이전에도 존재했다. 이 때문에 번과 시셀은 정보기술(IT) 가격을 조정하면 IT 집약 부문의 생산성은 높아지나 IT 확장 부문의 생산성은 훨씬 둔화한다고 했다.[33]

뿐만 아니라 재도구화 가설이 성립하려면 총요소 생산성 증가율의 하락 규모를 해명할, 미측정한 무형 자산 투자가 상당히 많아야 한다. 캐럴 코라도, 조너선 해스컬, 체칠리아 조나라시니오의 최근 연구[34]에 따르면 미측정한 무형 자산 투자가 측정한 무형 자산 투자 이상의 규모여야 할 텐데, 그럴 확률은 낮은 듯하다.

마크업 가설 평가

경제학자들 다수가 마크업이 상승했다는 주장에 강력히 이의를 제기했다. 시카고 대학교 경제학자 제임스 트레이나(James Traina)의 연구[35]에서 옮긴 그림 1.8은 마크업에 관한 결과가 기업들이 가격 책정의 기초로 삼는 다양한 비용을 어떻게 정의하느냐에 달렸음을 보여

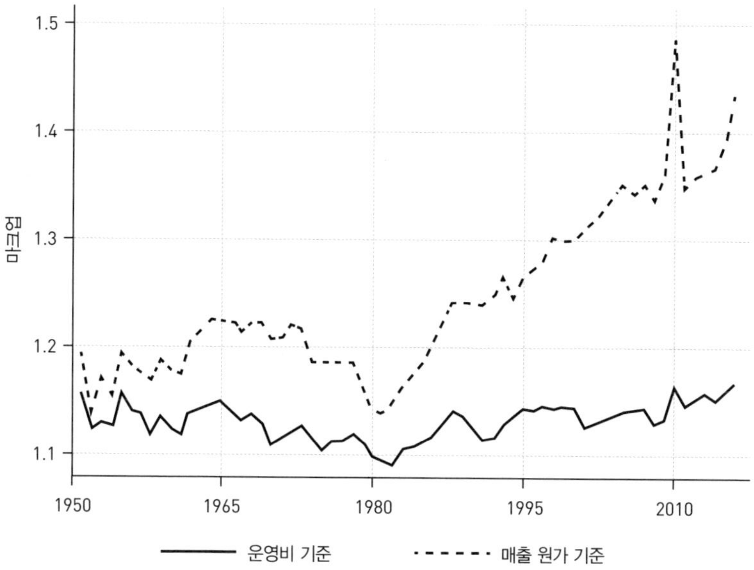

그림 1.8 매출 원가를 제외한 마크업 추정값〔미국, 컴퓨스태트(Compustat) 데이터베이스의 기업들〕. 출처: Traina 2018.

준다. 상향하는 선은 매출 원가(cost of goods sold, COGS)에 대한 마크업 추정값을, 다른 선은 매출 원가에 판매·일반 관리(sales and general administration, SGA) 비용을 더한 마크업을 나타낸다. 만일 SGA 비용이 회사의 무형 지출을 차지하고 있다면, 마크업 상승은 실제 경제 동향을 드러낸다기보다는 발생 비용을 충분히 측정하지 못한 데 따른 것이다. 채드 시버슨(Chad Syverson) 역시 만일 광범위한 마크업 증가가 있었다면, 다른 요소들이 같다고 할 때 광범위한 인플레이션 상승을 초래했어야 한다고 썼다.[36] 그러나 지난 10년간 인플레이션은 아주 낮았다.

다른 설명: 무형 자산

우리의 설명은 다르다. 우리는 세상이 한 종류의 경제에서 다른 종류로 나아가는 불완전하고 불안정한 전환기의 한가운데 있다고 생각한다. 새로이 부상한 이 경제는 표면상 과학 기술, 인터넷, 빅데이터, 이번 달 〈와이어드〉 지 표지에 나온 것에 바탕을 둔다. 사실 이는 자본의 성격 및 경제에 미치는 영향의 장기적 변화에 기초한다. 구체적으로 말하면 우리는 현재의 문제들이 다음 원인 때문이라고 본다.

- 기업들이 (대부분 미측정한) 무형 자산에 갈수록 더 많이 투자하며 자본의 성격이 달라졌다.
- 이 무형 자본의 증가율이 지난 몇십 년간 둔화했다.
- 우리는 무형 자산이 초래한 문제를 완화하지 못했다. 새로이 떠오른 투자 장벽도 극복하지 못했다.

무형 자산 투자를 향한 전환과 최근 몇 년간의 둔화를 입증하며 논의를 이어가고자 한다.

무형 자산 투자를 향한 전환: 요약

지난 40년간 경제에 중요한 변화가 있었다. 바로 우리 책 《자본 없는 자본주의》[37]에서 말한 **무형 경제의 부상**이다. 그 논거와 데이터에 익숙하다면 이 부분을 건너뛰어도 좋다. 그렇지 않다면 아래 간략한 요약이 있다.

사회 번영의 중요한 결정 요인 중 하나는 **자본 스톡**이다. 이는 국민·기업·정부가 지속적 이익 도모를 목표로 오랜 시간 투자한 모든 것을 말한다. 경제에서 노동자가 힘줄이라면 자본은 관절·인대·뼈대다. 즉 근육이 작동할 때 거치는 메커니즘으로, 그 효율성을 결정한다. 1980년대 이후 우리는 세계 자본 스톡의 꾸준한 변화를 지켜봤다. 옛날에는 기업들이 기계·건물·차량·컴퓨터 등 물리적 자본에 대부분 투자했다. 현재는 사회가 더 풍요로워지며 기업 투자 대부분이 연구개발, 브랜딩, 조직 개발, 소프트웨어처럼 만질 수 없는 것들로 가고 있다.

애플을 생각해보자. 2018년 그 시가 총액은 약 1조 달러였다. 대부분 건물, 현금 및 기타 저축액인 유형 자산은 애플의 시장 가치 중 불과 9퍼센트인 것으로 평가됐다.[38] 나머지 어마어마한 가치는 얻으려면 큰 비용이 들고, 장기간 지속하며, 회사에는 가치가 크지만 물리적이지 않은 **무형 자산**에 있다. 애플의 무형 자산에는 연구개발로 얻은 지식, 제품 디자인, 만인이 신뢰하는 브랜드, (물리적 공급망과 애플 생태계를 뒷받침하는 개발자들 양쪽 다 포함하는) 공급업체들과의 소중한 지속적 관계, 직원들 내면의 확고한 지식 및 관계, 운용 시스템 소프트웨어, 어마어마한 데이터 자원이 들어간다.

수십 년 동안 무형 자산 투자는 세계 경제에 점점 더 중요해졌다. 무형 자산 투자를 기존 데이터와 새로운 조사에서 추론해 그 가치를 정확히 매기려는 장기 연구 프로그램에 따르면, 아무리 늦어도 1980년대 이래로는 증가했다. 그리고 우리가 좀더 잠정적인 미국 데

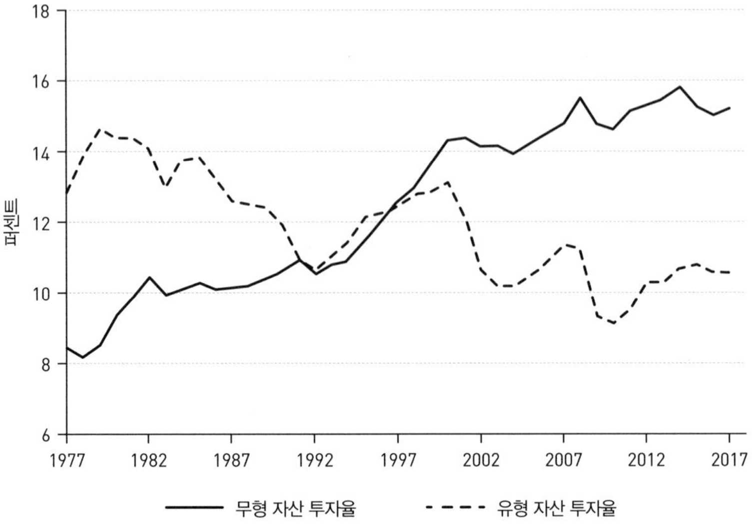

그림 1.9 미국의 투자율, 1977~2017년. 출처: http://www.intaninvest.net/charts-and-tables/.

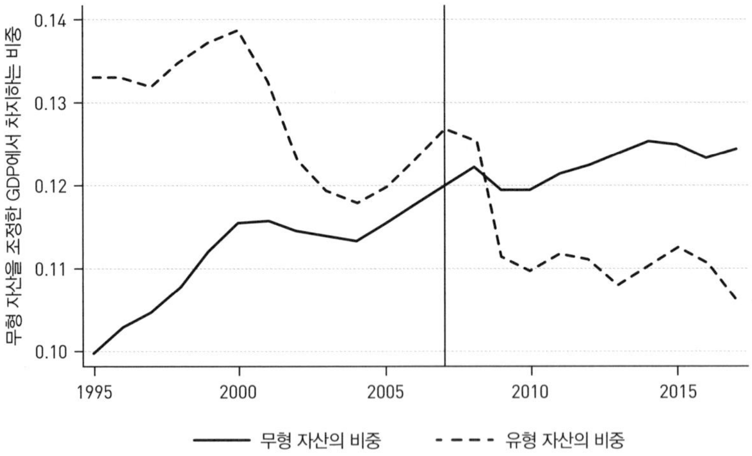

그림 1.10 유형 자산 투자와 무형 자산 투자, 주요 선진국. 출처: www.intaninvest.net를 바탕으로 저자들이 산출.

이터로 짐작할 수 있는 바로는 그보다 50~60년 전에 무형 자본 축적이 시작됐다. 그림 1.9에 보이듯 2007~2008년 세계 금융 위기 전후로 미국·영국 같은 나라는 매년 유형 자산보다 무형 자산에 더 많이 투자하고 있었다.

그림 1.10은 주요 선진국들의 좀더 단기적인 추세를 나타낸다. 이런 꾸준한 무형 자본 증가는 선진국만의 현상이 아니다. 최근 몇십 년간 중국 경제의 급성장도 무형 자산 투자의 대폭 증가를 수반한 것으로 보인다.

무형 자산 투자의 둔화

다음 논의는 무형 경제의 부상에 중요하지만 대체로 알려지지 않은 반전에 도달한다. 그림 1.10과 그림 1.11의 시계열 그래프는 무형 자산 투자의 전반적 증가세를 보여주기는 하지만 또 하나의 중요한 추세는 드러내지 않는다. 21세기의 첫 10년이 끝나갈 무렵, 수십 년간 국내 총생산의 일부로 꾸준히 증가한 무형 자산 투자의 성장세가 둔화하기 시작했다. 이 현상이 분명 여러 면에서 기업 투자를 감소시켰을 세계 금융 위기의 단기 효과인지 아닌지 처음에는 불확실했다. 믿을 만한 투자 데이터가 나오려면 시간이 걸리므로 우리가 《자본 없는 자본주의》를 쓰고 있던 2016년 당시에는 이 위축이 데이터상의 작은 결함인지, 일시적 현상인지, 아니면 더 심각한 뭔가인지 알기 어려웠다.

최신 데이터가 등장하며 무형 자산 투자의 둔화가 한 번 깜박하고 마는 신호가 아니었음이 명확해졌다. 그림 1.11은 2007년 이전 대비

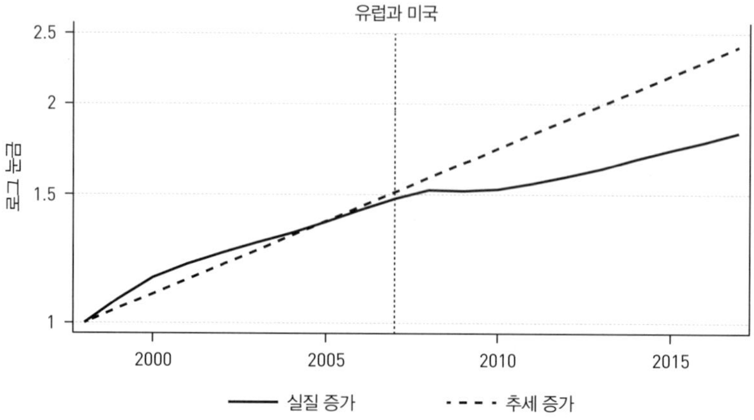

그림 1.11 무형 자산 투자: 실질 증가 대 추세 증가(1997~2007년 추세). 출처: www.intaninvest.net를 바탕으로 저자들이 산출. 유럽 대륙 국가, 영국, 미국 포함.

2017년 추세 데이터를 보여준다. 유럽 대륙과 미국의 둔화는 확실하고, 영국은 약간 더 요란하다. 그 느려진 속도는 투자를 자본 서비스로 치환해도 그대로 드러난다. 그림 1.12는 소프트웨어를 포함할 때와 제외할 때 모두 '무형' 자본 서비스 증가세가 떨어지는 것을 보여준다. 증가 속도는 2010년대부터 계속 느려졌고, 소프트웨어를 제외하면 더 그랬다. 뒤에서 살펴보겠지만, 이 무형 자산 투자 둔화는 경제 성장과 생산성에 직접 영향을 미쳤을 뿐만 아니라, 그 자체가 연쇄적 문제를 일으켰다.

비유를 위해 포도즙 한 통이 포도주로 발효한다고 생각해보자. 효모균이 즙 속의 설탕을 에탄올로 바꾸며 용액은 알코올로 변한다. 그러나 서론에서 말했듯 알코올의 비율이 15퍼센트를 넘으면 효모균이 비활성화하고 발효 과정은 더뎌지다 멈춘다. 이 단계에 두 가지 중요한

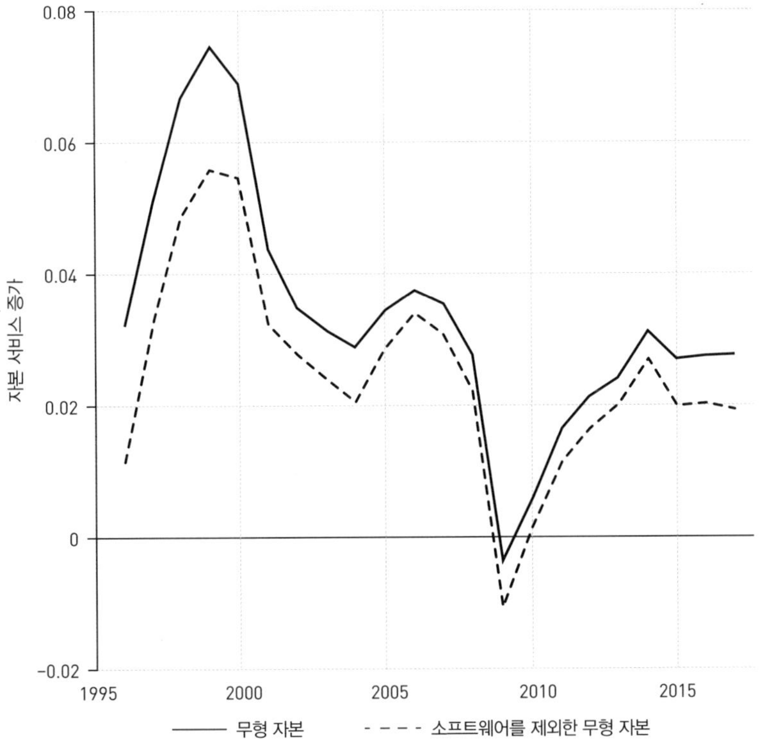

그림 1.12 자본 서비스 증가 추세. 출처: www.intaninvest.net를 바탕으로 저자들이 산출. 주요 선진국 대상.

특성이 있다. 액체는 이제 알코올이므로 이전의 포도즙과 다르게 반응한다. 그리고 더 이상 발효 상태가 아니므로 열, 이산화탄소, 기타 부산물을 생산하지 않는다. 무형 자산 투자의 현 상태도 마찬가지로 예전 어느 때보다 높은 수준이지만 증가세는 훨씬 덜하다.

무형 자산이 더 풍부한 경제의 특징과 결과: 개요

당신은 무형 자산으로의 전환이 왜 중요하냐고 물을 수 있다. 투자는 시간이 흐르면 자연스레 변하지 않는가? 우리는 운하에 투자하다가 다음에는 철도에 투자했고 그다음에는 도로에, 지금은 인터넷에 투자한다. 《자본 없는 자본주의》에서 우리는 무형 자본이 과거에 기업 투자 대부분을 구성하던 물리적 자산과 다르게 작동하기 때문에, 무형 자본으로의 전환이 중요하다고 했다.

구체적으로 우리는 무형 자산이 유형 자산과 다른 경향을 띠는 네 가지 주요 측면을 밝혔다. (1) 무형 자산은 흔히 **확장 가능성**이 매우 높다(알고리듬 같은 자산은 대규모 비즈니스 전반에 걸쳐 사용할 수 있다). (2) 무형 자산은 **스필오버**가 발생한다(가령 연구개발에 투자하는 기업은 그 투자로 혜택을 볼 유일한 업체가 될지 확신하지 못한다). (3) 무형 자산은 **매몰** 비용이다(사업이 실패로 돌아가면 보통 채권자한테는 별 가치가 없다). (4) 무형 자산은 **시너지**가 있다(다른 무형 자산과 결합했을 때 흔히 가치가 배가한다). 이상의 특성은 무형 자산이 풍부한 기업과 무형 집약적 경제가 돌아가는 방식에 다양한 영향을 미친다.

확장 가능한 무형 자산을 보유한 기업은 오늘날 빅테크 기업의 경우처럼 급성장할 수 있다. 스필오버는 스마트폰 제조업체 블랙베리와 노키아가 경악하며 깨달았듯, 투자한 기업들이 결국 이득은 경쟁업체들이 챙겨감을 알게 될 수 있다는 뜻이다. 이는 정부가 투자 보조금을 제공할 논거를 강화하기도 한다. 거의 모든 정부가 과학 연구, 훈련, 교육 부문에 주고 있듯 말이다.

무형 자산이 흔히 매몰 비용이라는 사실은 기업 금융에 문제를 일으킨다. 특히 소기업한테 부채 금융은 궁극적으로 기업 자산을 담보로 할 때가 많다. 사업이 실패할 경우 가치가 거의 없는 자산을 가진 기업은, 은행이 대출 전망을 볼 때 매력이 떨어진다. 기업 대부분의 주요 외부 자금 출처가 부채 금융과 은행 대출인 세상의 문제점이다.

어찌 보면 조앤 K. 롤링(Joanne K. Rowling)이 펠럼 G. 우드하우스(Pelham G. Wodehouse)나 존 R. R. 톨킨(John R. R. Tolkien)보다 더 부자가 된 것은 《해리 포터》라는 소설로 창조한, 가치 있는 무형 자산이 특수효과와 머천다이징 같은 다른 무형 자산과 대단히 효과적으로 결합하면서, 엄청난 인기 영화 시리즈를 만들 수 있었기 때문이다. 여기서 우리는 무형 자산이 일으키는 시너지의 가치를 본다. 시너지로 인해 무형 자산을 적절하게 결합하는 일의 중요성이 높아지기도 한다. 아이디어·브랜드·재능을 연결하는 일자리의 거침없는 증가에, 이런 종류의 활동이 제일 쉽게 일어나는 역동적 도시의 번영이 결합할 때처럼.

무형 자산의 이런 특성은 두 가지 중대한 영향을 끼친다. 한편으로 불평등 심화, 경쟁이 가져다주는 활력 약화 등 도전 과제와 문제점을 직접적으로 초래할 때가 있다. 이런 문제가 우리가 무형 자산의 위기라 부르는 것의 첫 번째 부분을 차지한다. 다른 한편으로 사회가 건실한 지속적 경제 성장을 위해 요구하는 제도의 유형을 바꿔버린다. 많은 경우 우리에게 필요한 제도와 우리가 적용하는 제도 사이에는 괴리가 있다. 이런 제도적 실패가 무형 자산 위기의 두 번째 부분이다.

무형 자산이 풍부한 경제란: 지식, 관계, 탈공업화 경제

우리는 10여 년 전 무형 경제에 관해 처음 집필한 이래, 실로 다양한 기업인·언론인·투자자·경제학자·정책 수립자들과 이에 관해 얘기했다. 우리가 주목한 것은 가끔 사람들이 무형 경제를 엉뚱한 의미로 추정한다는 사실이다. 특히 사람들은 무형 자산 투자를 지식 경제나 탈공업화 경제 같은 현대의 다른 경제 현상과 연관 짓는다. 테크 부문을 연상하거나 일종의 디스토피아적 현대성과 연결할 때도 많았다. 이런 연결은 오해를 불러일으키기 쉬우니 몇몇 핵심 용어, 경향, 현상을 좀 더 면밀히 살펴보기로 하자.

지식 경제

'지식 경제'는 1962년도 저서에서 무형 자산 투자의 측정을 최초로 제안한 프리츠 매클럽(Fritz Machlup)이 처음 쓴 용어다. 뒤이어 경영의 스승 피터 드러커(Peter Drucker)가 대중화했다. 좀더 최근인 2013년에는 무형 자산에 관한 OECD 보고서에서 이를 가리켜 "지식 기반 자본"이라고 했다. 어떤 무형 자산—예를 들면 신약을 위한 연구개발 결과물, 새로운 생산 기법, 직원의 신기술 훈련 결과—은 마땅히 지식이라 칭할 수 있는 것이 사실이다. 그리고 소프트웨어 프로그램이나 데이터베이스 같은 무형 자산은 지식과 정확히 같지는 않더라도 매우 유사한 정보로 구성한다.

그러나 어떤 무형 자산은 지식이나 정보 이상이다. 예를 들어 브랜드 가치는 그 이름과 로고에 담긴 정보 콘텐츠에만 있지 않다. 오히려 브랜드는 관계적인 동시에 표현적이다. 이는 일종의 약속이며 브랜드의 평판을 이룬 지난날의 수많은 교류를 은연중에 언급하고, 고객에게 특별한 체험이나 품질을 제공하겠다고 천명하며 과거를 상기시킨다는 점에서 **관계적**이다. 애플이란 브랜드 제품의 두 가지 측면은 매끈한 디자인과 쉬운 사용법이다. 이 브랜드 정체성은 하나의 정보에 그치지 않는다. 오히려 그 가치는 수백만 고객의 경험과 신제품을 디자인할 때 애플이 암시하는 인센티브에서 발생한다. 어떤 브랜드의 가치는 제품에 관해 감성적인, 고객들이 흔히 가치 있게 여기는 메시지를 전달한다는 점에서 **표현적**이다. 우리가 "저스트 두 잇(Just Do It)" "언제나 코카콜라" "당신은 소중하니까요"(모두 브랜드 광고 문구—옮긴이)를 들을 때, 우리가 듣는 것은 그 말의 일상적 의미가 아니다. 훨씬 더 주관적이다.

기업이나 공급망 안에 축적한 조직 자본에 부여하는 가치도 주관적이다. 다양한 공급망과 우수한 관계로 오랜 명성이 있는, 영국의 신망받는 소매업체 막스 앤드 스펜서(Marks & Spencer)를 생각해보자. 이 관계가 수익성의 중요한 원천이라고 많은 이가 인정한다. 공급망의 면면은 분명 지식—가령 막스 앤드 스펜서가 특정 일정에 따라 특정 농장들로부터 특정 가격·품질의 딸기를 특정 양만큼 살 것이라는—이라 할 수 있다. 그러나 이 무형 자산의 가치는 지식이 아니라 관계—양측이 서로에게 하는 기대와 이것이 그들의 행동에 체계적으로 영향을 미치는 방식—에 있다. 기업 내부도 마찬가지다. 누군가 어떤 기업의 영업 활동을 기록하거나 스크럼(Scrum: 복잡한 제품을 개발하고 유지하기 위한 프레임워크—옮긴이) 및 식스 시그마(Six Sigma: 품질 경영 혁신 기법—옮긴이) 같은 경영 관행을 문서화할 수는 있지만, 그 실행은 단순한 지식 이상의 것이다. 이는 일련의 관계 속에서 이뤄지는 실체화이기도 하다.[39]

무형 경제를 흔히 '지식 경제'로 쓰는 이유는 아마 지식인인 경제학자들이 무형 자산의 지식 관련 측면을 가장 중요하다고 여겨서일 것이다. 그러나 무형 자산을 지식 경제와 동일시하는 것은 그릇된 속단으로, 현대 경제에서 관계적·표현적 자본의 중요성을 희석한다.

탈공업화 경제

사람들은 가끔 무형 경제를 프랑스의 사회학자 알랭 투렌(Alain Touraine)이 처음 사용하고 1970년대에 대니얼 벨(Daniel Bell)이 대중화한, **탈공업화**라는 말로 설명한다. 이때 사람들은 무형 자산이 주로 서비스업계에 중요하며, 무형 자산이 풍부한 경제는 서비스업이 많고 제조업이 적은 경제라고 유추한다.

그러나 이 역시 무형 자본에 대한 잘못된 사고방식이다. 선진국의 제조업체들을 살펴보면, 우리는 그들이 유형 자산은 물론이고 무형 자산에 엄청나게 투자함을 알게 된다. 그들은 최첨단 제품을 생산하기 위해 연구개발과 디자인에, 공장의 생산성을 높이기 위해 조직 개발과 훈련에 투자하며, 생산 자체와 관련한 것뿐만 아니라 자신들이 판매하는 물리적 제품의 부원료인 소프트웨어와 데이터에도 투자한다.

제조업 부문이 특히 건실한 것으로 보이는 부자 나라들을 살펴보면, 우리는 무형 자산에 대한 지속적 투자 이야기를 흔히 듣게 된다.

컨설턴트 헤르만 지몬(Hermann Simon)의 독일 **미텔슈탄트**—세계적으로 경쟁력 있는, 고수익의 중간 규모 제조업체 군단—탐구에 따르면, 그 수익성의 원천에 연구개발·혁신에 대한 헌신, 공급업체·고객들과의 강하고 지속적이고 소통이 풍부한 관계, 직원들의 뛰어난 역량과 우수한 조직이 있음을 알 수 있다. 하나같이 무형 자산이다.[40] 일본·대만·한국 등 소위 발전 국가(developmental state)의 성공은 조선업에서 반도체 부문에 이르기까지, 세계적 경쟁력을 갖춘 제조업체들의 부상으로 이어진 연구개발, 공정 설계, 훈련 같은 막대한 무형 자산 투자가 없었다면 불가능했을 것이다. 현대 경제가 무형 자산이 풍부한 동시에 어느 정도 탈공업화했다는 말은 정확하겠지만, 무형 자산과 번창하는 산업—제조업계의 관점에서—은 서로를 보완하며 대체하지 않는다.

우리는 또한 사람들이 무형 경제를 하이테크 기업, 특히 구글·애플·페이스북·아마존 같은 소위 테크 플랫폼 기업과 연관한 무언가로 간주하는 경향이 있음을 알았다. 이는 일면 타당하다. 이 거대 기업들의 가치가 대개 그들이 보유한 값비싼 무형 자산에서 나오니까 말이다. 그러나 무형 자산 투자의 중요성은 테크 부문에 국한하지 않는다. 우리가 측정할 수 있는 한 경제의 전 부문에서 무형 투자를 발견할 수 있다. 지난 10년간 빅테크 기업들의 급속한 성장이 이야기의 중요한 일부이기는 하지만 전부는 아니다.

무형 자산 투자는 연구개발의 연장선에만 있는 것 또한 아니다. 코로나19로 가장 큰 타격을 입은 업계(소매업·엔터테인먼트·호텔·레스토랑)의 혁신은 연구개발을 기의 하지 않는 부문이라는 이유로 연구개발 데이터에 포함하지 않는다. 대신 그들은 훈련, 마케팅, 디자인, 업무 프로세스 등의 무형 자산에 투자한다. 그리고 연구개발을 하는 회사들은 신약 마케팅비 지출 같은 다른 여러 무형 자산과의 긴밀한 연결하에 연구개발을 수행한다. 사실 연구개발의 변화는 에프레임 벤멜레크(Efraim Benmelech), 재니스 에벌리, 디미트리스 파파니콜라우(Dimitris Papanikolaou), 조슈아 크리거(Joshua Krieger)가 썼듯이 그 자체로 주목할 만하다.[41] 미국에서는 제약 회사들이 연구개발 비용 10달러당 1달러 정도를 차지한다(1970년대의 10달러당 30센트에서 훌쩍 뛰었다). 더욱이 이 회사들이 쓰는 연구개발비 중 약 3분의 1은 65세 이상 인구에 맞춰져 있다.

무형 자본에 대한 마지막 오해는 이를 고도로 상업화되고 거래적이며 하이모더니즘(high modernism: 사회와 자연계를 재편하는 수단으로써 과학 기술에 대한 강력한 확신이 있는 이념—옮긴이)적—모든 단단한 것은 공기 중으로 녹아들고 전통은 괄시해 폐기하는, 현금을 지불하는 일종의 마르크스식 관계—이라고 여기는 것이다. 사상은 때로 파괴적이기에 전통이 실제로 전복될 수 있지만, 파괴는 무형 자본의 필수 요소가 아니다.

제임스 C. 스콧(James C. Scott)과 에른스트 슈마허(Ernst Schumacher) 같은 모더니즘 비판자들의 저술을 생각해보자. 무정부주의의 고전 《국가처럼 보기》의 저자 스콧은 전통적 작업 방식—프로이센의 숲 관리법, 자바섬이나 탄자니아의 옛 경작법—을 깨부수고 이전 시스템보다 효과가 훨씬 떨어진다고 입증된 새롭고 비인격적이고 '과학적인' 시스템으로 대체한, 의도는 좋았으나 자신감이 지나쳤던 통치자와 경영자의 예를 든다.[42] 마찬가지로 슈마허의 《작은 것이 아름답다》는 겉

보기에는 더 발달한 것처럼 보이더라도 세계화된 획일적 제품보다, 지역적 감성을 담은 '중간' 혹은 '적합한' 기술이 일반적으로 더 가치 있다고 얘기한다.[43] 무형 자산을 하이모더니즘의 도구로 보고, 스콧과 슈마허가 구상한 경제는 뭔가 다른 데 기반을 뒀다고 생각하는 것은 솔깃하다. 그러나 이 해석은 잘못됐다. 스콧은 사례 연구에서 세부적이고 유서 깊은 노하우·관계—즉 무형 자산—에 기초한 생산 방식이, 고위직 권력자들의 구미에 맞는 질 낮은 아이디어·관행(이번에도 무형 자산)으로 부지불식간에 대체된다고 쓴다.

무형 자산 투자에 관한 이상의 다양하고 불충분한 정의는 무형 자산 투자가 실제 무엇인지 규명해준다. 무형 집약적 경제가 덜 무형 집약적인 경제와 어떻게 다른지 알고 싶다면, 지식 산업이나 소규모 제조업 부문이나 빅테크 회사를 떠올리지 말라. 대신 사람들의 일이 경제적 관계 속에 더 두텁고 긴밀하게 연결된 경제, 공장 생산에서 슈퍼마켓 장보기에 이르기까지 모든 활동에 정보가 더 풍부한 경제, 그리고 경제 활동에 의미·유대·정서적 중요성이 더 많이 담긴 경제를 생각하라.

무형 자산 투자의 장기적 성장과 최근의 둔화

장기적 관점에서 보면 무형 자산 투자의 역사적 성장은 갈수록 부유해지는 세상과 근본적 관련이 있는 것 같다. 그냥 국경을 확장하거나 숲을 또 하나 밀어버리거나 원석을 더 많이 채굴할 수 없는 선진국에서 무형 자산 투자는 경제 성장 촉진에 필요하다. 그런 만큼 무형 집약적 경제로의 이동은 앤드루 맥아피가 《포스트 피크 거대한 역전의 시작》에서 말하듯[44] 지구의 천연자원 고갈을 걱정하는 사람이라면 누구한테나 희소식이다. 그런가 하면 사람들이 더 풍족해지고 기본적인 물질적 욕구를 충족함에 따라, 무형 자산이 제공할 수 있는 표현적·정서적 가치가 있는 제품과 서비스를 더 다양하게 요구할 것으로 예상한다.[45]

무형 집약적 기업은 상호 근접성에서 혜택을 본다. 지식과 인간관계가 보통 대면 상호 작용을 통해 더 활성화하기 때문이다. 그러나 우리의 도시 계획 시스템으로는 샌프란시스코·런던처럼 가장 역동적인 도시 안팎에 사무 공간과 주택을 건설하기가 극도로 힘들다. 많은 이들에게 원격근무를 강제한 코로나19는 이런 도시 계획의 쟁점을 일시적으로 제거하기는 했으나, 최소한 지식 노동자 일부는 자기 업무에 중요하다고 느끼는 대면 접촉 기회를 빼앗음으로써 다른 문제를 불러일으켰다. 혼잡한 도시와 마구잡이식 원격근무 전환은 무형 자산 투자를 더 어렵게 만들며, 예전에 비해 장기 투자를 둔화시킬 공산이 크다. 이상의 사안과 그 잠재적 해결책은 6장에서 검토한다.

2008년 이후의 둔화: 이유는?

앞서 살펴봤듯 무형 자산 투자의 성장세는 2008년 불황 이후 더뎌졌고, 특히 소프트웨어 외의 분야에서는 예전 속도를 회복한 것 같지 않다. 왜 그럴까? 한 원인은 상대적으로 저성장 상태에 머물던 정보통신 기술 같은 분야에 대한 다른 형태의 투자와 이것의 보완성이다. 하지만 원인은 또 있다. 구스타보 애들러(Gustavo Adler)와 동료들은 자신들의 기업 표본에서 특히 불황 이전 재정적 손실에 노출된(즉 부채가 많았거나 2008년까지 상환해야 했던) 회사들의 유형 자산 투자 대비 무형 자산 투자가 하락한 것을 발견한다.[46] 그리고 무형 자산 투자는 불황 후 5년이 지나고 하락했는데, 이는 단순한 경기 순환 주기상의 하락 이상임을 시사한다. 비슷한 결과를 OECD의 유럽 전체 기업 연구에서도 보고한 바 있다.[47]

이상의 결과는 비록 일일이 확인하기는 어렵지만, 금융 '마찰' 증가가 무형 자산 투자에 영향을 미치고 있음을 말해준다. 무형 자산 투자를 뒷받침하기에 적합하지 않은 제도가 많다. 예를 들어 은행들은 담보로 부적합하다고 여기는 자본에 대해서는 보통 대출을 꺼린다. 그러나 이는 항상 그랬을 것이고, 따라서 무형 자산 투자가 '마찰'이 많아져 둔화한 것이라면 다른 뭔가가 틀림없이 달라졌을 터이다.

한 가지 가능성은 금융 위기 이후 불확실성과 위험도가 높아진 탓에 은행과 기업들이 대출에 더 신중해졌을 수 있다는 것이다. 그 자체로도 어마어마한 충격이던 금융 위기 뒤에, 2010년대 초에는 그리스의 유로존 탈퇴 가능성, 2016년 이후에는 영국의 질질 끈 브렉시트와 미국의 무역 정책을 둘러싼 논쟁이 이어졌고, 이 모든 것이 불확실성을 키웠을 수 있다.[48] 중요한 점은 무형 자산 투자가 '매몰'되기 때문에 불확실성이 커지면 영향받을 가능성이 높다는 것이다. (매몰된 투자금은 돌려받지 못하는 지출이다. 예를 들어 마이크로소프트는 노키아 휴대폰에 탑재한 자사의 윈도우 모바일 프로그램 폐기 당시, 50억 달러를 회계상 손실로 처리해야 했다.)

불확실성 증폭은 기다림의 선택 가치를 높임으로써 이런 돌이킬 수 없는 투자를 특히 방해한다.[49]

또 다른 가능성은 시너지다. 경제학자 제임스 베센(James Bessen)과 동료들은 회계·무형 데이터가 둘 다 있는 회사(대부분 미국) 차원의 데이터 세트를 구축했다.[50] 이들의 결론은 놀랍다. 예를 들면 대략 2000년 이후 후발 기업들이 선도 기업들을 앞지를 능력이 확 줄었다. 이는 선도 기업들의 무형 자산 투자, 특히 사내 소프트웨어 개발·투자와 밀접한 상관관계가 있다. 이 결론은 무형 자본의 특성으로 쉽게 설명할 수 있다. 무형 자산은 시너지 효과를 발휘하므로 연구개발·제품 디자인에 쓴 적은 금액도, 후발 기업보다 페이스북처럼 무형 자산이 풍부한 기업에서 더 큰 가치가 생긴다. 게다가 대기업은 무형 자산의 스필오버를 이용하는 데, 즉 규모가 더 작은 경쟁사의 아이디어를 베끼거나 적용하는 데 능숙한 만큼 스필오버에서 특히 이익을 본다〔테크 업계에서 빅테크 기업 주변의 **킬 존**(kill zone)—경쟁업체들을 일상적으로 제압하는 주변부—이라 지칭하는 것〕. 그렇다면 2000~2009년은 필시 선도 기업들이 가진 무형 자본의 시너지 때문에 후발 기업들이 투자를 단념하기 충분한 기점이었을 듯하며, 그 결과가 전반적 투자 둔화나 지속적 투자에도 전반적으로 저하한 생산성 증가, 또는 둘 다인 것이다.

요약

세기가 바뀐 이래 많은 나라의 실망스러운 경제 실적과 금융 위기를 검토하고 경기 침체, 불평등, 역기능적 경쟁, 취약성, 비진정성이라는 다섯 가지 문제점을 논의했다. 전통적 설명—잃어버린 황금시대와 대분열—은 모든 것을 밝혀내진 못하는 것 같다. 우리는 무형 자산 투자로의 전환과 이것의 최근 둔화가 이 난제를 설명해준다고 본다. 다음 장에서 이 주제를 더 상세히 설명한다.

2

경제 위기는 무형 자산 위기

이 장에서는 무형 자산의 근본적인 경제적 특성이 1장에 소개한 다섯 가지 결함을 설명하는 데 도움이 된다는 것을 입증하고자 한다. 무형 경제에는 집중 심화, 회사 간 격차, 마크업의 명백한 증가, 역기능을 초래할 수 있는 경쟁, 비진정성의 분위기가 있을 것이다.

우리가 정의한 **무형 자산 위기**는 (1) 전례 없이 높은 수준의 무형 자산 투자, (2) 무형 자산 투자의 증가율 둔화, (3) 무형 자산이 풍부한 경제의 문제점을 다루기에 역부족인 제도의 결합이다. 이 장에서는 어떻게 무형 자산 위기로 21세기 경제의 불만족스럽고 특이한 상태를 설명할 수 있는지 탐구한다. 우리는 무형 자산의 기본 특성에서 비롯하는, 무형 자산이 풍부한 경제의 특징을 기술하며 시작하고자 한다. 그다음 이런 특징이 어떻게 현 세계 경제의 다섯 가지 굵직한 문제를 설명해 주는지 논의한다.

무형 경제의 특징

1장에서 살펴봤듯 무형 자본은 유형 자본과 다르게 작동하는 경향이 있다. 구체적으로 말하면 무형 자본은 **확장 가능**하고, **스필오버**와 **시너지**를 발휘하며, 흔히 **매몰** 비용이 나타난다. 이들 경제적 특성이 합쳐지면서 경제 전반에 두드러진 세 가지 특징이 나타난다. 바로 1등과 나머지의 격차, 군집화 이익, 논쟁성이다.

1등과 나머지의 격차

가치 있는 무형 자산은 확장 가능하므로 이를 보유한 회사는 경쟁업체들을 희생시키고 급성장할 수 있다. 그리고 무형 자산은 시너지를 발휘하기 때문에 가치 있는 무형 자산을 여럿 보유한 기업은 경쟁에서 지나치게 강한 지위를 차지하게 된다. 게다가 몇몇 시장 선도 기업은 자신보다 작거나 약한 경쟁사들의 무형 자산 투자 이익(앞서 말했듯 테크 업계에서는 흔히 **킬 존**이라 부른다)을 공략하는 데 능숙한 만큼, 무형 자산이 다른 업체에 스필오버되는 특성으로 이득을 볼 수 있다. 그러니까 무형 자산이 풍부한 경제는 '오링(압착·밀봉 효과를 내는 원형 고리—옮긴이)'이 있는 것 같은 느낌을 준다. 회사들 간에 미미하게 보이던 차이

가 엄청난 격차로 극대화할 수 있는 것이다.[1]

군집화 이익

경제학자들은 인간이 모여 아이디어를 교환할 때 번영한다는 사실을 오래전부터 알았다. 앨프리드 마셜(Alfred Marshall)은 한 세기도 더 전에 산업 클러스터에 관해 집필하며 일상의 관찰자들이 태곳적부터 알고 있던 현상에 이름을 붙였다. 오늘날 역동적 도시라는 입지의 이익(소위 **집적 효과**)은 커졌고, 산업 전반에 갈수록 많이 나타나고 있다. 샌프란시스코만(灣) 지역을 떠올려보자. 이곳은 한때 반도체 클러스터였지만, 지금은 미약한 관련만 있을 뿐인 산업들이 군집해 있다. 동시에 낙후 지역과 거기 연계한 사람들은 점점 밀려난다. 애석하게도 코로나19 팬데믹은 우리 경제가 어느 때보다 더 물리적 근접성에 의존하는 시기에 이를 위험하게 만들어버렸다.

논쟁성 확대

무형 자산은 스필오버가 발생하기 때문에—소유권 입증이 비교적 쉬운 유형 자산과 달리—누구의 소유인지 증명하기 힘들다. 그래서 사활을 건 논쟁, 경쟁, 이게 누구의 것이며 심지어 꼭 소유권이 있어야 하는지를 둘러싼 소송을 더 많이 보게 된다. 이미 테크 부문에는 이런 분쟁이 다반사다. 예를 들어 우버는 파트너 운전자들에게 어떤 의무가 있을까? 유튜브는 해적판 콘텐츠와 관련해 저작권자들의 요청을 어디까지 존중해야 할까? 이 분쟁은 매우 흔해지고 있다. 도서관은 전자책을 대출할 수 있는가? 농부는 자신의 트랙터를 수리할 수 있는가(당연한 것도 분쟁 대상이 된다는 비유적 표현—옮긴이)?

우리가 거래·투자 촉진을 모색할 때 계약 강행은 도움이 될 수 있다. 그러니까 논쟁이 붙은 자산의 수가 늘 것은 예상해야 한다. 이는 경제 전반에 무형 자산 투자가 증가했음을 반영할 뿐이다. 특허가 늘면 특허변호사가 많아질 것이다. 사실 소송이라고 항상 험악하지는 않다. 게다가 저작권 대리인·특허변호사부터 머천다이징 관리자와 존재론을 탐구하는 철학자에 이르기까지 무형 자산의 양도·통합·분리를 매끄럽게 하는 수많은 직업을 탄생시킨다.

그러나 모든 형태의 논쟁성이 경제에 이득이 되지는 않는다. 두 가지 형태는 문제가 있다. 첫째, 경제의 성격이 달라지고 새로운 게임의 규칙을 구축할 때는 정치·사회 권력—경제 게임의 규칙을 은근슬쩍 자신들한테 유리하게 만들 수 있는 이들—의 수익이 증가한다. 둘째, 무형 자산 투자는 특히 지식 기반이기보다 주로 관계적일 때, 평균적 유형 자산 투자에 비해 제로섬이 되거나 각자의 입장만 고수할 공산이 크다. 예를 들어 질병 치료나 비행기 탑승을 위한 새로운 발상은 다른 아이디어의 유용성을 감소시키지 않는다. 그러나 관계적 무형 자산은 다른 사람들이 소유한 무형 자산의 가치를 떨어뜨릴 수도 있다. 고정 규모의 시장에서 경쟁사들을 희생시켜 브랜드를 강화하는 광고는, 가치 있는 무형 자산은 창출했으나 경쟁사의 자산 가치를 떨어뜨린다. 용도라고는 조세 회피뿐인 해외 자회사의 설립 비용도 무형 자산 투자이기는 하나, 창출한 가치는 납세자들에게서 빼앗은 것이다.

이런 특징이 있는 유형 자산은 상대적으로 적지만, 한 예는 고주파 거래(high-frequency trading)자들이 경쟁자들을 물리치려고 증권 거래에서 나노초(10억 분의 1초—옮긴이) 단축에 써먹는 광섬유 케이블이다.

요약하면 현재 경제에서 투자 대부분은 무형이지만 무형 자본의 증가세는 상당히 둔화했다. 이 자본은 확장성이 대단히 높고, 스필오버와 시너지를 발휘하며, 보통은 매몰 비용이다. 아울러 일부 무형 자산 투자는 제로섬이며, 무형 자산 투자의 달러 평균은 유형 자산 투자의 달러 평균보다 제로섬이 되기 쉽다. 그 결과 집적 효과가 강해져 번화한 도시는 낙후한 중소도시나 시골보다 생산성이 높아진다. 무형 자산이 풍부한 최고 기업들과 후발 경쟁사들의 격차는 더 벌어진다. 무형 자산 소유권은 불명확할 때가 많아 분쟁이 생긴다. 그리고 무형 자산은 사업 실패 시 가치가 더 작으므로 대출 기관과 융자금을 구하는 기업들을 시험대에 올린다.

무형 자산과 우리가 처한 상태

이제 1장에서 말했던 21세기 경제의 골치 아픈 특성, 즉 경기 침체, 불평등, 역기능적 경쟁, 취약성, 비진정성으로 돌아가보자. 무형 경제의 새로운 특징이 각각에 상당히 영향을 끼쳤다.

경기 침체

무형 자산 위기는 세 가지 중요한 측면에서 경기 침체를 부추겼다. 첫 번째 요인이 가장 직접적이다. 바로 금융 위기 이래 거의 감지되지 않던 무형 자산 투자의 둔화다. 기업들은 2007년 이전 증가율을 바탕으로 한 예상 수치보다 무형 자산 투자를 덜 하고 있다. 이런 투자 감소는 두 가지 측면에서 저성장이라 해석할 수 있을 것으로 보인다. 첫째, 무형 자산이 더 급감한 나라일수록 더 심한 불황을 겪었을 것으로 보는데, 실제 데이터가 이 결론을 뒷받침한다. 둘째, 경기 침체는 무형 자산 투자로 인한 스필오버—산업 전체를 발전시키는 획기적 기술, 많은 기업이 채택하는 참신한 관리 방법, 없던 범주를 창출하는 새로운 제품 디자인—가 나타나는 총요소 생산성의 감소로 드러날 것이라 예상한다. 그리고 실제로 우리가 겪고 있는 침체도 주로 총요소 생산성 침체다. 그림 2.1은 무형 자본 서비스 증가율이 제일 저조한 나라에서 총요소 생산성 감소율이 제일 높음을 보여준다.

2차 효과도 있다. 현대 과학 기술에 대한 실망과 관련한 효과다. 앞서 살펴봤듯 21세기 경기 침체의 특이한 점 중 하나가 저조한 경제 성장과 테크 부문에 대한 아주 후한 기대·예측 사이의 단절이다. 성공을 장담했건만 절대 모습을 드러내지 않은, 날아다니는 자동차처럼 말이다. 경제학자 에릭 브리뇰프손, 대니얼 록(Daniel Rock), 채드 시버슨은 과학 기술에 대한 이런 실망을 무형 자산과 결부한다.[2] 그들은 신기술이 경제적 이익을 가져오려면 새로운 과정, 비즈니스 관계, 작업자의 기술 등 이를 유용하게 만들 여러 기타 무형 자산 투자가 필요

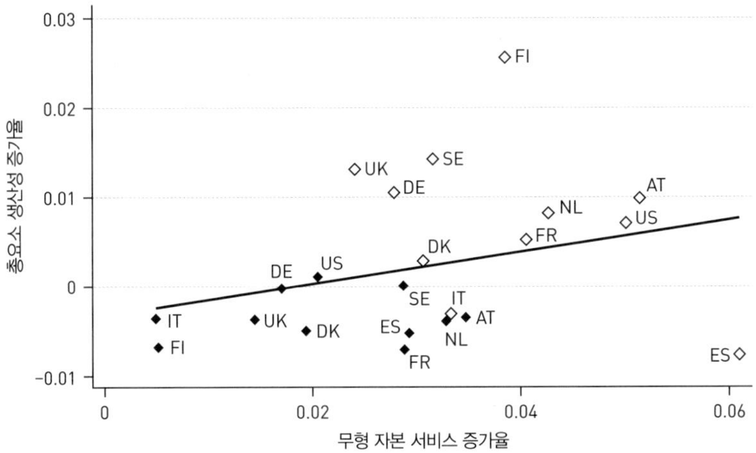

그림 2.1 총요소 생산성과 무형 자본 서비스 증가율. 주: 흰 마름모꼴=1999~2007년, 검은 마름모꼴=2008~2016년. 대상 국가는 오스트리아(AT), 덴마크(DK), 핀란드(FI), 프랑스(FR), 독일(DE), 이탈리아(IT), 네덜란드(NL), 에스파냐(ES), 스웨덴(SE), 영국(UK), 미국(US)이다. 출처: Corrado et al. 2019.

하다고 썼다. 바꿔 말하면 무형 자산은 신기술에 관한 한 특히 강력한 시너지 효과를 낸다. 따라서 급진적 신기술을 개발 중인 시기에 무형 자산이 침체하면 생산성 증가율에 훨씬 부정적인 효과를 미칠 것으로 예상한다.[3]

무형 자산 투자의 증가율이 저조해서가 아니라 오히려 역사상 최고 수준이어서 총요소 생산성 증가율에 미치는 효과도 있을 수 있다. 무형 자산 투자분 중 일부는 관계적 무형 자산이기 때문에 제로섬이라는 점을 상기하자. 즉 오직 다른 누군가의 가치를 파괴하는 경우에만 소유자에게 가치가 있다는 것이다(조세 회피용 자회사가 한 예다). 이런 거래는 총요소 생산성 하락으로 나타나는 부정적 스필오버로 볼 수 있다. 유형 자산 투자보다 무형 자산 투자의 더 많은 부분이 제로섬이라면(그럴 법도 하다), 유형 자본에 비해 무형 자본이 더 많은 경제의 총요소 생산성은 우리의 예상치보다 더 적을지 모른다. 이상의 세 효과가 합해진다면 우리가 아는 바로 그 효과를 낼 터이다. 무형 자산 투자가 풍부하긴 하지만 증가율이 더딘 경제에서 총요소 생산성이 감소하는 현상이다.

생산성 증가 둔화에 관한 무형 자산 중심의 설명은 같은 문제에 대한 다른 학자들의 결론과 일치한다. 이는 과학 기술 진보의 둔화에 대한 로버트 고든, 타일러 카우언, 에릭 브리뇰프슨의 우려에 부합하며, 왜 이 둔화가 지금 일어나는지를 근본적으로 풀어낸다. 또한 디트리히 볼래스가 《성장의 종말》에서 제시한, 총요소 생산성 하락에 대한 두 설명과도 일치한다. 볼래스는 2000~2016년 미국 총요소 생산성 하락의 상당 부분을 기업 활력 저하(생산적 소기업들이 성장해 기존 업체들을 대체하는 속도가 더뎌진 사실), 제조업(역사적으로 총요소 생산성 증가율이 높았다)에서 서비스업(역사적으로 총요소 생산성 증가율이 낮았다)으로의 장기적 전환으로 설명할 수 있다고 했다.[4] 이 두 원인은 전부 무형 자산의 관점에서 해석할 수 있다. 기업 활력 저하는 무형 자산이 악화시키고 있는, 선도 기업와 후발 기업 간 격차의 확대와 연관한다. 나아가서 서비스업의 생산성이 증가하려면 정보기술 도입과 보건·교육이라는 까다로운 분야의 개선과 더불어 무형 자산 투자가 더 많이, 더 빨리 증가해야 한다.

역기능적 경쟁: 수익, 집중, 생산성 격차

21세기 경쟁의 문제점은 모순적이다. 많은 이들은 기업 경쟁과 시장 활력이 전반적으로 꽤 감소했다고 말한다. 이 감소는 한편으로 선도 기업과 후발 기업 간에 이어지는 큰 격차가 작용한 것이지만, 설명은 거기서 그치지 않는다. 창업하는 회사도, 규모를 확장하는 소기업도 점점 줄고 있다. 그러나 경기 침체와 현실 안주라는 이 그림이 노동자와 경영자들의 일상 경험에서는 잘 보이지 않는다. 직장 생활은 어느 때보다 더 순위를 매기고 평가하고 경쟁을 부추긴다고 느껴진다. 저임금 노동자들은 부담스러운 성과제에 점점 더 시달리는가 하면, 고위직 노동자들은 갈수록 포상이 커지는 시합 같은 삶을 경험한다. 이는 아동기에 시작되며, 교육이라는 통과 의례를 거쳐 능력을 입증하는 값비싼 신호를 보내는 것도 여기에 포함된다.

7장에서 이런 쟁점을 이어가겠지만, 우리는 경쟁이 감소했다는 견해에 대체로 동의하지 않는다. 일부 시장에서 경쟁업체 숫자가 줄고 선도 기업과 후발 기업의 격차가 좁혀진 적은 있지만, 이런 수치가 무형 집약적 세계의 경쟁을 나타내는 올바른 기준은 아닐 것이다. 회사들이 규모를 확장하고 시너지를 이용할 수 있을 때, 매력적 무형 자산이 있는 회사와 그렇지 않은 회사의 근소한 차이는 엄청나게 증폭한다. 이렇게 되면 선도 기업들은 후발 기업들과 멀어지고 무형 자산 투자의 보상을 거둘 것이다. 그렇다고 반드시 경쟁이 감소한다는 뜻은 아니다. 숫자는 줄었어도 소수의 플랫폼 사이에 경쟁이 매우 치열할 수 있고, 마크업을 계산할 때는 그 무형 자산에 대한 보상도 측정해야

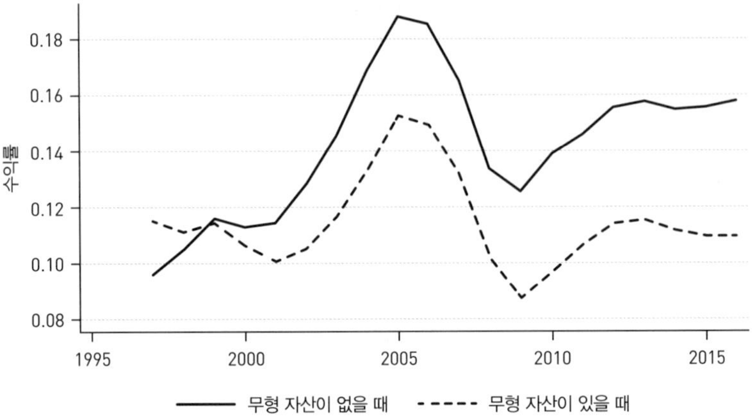

그림 2.2 무형 자산 유무에 따른 미국의 수익률. 출처: www.intaninvest.net의 데이터를 바탕으로 저자들이 산출.

하는데, 이런 모습은 좀처럼 보기 어렵다.

세 연구 결과가 이 주장을 뒷받침한다. 첫째, 1장 트레이나의 연구에서 살펴봤듯 무형 자산을 포괄하는 데이터를 포함하자 미국에서 마크업은 상승하지 않았다. 그러나 판매·일반 사무 지출에는 무형 자산 외에 다른 자산도 들어간다. 그러므로 앞으로 나아가는 방법은 그림 2.2처럼, 회사 차원의 데이터 세트를 구하지 못하더라도 산업 차원에서 무형 자산을 다양하게 측정함으로써 거시 경제에서 무형 자산 유무에 따른 수익률을 산출하는 것이다. 무형 자산을 제외하면 미국의 수익률은 상승세다. 하지만 무형 자산을 포함하면 그렇지 않다. 따라서 이 측정에 따르면 미국의 수익률 증가는 무형 자산을 제대로 측정하지 못한 데서 오는 오류다.

둘째, OECD는 집중도(한 산업의 총거래액 가운데 일부 기업의 거래액이 차지

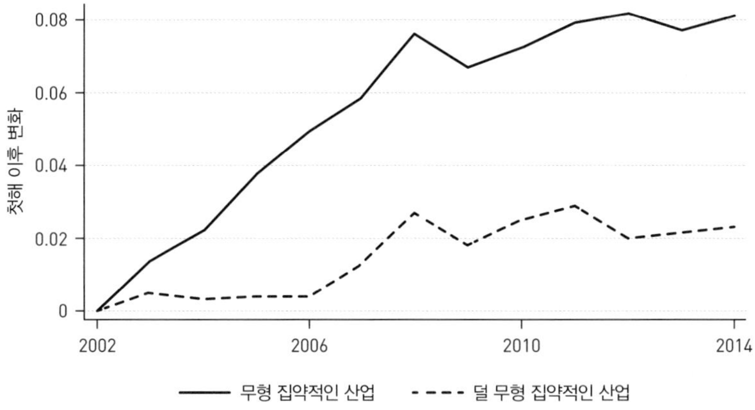

그림 2.3 무형 자산 집약도에 따른 집중도 추이(상위 8개 기업 비중). 대상 국가는 벨기에, 핀란드, 프랑스, 이탈리아, 일본, 에스파냐, 스웨덴, 영국, 미국이다. 출처: Bajgar, Criscuolo, and Timmis 2020.

하는 비율—옮긴이) 추이와 무형 자산 강도의 상관관계를 연구했다. 그림 2.3에 나타나듯 대부분의 무형 집약적 산업에서 집중도가 높아졌다.[5]

셋째, 캐럴 코라도와 동료들은 생산성 격차의 확대를 살펴보았다.[6] 그림 2.4가 제시하듯 다른 여러 요인을 통제했을 때, 더 무형 집약적인 산업일수록 선도 기업과 후발 기업 사이 생산성 격차의 폭이 더 커졌다.

끝으로 직장 생활의 경쟁에 관해서는 어떤 결론을 도출할 수 있을까? 대니얼 마코비츠는 저서 《엘리트 세습》을 통해 양육, 교육에 대한 접근성, 자격증 '숭배'가 미국에서 좋은 일자리와 경제적 성공에 이르는 가장 중요한 열쇠가 되어간다고 얘기한다.[7] 이런 접근성은 이미 부자들을 빼면 모두한테 닫혔고 중산층은 배제한다. 우리는 이런

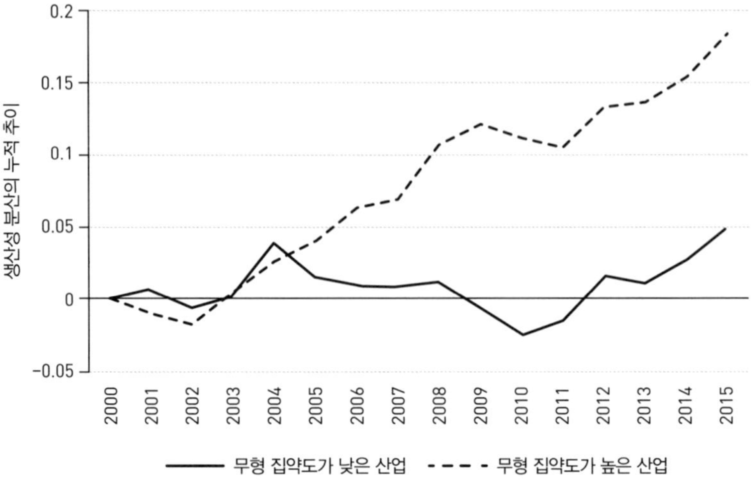

그림 2.4 무형 자산 집약도에 따른 생산성 분산 추이. 주: 그래프는 총생산량, 자본과 노동 투입, 자본-노동 비율 등 생산성 분산을 발생시키는 다른 요인들을 통제한 후 무형 집약도가 높은 산업과 낮은 산업의 생산성 분산 추이를 표시한다. 대상 국가는 오스트리아, 벨기에, 덴마크, 핀란드, 프랑스, 독일, 아일랜드, 이탈리아, 네덜란드, 포르투갈이다. 출처: Berlingieri et al. 2021.

열쇠의 중요성을 무형 자산이 풍부한 세상의 관점에서 해석할 수 있다. 학력이라는 형태의 무형 자산(예를 들어 학위)에 대한 지위 관련 또는 제로섬 투자, 작업자 감시·분류용 소프트웨어 같은 무형 자산 사용,[8] '경쟁이 치열한' 직업에서 사회적 자본(예를 들면 인맥)의 가치가 전부 능력주의라는 함정을 구축한다(경쟁에 관한 더 많은 논의는 7장 참조).

요약하면 무형 자산을 통해 우리가 관찰한, 수익 및 집중도의 여러 동향을 설명할 수 있다. 이 주제는 7장에서 더 상세히 다룬다.

불평등

우리는 1장에서 21세기의 불평등에 세 특징이 있음을 알았다. 1980년대와 1990년대에 대폭 심화해 계속 벌어진 빈부 격차, 유사한 패턴을 보이는 고소득자와 저소득자 간의 격차, 실증적으로 측정하기는 더 어렵지만 지난 20년 동안 계속 벌어진 듯한 존경 및 사회적 지위의 격차가 그것이다.

서구 정부들은 역사적으로 누진세와 보조금을 통해 가진 자들과 그렇지 못한 자들 간의 격차를 줄이려고 노력해왔고, 부익부 빈익빈은 적어도 마태복음만큼 오래된 개념이다. 따라서 불평등이 심화할 때는 정부가 분배의 페달에서 발을 뗐기 때문이라고 가정하는 편이 안전할 듯하다. 그러나 한편으로 무형 자산이 풍부한 경제를 탓할 만한 이유가 있다. 우리가 관찰한 불평등 증가의 상당 부분을 무형 자산 자체, 특히 선도 기업과 후발 기업의 격차 및 집적 효과에서 비롯한 변화로 설명할 수 있음이 밝혀졌다.

소득 불평등을 생각해보자. 소득 격차에 관한 최신 연구는 지난 몇십 년 동안 소득 불평등의 심화를 일으킨 주요인이 최고 수익 기업들과 그 외 기업들 사이의 직원 급여 차이였음을 말해준다. 이 결과는 미국뿐만 아니라 평등하다는 스웨덴에서도 관찰했다. 일부 회사들은 선전하는데 그 밖의 기업들은 고전하는 세상은 고소득자와 저소득자 사이의 격차가 커지는 세상인 것 같다.[9]

기업들의 무형 자산 투자로 직원들의 성과를 관찰·관리하는 작업이 더 쉬워지며 불평등이 커진 것 같기도 하다. 경제학자들은 고용주들이 직원들의 태만함을 막기 위해서라면 급여를 후하게 줄 수도 있다는 **능률급** 개념을 오랫동안 연구했다. 능률급의 부분적 근거는 관리란 노동자들이 무슨 일을 하는지 계속 세밀하게 관찰하기보다는 신뢰하는 데 달렸으며, 전자는 일반적으로 불쾌감을 주고 비용까지 많이 든다는 것이었다. 그런데 소프트웨어, 데이터 분석, 새로운 경영 관행으로 치밀한 관찰이 용이해졌고 그 결과 전에는 신뢰해야 했던 노동자들의 활동을 이제는 상세히 관찰·비교·평가할 수 있게 되었다. 창고 직원들이 시간당 얼마나 많은 물품을 출하하는지, 콜센터 직원들이 시간당 얼마나 많은 통화를 처리하는지, 고객 서비스 담당자들이 통화와 통화 사이에 얼마나 많은 시간을 보내는지를 감시하는 아마존의 역량은 무형 자산—직원들의 성과를 측정하고 보상하는 데 사용하는 소프트웨어와 업무 절차—에 기반한다. 비슷한 과학 기술과 관행이 사무직 노동자들 사이의 불평등을 증대한다. 예를 들면 루이스 가리카노(Luis Garicano)와 토머스 허바드(Thomas Hubbard)는 법률회사들이 어떻게 성과 및 근무 시간 모니터링 시스템의 개선으로 고성과자들과 나머지를 구별할 수 있게 되었는지를 밝혔다.[10] 결국 스타들은 더 많은 급여를 받게 된 반면 뒤처진 직원들은 낙오하거나 해고당했다. 무형 자산 투자는 전문 서비스업체 고용주들이 흔히 연공서열식 임금제인 평등주의 직장문화를, 직원들이 "뿌린 대로 거두는" 뚜렷한 인센티브제 문화로 대체할 수 있게 해준다.

무형 자산 투자의 증가는 부의 불평등에도 간접적이지만 강력한 효과를 미친다. 토마 피케티의 획기적 저서 《21세기 자본》 출간 이후, 그가 관찰한 부의 불평등 심화는 상당 부분〔매트 론리(Matt Rognlie)에 따르면 거의 전부)[11] 20세기 말과 21세기 초의 아찔한 부동산 가격 폭등에서 비롯했다. 이 현상이 모든 곳에서 발생하지는 않았다. 대부분 무형 자산의 중요성 확대로 군집 및 집적 효과를 발휘한 역동적 도시에서 발생했다.

지위의 불평등과 무형 경제의 연관성은 더 두드러진다. 경제적으로 군집이 더 중요해지며 번화한 도시와 낙후 지역 사이의 경제적 격차가 심해졌는데, 이는 특히 저임금 노동자들이 번화한 도시의 일자리 기회를 활용하려고 이사하는 것이 엄격한 도시계획법으로 인해 갈수록 비경제적이기 때문이다.[12] 이 연관성은 무형 자산이 가진 논쟁성의 영향으로 더 커진다. 만일 경제 활동에서 논란의 자산을 둘러싼 협상과 권리 주장이 점점 늘어난다면 사회적 자본은 더 중요해질 테고, 계층·학력 같은 사회적 자본의 지표도 마찬가지일 것이다.

취약성

팬데믹과 기후 변화 같은 위협에 현대 사회가 취약한 이유가 우리가 무형 자산에 투자하지 않아서라는 생각은 반직관적이다. 대부분이 정반대로 추정할 것이다. 거품 같은 무형 자산에 지나치게 신경 쓰면서 탄탄한 물리적 자산에 대해서는 그렇게 하지 않아 취약성이 생긴 것이라고 말이다.

코로나19 팬데믹이 시작되자 많은 공개 토론에서 팬데믹에 맞서는 데 필요한 **유형** 자본에 초점을 맞췄다. 전 세계 관찰자들은 중국이 우한에 얼마나 빠르게 코로나19 병원을 신축하는지에 감탄했다. 서구인들은 자신들도 과연 그렇게 빨리 새 병원을 지을 수 있을지 노심초사 의문이었고, 산소 호흡기가 최대 수요에 맞추기에 넉넉하지 않을까 봐, 개인 보호 장비를 생산할 공장이 충분하지 않을까 봐 걱정했다.

나중에 알려진 대로 이런 다수의 유형 자본 관련 쟁점은 잘 매듭지었다. 영국과 미국도 응급 병원을 지었고 중환자 수용력의 공백을 모면했다. 사실 코로나19 팬데믹에 탁월하게 대처한 나라들은 무형 자산에 엄청난 투자를 한 상태였다. 효율적 추적·격리 시스템(소프트웨어·데이터·프로세스에 의존한다), 제대로 작동하는 공급망(개인 보호 장비가 있어도 적절한 장소에 빨리 전달하지 못한 여러 서구 국가의 상황을 피할 수 있게 해준다), 유행병학 데이터를 측정·분석하고 발 빠르게 대응할 역량을 갖췄다. 대만·한국 같은 일부 부자 나라들은 제대로 대처했고 베트남처럼 훨씬 가난한 나라들도 마찬가지였다. 팬데믹에서 벗어나는 길 또한 어마어마한 무형 자산 투자를 요구했다. 유질환자들을 추적하고 찾아내고 격리하는 소프트웨어·절차, 효험 있는 약과 치료 프로토콜과 백신을 개발하기 위한 연구, 국민들이 반드시 백신을 접종하게 할 네트워크·시스템·홍보가 필요했다.

강력한 무형 자산 투자는 세계적 탄소 배출 감축이라는, 보다 장기적인 도전에 대처하는 데도 필요하다. 사람들은 기후 변화 대처를 생각할 때 흔히 태양 전지판, 풍력 발전 단지, 전기차, 탄소를 포집·저장하는 장치 등 물리적 자산에 투자할 필요성을 떠올린다. 이런 유형 자산 투자는 탄소 배출 감축에 필요한 부분이기는 하지만 충분하지 않다—그리고 사실 가장 쉬운 부분으로 판명 났다. 예를 들면 영국은 석탄 발전량을 대폭 줄이고 재생 가능·저탄소 에너지로 대체했다. 전력 생산에서 나오는 평균 탄소 배출량(이때는 이산화탄소)은 1990년 2억 4200만 톤 상당에서 2018년에 98톤으로 줄었다.[13] 영국은 공통 전력망을 갖추고 있으므로 오염을 유발하는 에너지를 보다 청정한 에너지로 대체하는 것은, 적절한 인센티브만 자리 잡으면 생산 역량 구축의 문제에 지나지 않는다. 전력망은 한편으로는 유형 자본(철탑과 연결 장치)의 문제이지만 무형 자본의 문제이기도 하다. 전력망을 마련하려면 시스템, 표준·규약에 대한 투자가 필요하니 말이다. 대서양·태평양 연안 및 텍사스주에 독립형 전력망이 존재하는 미국에서는 풍력 배치가 더뎠는데, 공통 전력망이 없으므로 바람 많은 텍사스에서 전력을 생산하여 재생 가능 에너지 수요가 높은 동부나 서부 연안으로 수송하기 더 어렵다는 게 한 가지 이유였다. 재생 에너지에 투자해 전력 공급을 탈탄소화하겠다는 야심 찬 고비용 계획에 착수한 독일은 원전 해체의 필요성에 봉착했다. 관건은 물리적 자본이 아니라 사회적 허가와, 유권자들이 수용할 만하다고 여기는 안전 체제를 제공하는지였다. 즉 유형 자산이 아닌 무형 자산 실패였다고 할 수 있다.

가만히 살펴보면 전력 생산 말고도 무형 자산 실패는 많다. 에너지 전문가들은 경제의 탈탄소화에서 힘든 부분이 전력 생산이 아니라 교통 시스템과 가정 난방이라고 입을 모은다. 이런 변화는 가스 연소 난방 대신 공기 열원 히트 펌프나 수소 연료 보일러를 설치한다든가 내연 기관을 전기 엔진으로, 자동차를 버스로, 도로를 자전거 전용로로 대체하는 유형 자산 투자에 달렸다. 그러나 전력 생산이 그렇듯 유형 자본은 어려운 부분이 아니다. 난방·교통은 복잡한 시스템이라 힘든 문제인 것이고, 유형 자본에 투자하려면 상당한 무형 자산 투자도 필요하다. 교통의 경우 효과적인 새 도로 설계, 그 설계대로 건설하도록 해주는 도로 사용자들 간의 새 협약, 휘발유를 채우는 것만큼 쉽게 자동차를 충전할 수 있는 시스템 및 비즈니스 모델, 주행 거리가 충분한 전기 자동차 배터리 연구개발을 포함한다. 난방의 경우 무형 자산 투자는 가정에 전기난방이나 수소 동력을 새로 설치할 설계와 계획, 전환을 뒷받침할 시스템 및 비즈니스 모델을 의미한다.

만일 우리가 도시를 처음부터 건설 중이라면 이런 무형 투자 문제가 훨씬 덜할 것이다. 무형의 도전이 중차대해진 것은 기존 시스템의 잠금 효과(원래 이용하던 상품이나 서비스를 계속 선택하는 현상—옮긴이) 때문이다.

취약성에는 보건과 기후 말고도 중요한 차원이 또 하나 있다. 우리가 경제의 부정적 '충격'에 대비한 보험으로 과거에 쓰던 정책 버팀목, 특히 통화 정책이 시들해진 것 같다는 의미의 취약성이다. 무형 자산이 더 풍부하지만 결과를 둘러싼 불확실성도 더 큰 세상에서 대출은 더 위험해진다. 그런가 하면 고령화 사회의 예방적 행동은 '안전' 자산—가령 퇴직 연금—의 수요를 높인다. 저축 수요가 증가하고 안전한 수익과 위험한 수익 간의 격차가 벌어지면 안전한 장기 실질 금리는 떨어질 테고, 중앙은행들이 금리 인하로 경기를 부양할 여지는 줄어들 것이다. 통화 정책의 취약성은 5장에서 더 논의한다.

비진정성

우리 경제에 진정성이 없고 그로 인해 곤란을 겪게 되리라는 생각에는 적어도 세 차원이 있다. 첫째는 로스 다우서트가 《타락한 사회(The

Decadent Society)》에서 논평하듯 우리의 생산물 중 지나치게 많은 부분이 모방과 자기 참조, 창의적 노력보다는 재조합의 산물이라는 것이다.[14] 둘째는 데이비드 그레이버와 선진국 정치가 1000명이 우려를 표명했듯 경제에 가짜가 판치고, 유용한 결과물을 내놓지 않는 일이 비일비재하다는 것이다. 대중의 마음과 정치 담론에서는 가장 아쉬운, 사라진 경제 활동이 제조업이다. 셋째, 현대 경제에는 웹 연결이 가능한 주스 착즙기로 10억 달러를 벌겠다는 주서로(Juicero) 사의 실패한 계획, 가짜 혈액 검사 제국 테라노스(Theranos) 사의 몰락, 영국 정부의 외주업체인 카릴리언(Carillion)의 갑작스러운 파산처럼 실체는 없고 잘해봤자 웃음거리, 최악은 사기인 허황한 '빨리 부자 되기' 책략이 널렸다는 인상이 팽배하다. 기업은 정직하고 어려운 작업의 산물이기보다 잭의 마법 콩나무 같다.

다우서트의 이야기에서 창의적 경제가 갈수록 짜깁기와 반복에 지배당하고 있다는 생각은 근본적 불안감을 준다. 뭔가 뿌리 깊고 끔찍한 징조임에 틀림없는, 골치 아픈 결함이니까 말이다. 하지만 무형 자산이라는 프리즘을 통해 보면 짜깁기는 말이 된다. 오늘날 경제는 《해리 포터》부터 브로드웨이 뮤지컬 〈해밀턴(Hamilton)〉까지, 나스카(NASCAR: 미국의 개조 자동차 경주 대회—옮긴이)부터 〈내셔널지오그래픽〉까지 창의적 지식 재산을 포함해 전례 없는 무형 자산을 비축하고 있다. 이 자산들은 적절한 방식으로 결합만 하면 가치가 막대하게 커지기도—시너지의 작용—한다. 이런 맥락에서 보면 짜깁기나, 형식의 적절한 결합을 모색하는 시도가 놀랍지 않다. 우리가 무형 자산이 풍부한 사회에서 보길 기대하는 게 바로 그것이다.

'진짜' 직업의 소멸을 둘러싼 우려도 무형 자산의 시너지를 이용할 때 생기는 엄청난 가치와 일면 관련이 있다. 사실 그레이버가 정의한 다수의 '불쉿 잡'은 시너지를 이용하려는 시도를 포함한다. 제조업의 맥락에서도 무형 자산으로 또 다른 설명을 할 수 있다. 사람들은 보통 제조업 하면 공장, 공작 기계, 생산 라인 등 유형 자산을 떠올린다. 그러나 비교적 대규모인 제조업 부문을 유지할 수 있던 부자 나라들—대표적 사례로 독일과 일본—을 살펴보면, 그들의 경쟁 우위가 노동력의 기술과 훈련, 생산 기술의 최첨단을 달리게 해주는 연구개발 및 설계 역량, 단위 노동 비용을 줄이기 위한 끊임없는 프로세스 개선(가령 린(Lean)과 식스 시그마)등 주로 무형 자산에 달렸음을 알게 된다. 제조업 부문 쇠퇴와 이것이 불러온 정치적으로 바람직한 실제 일자리의 소멸은 무형 자산 투자에 실패한 결과다.

무형 자산의 중요성은 마법 콩나무 요인—변동성이 큰 베팅처럼 보이는 업체들이 확실히 많다—을 설명하는 데도 도움이 된다. 확장성이 높고, 적절히 결합하면 큰 시너지를 낼 수 있는 기업 자산이 갈수록 늘어나는 세상이라면 캄브리아기 대폭발(캄브리아기에 다양한 동물 화석이 갑자기 출현한 지질학적 사건—옮긴이)처럼 사업 아이디어가 다양해져(그중 다수는 의심스럽거나 믿을 수 없겠지만) 결국 누군가 제대로 해내면 엄청난 수익을 낼 것으로 예상할 수 있다.

요약

이 장에서 우리는 무형 자산 위기가 1장에서 정리한 경기 침체, 불평등, 역기능적 경쟁, 취약성, 비진정성이라는 문제와 모순을 설명하는 데 잘 들어맞는다고 했다. 더 무형적인 세상은 이런 문제들이 왜 그리고 어떻게 공존하는지 설명해준다. 경기 침체는 아찔한 속도의 과학기술 변동과 공존한다. 상승세가 대체로 꺾인 불평등은 심화한 존경의 불평등과 공존한다. 경쟁의 지표들은 감소세를 나타내지만 개개인들의 생활은 점점 빡빡해지고 있다. 취약성은 명백히 향상한 통신 및 이동과 공존한다. 비진정성은 국경을 넘나들며 폭증하는 창의성과 공존한다.

이 책의 남은 부분에서 이런 문제를 극복하는 데 필요한 제도적 변화를 살펴보려 한다. 그러나 먼저 우리가 생각하는 제도가 무엇인지부터 설명해야겠다. 바로 다음 장에서 다룰 내용이다.

3

무형 자산 위기

제도적 실패

좋은 제도는 경제 성장을 촉진하는 데 도움을 준다. 그러나 우리가 등대의 역사에서 알 수 있듯 좋은 제도도 경제가 달라지면 나쁜 제도가 될 수 있다. 무형 자산의 특이한 성격은 구체적 제도 정비를 요구하는데 이는 대개 아직 이뤄지지 않았다. 제도의 개편과 혁신은 무형 자산 투자의 둔화를 멈추고 경제 성장을 회복하는 데 필요하다.

토스카나주의 그림 같은 도시 시에나에 가면 암부로조 로렌체티의 뛰어난 프레스코화 〈좋은 정부가 시에나 일대에 미친 영향〉(그림 3.1)을 볼 수 있다. 이는 이탈리아 르네상스 초기(1338년경) 세속화 중 하나로 도시를 통치하는 위원회가 자리하던 공회당의 회의실 벽에 그렸다. 이 책의 서론에서 말했듯 이 그림은 기본적으로 정치적 입장을 견지한다.

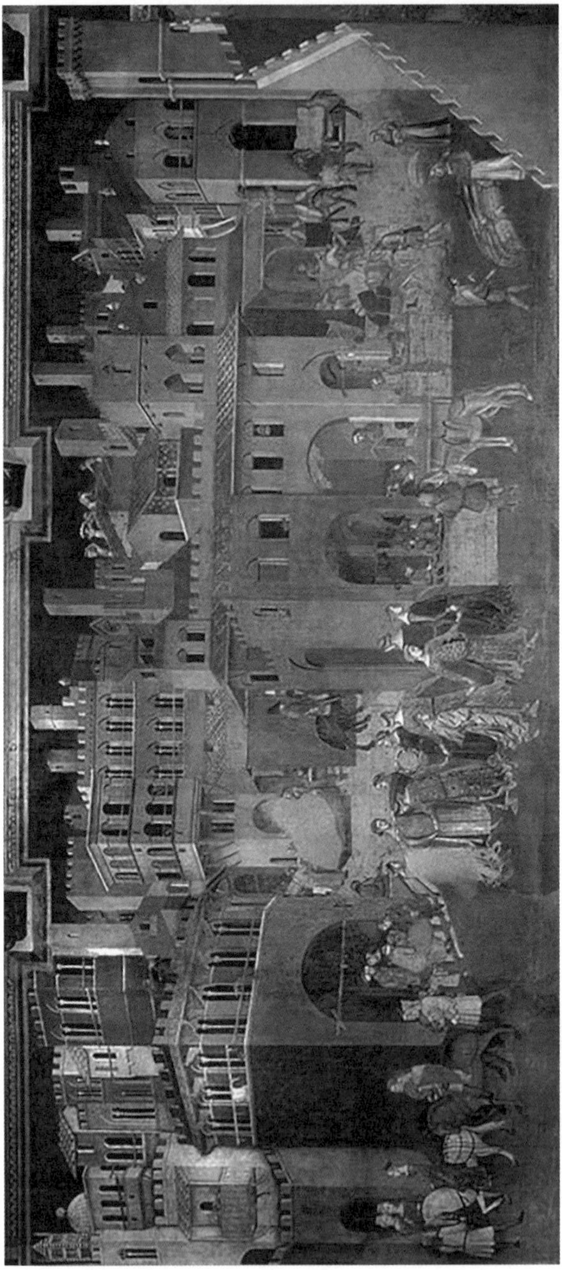

그림 3.1 〈좋은 정부가 시에나 일대에 미친 영향〉, 암부로조 로렌체티, 시에나 공회당.

바로 좋은 제도가 경제를 번영하게 만든다는 것이다.[1]

1300년대 초 시에나와 그 밖의 이탈리아 도시들은 경제적 관점에서 볼 때 주목할 만한 뭔가를 이룩한 것 같다. 이들은 서유럽 대부분이 수 세기 동안 갇힌 생계의 덫에서 벗어나기 시작했다. 현대의 기준으로 보면 시에나는 아직 몹시 빈곤했지만 과거보다는 덜 가난했고, 역사적 기준으로 보면 성장은 눈부셨다. 그러나 프레스코화 물감이 채 마르기도 전에 경제의 흐름이 바뀌기 시작했다. 토스카나의 소도시들을 더 부유하게 해줬던 제도와 규칙들은 떠오르는 새 경제의 요구에 대처하지 못했다. 투자는 둔화했다. 부유한 도시민들은 지위와 과시에 돈을 점점 더 써댔다. 현명치 못한 토지 개발은 홍수라는 재앙으로 이어졌다. 불평등 증가는 폭동과 무질서를 낳았다. 이런 새로운 문제점을 다루기 위해 시에나의 제도를 개선하는 일은 힘들었다. 사실 이곳의 통치자들이 좋은 정부와 나쁜 정부에 관한 값비싼 프레스코화를 의뢰하는 게 적절하다고 생각했다는 사실부터가 당시 이 사안이 논쟁적이었음을 시사한다.

시에나의 번영에 일조한 제도는 떠오르는 신(新)경제에 적합하지 않았다. 북이탈리아의 많은 도시처럼 시에나는 침체해 쇠락하기 시작했다. 공회당의 프레스코화만이 그 옛날을 씁쓸하게 상기시키며 남아 있다.

그럼에도 시에나의 프레스코화는 우리의 논의에 중요한 세 가지 교훈을 준다. 첫째, 좋은 제도는 경제 성장과 투자를 촉진한다. 둘째, 좋은 제도의 정의는 시간에 따라 경제가 변하면 바뀔 수 있다. 셋째, 제도적 개선 없이는 경제가 성장에서 침체로 넘어갈 수 있다. 속담에서 이르듯 당신을 여기 데려온 것이 저기로 데려다주지는 않는다.

우리가 말하는 제도란 '오래되고 웅장한 조직'을 뜻하지 않는다. 오히려 경제학자들이 경제 게임의 공식적·비공식적 규칙이라는 의미로 사용하는 그 단어다. 신제도학파 경제학의 창시자인 더글러스 노스는 제도를 "인간의 상호 작용을 형성하는, 인간이 고안한 제약"이라고 더 정확히 정의했다.[2] 그러니까 이 정의로 미뤄보면 하버드 대학은 (오래되고 웅장하기는 하지만) 제도가 **아니지만** '학문적 동료의 심사'와 '교양 교육' 등 대학의 모든 관행과 규범은 제도가 **맞다**.

제도와 경제 성장

주류 경제학을 비판하는 사람들은 경제학자들이 제도의 중요성을 과소평가한다고 종종 비난한다. 그들의 주장에 따르면 경제학자들은 번영이 "평화, 쉬운 과세, 무난한 사법 행정을 제외하면 …… 다른 것에는 거의" 달리지 않았다는 애덤 스미스(Adam Smith)의 주장을 성급히 받아들이며[3] 현대 시장 경제를 뒷받침하는 규범·규칙·기대치의 복잡하게 제멋대로 뻗은 하부 구조는 간과한다. 마르크스와 엥겔스의 문구를 빌리면 경제학자들은 "적나라한 자기 이익과 냉담한 '현금 지불' 이상의, 인간 대 인간의 어떠한 유대관계"도 개의치 않는다고 비난받는다.[4]

경제학자들은 역사학·법학·정치학 등 다른 학문의 시각과 철저한 경제 분석을 결합함으로써 제도와 경제적 성과의 관계를 수십 년간 검토한, 신제도학파 경제학자들의 연구로 스스로를 변호한다. 2009년 노벨경제학상 수상자인 엘리너 오스트럼(Elinor Ostrom)은 연안 지역 공동체들이 어장을 관리하는 데 적용하는 규칙과 규범에 관해 썼다. 2020년 존 베이츠 클라크 메달(미국경제학회가 40세 미만의 탁월한 경제학자에게 수여하는, 권위 있는 상—옮긴이) 수상자인 멀리사 델(Melissa Dell)은 식민지 페루의 강제 노동 규칙이 수 세기 뒤에 빈곤과 보건에 어떤 영향을 미쳤는지 검토했다. 지금은 경제학자들 사이에서 제도가 경제 성장에 중요하다는 생각에 이견이 없다. 대런 애스모글루(Daron Acemoglu), 사이먼 존슨(Simon Johnson), 제임스 로빈슨(James Robinson)[5]은 통찰력이 뛰어난 여러 책과 논문에서 좋은 제도란 "사회에 재산권과 경제적 자원에 대한 비교적 동등한 접근성"을 보장하는 것이라고 정의한다. 10년도 더 전부터 무형 경제에서 제도의 중요성을 강조했던 아널드 클링과 닉 슐츠는 제도를 "운영 체계"로 기술한다.[6]

좋은 제도는 투자와 성장을 촉진하고 나쁜 제도는 이를 지연시킬 수 있다는 생각은 직관적이다. 결국 법치주의, 제대로 작동하는 시장, 집합재 조달이 전부 제도의 결합에서 나온다. 법 자체, 이를 시행하는 법정의 관행, 국민이 법을 준수하게 만드는 규범이 모두 제도다. 경제학자가 아닌 사람들이 제도가 중요하다는 사실을 항상 알고 있었다면 마땅히 이렇게 물을 수 있다. "그걸 확인하는 데 정말 50년의 제도경제학 연구가 필요했단 말입니까?"

그런가 하면 어떤 경제학자들은 제도에 의존하는 경제 성장이라는 설명에 의심의 눈초리로 답한다. 분명 **전반적으로** 제도가 중요하기는 한데, 뭔가 특이한 것을 설명하려고 너무 쉽게 들먹이므로 믿을 수 없다는 게 그들의 주장이다. 언제든 경기가 좋을 때는 좋은 제도에 고마워할 수 있고, 경기가 썩 좋지 않을 때는 형편없는 제도를 탓할 수 있다. 다만 우리는 제도가 정확히 **왜** 경제 성장에 좋은지 생각하는 게 유용하다고 본다. 그래야 제도가 우리를 실망시켜도 우리가 밝힐 증거의 문턱을 더 높일 수 있기 때문이다. 그리고 여기에 초점을 맞춰야 왜 무형 경제가 기존 제도에 부담을 주는지 설명할 수 있다.

제도, 사회적 상호 작용, 경제적 교환: 로드맵

이제 우리는 제도에 관해 다소 추상적인 생각을 발전시킬 것이므로, 왜 그렇게 하는지에 관한 간략한 개요와 어디로 가는지에 관한 로드맵을 제공하고자 한다. 다음 부분에서 우리는 제도란 시대의 산물임을 입증하려고 한다. 그러자면 왜 특정 제도가 어떤 시대에는 좋은데 다른 시대에는 그렇지 않은지 설명할 필요가 있다. 우리는 제도가 교환의 한 차원에는 도움이 되지만 다른 차원은 손상한다는 것을 보여줄 것이다. 이렇게 경제와 교환의 조건이 변화하면 어떤 제도는 덜 적합해진다.

사회적 상호 작용의 핵심 특징 중 하나는 교환, 즉 돈이 목적일 때도 있는 재화와 서비스의 거래다. 이런 교환은 경제 성장에 좋다. 사실 경제 성장에는 투자라는 특별한 종류의 교환—개략적으로 말해 미래의 이익을 위해 현재 하는 교환—이 필요하다. 그러자면 우리는 교환 과정의 다양한 차원, 구체적으로 말하면 교환의 조건이나 단계를 밝혀야 한다. 그러고 나서 어떤 제도가 교환이 일어나는 조건을 뒷받침하거나 창출하는지 기술해야 한다. 마지막으로 더 무형적인 경제를 향한 이동이 어떻게 다른 교환 과정을 요구하고, 결과적으로 다른 제도를 요구하는지 밝혀야 한다.

우리의 주장을 증명하기 위해 등대의 역사라는 사례를 제시하려 한다. 등대를 연구하는 사람들(이 장이 끝날 무렵에는 당신도 그중 한 명이 되어 있을 것이다)은 다각도에서 등대에 접근할 것이다. **기술적 접근법**은 등대의 기술적 측면을 연구한다. 예를 들면 건축과 조명 등이다. 등대를 둘러싼 **교환의 조건**을 연구하는 접근법도 있을 수 있다. 가령 등대를 통해 파는 것은 정확히 무엇일까? 아울러 **교환을 뒷받침하는 제도**도 살펴야 한다. 등대는 개인의 것인가? 공공 소유인가? 기증품인가? 규제를 받는가? 하지만 등대 사례를 더 전개하기에 앞서 우리는 다음의 중요한 물음에 답해야 한다. 제도는 왜 있는가?

제도는 왜 있는가

이 질문에 답하기 위해 제도가 없는 사회에서 출발해보자. 경제학자 해럴드 뎀세츠(Harold Demsetz)가 지적하듯 로빈슨 크루소는 제도를 걱정할 필요가 없었다. 그는 누구와도 거래할 필요가 없었으므로 변호사도 회계사도 경찰관도 필요 없었다. 크루소의 세상은 교환이 없는 곳이지만 이는 예외적인 경우다. 노벨상을 수상한 경제학자 더글러스 노스는 제도란 상호 작용하는 인간이 만든 제약이며 "역사를 통틀어 인간은 질서를 창출하고 교환 시의 불확실성을 줄이려고 제도를 고안했

다"고 썼다.[7]

"교환 시의 불확실성"은 무형 자산 투자와 무엇이 이를 둔화시키는지에 관심이 있다면 주목할 만하다. 투자는 당연히 교환의 한 형태이며, 오랜 시간에 걸쳐 벌어지기 때문에 다른 교환 형태보다 불확실성이 더 강하다. 사람들은 투자할 때 미래에 이익을 거둘 것이라는 희망으로 현재에 비용을 지불하는 것이다. 그리고 뒤에서 살펴볼 테지만 **무형 자산** 투자는 고유의 불확실성을 발생시킨다.

그럼 교환의 조건 또는 단계를 검토하는 데서 시작해, 어떤 제도가 이런 조건을 뒷받침하는지 알아보기로 하자.

교환의 조건 또는 단계

상호 이익이 되는 교환을 완수하려면 무엇이 필요할까? 이런 교환은 금전적일 수도 있고 아닐 수도 있다. 파트너가 한 명일 수도 있고 여러 명의 연합(예를 들어 한 기업이 다른 기업으로부터 사들이는 경우)일 수도 있다. 교환에 핵심 요소가 있는가? 아니면 교환이 너무 분산해 유형화할 여지가 없지는 않은가? 우리는 교환에 네 단계가 있다고 생각한다.

1단계. 정보: 교환하면 상호 이익이 될 잠재적 파트너를 찾는다

교환에 대한 분석은 대부분 유익한 교환의 조건을 당연시한다. 구매자와 판매자가 이미 짝지어졌다고 말이다.[8] 예를 들어 코로나19 위기의 초기 단계에 보건 당국들은 개인 보호 장비, 산소 호흡기, 백신을 애타게 구했다. 이 조정 혹은 연결 과정은 근본적으로 **정보**의 문제다. 보건 당국은 개인 보호 장비를 어디서 찾을지, 누가 산소 호흡기 생산을 시작할 수 있을지, 백신의 화학 공식이 무엇인지에 관한 정보가 필요했으니 말이다.

정보의 주요 특성은 무엇일까? 첫째, 정보는 **분산**할 수 있다(개인 보호 장비 구매자들이 판매자가 누구인지 항상 아는 것은 아니다). 시장의 양측에 누가 있는지 찾아낼 방법이 있어야 한다. 둘째, 정보는 불확실하고 심지어 **비대칭**일 수 있다. 의료 서비스 제공자들은 개인 보호 장비의 품질을 알지 못했다. 설상가상으로 만일 구매자들이 시장에 질 낮은 공급업체밖에 없다고 생각한다면, 시장은 자기를 알리지 못하는 우수한 공급업체를 몰아낼 수 있다. 셋째, 정보가 **실종**될 수 있다. 우리는 대체 누가 산소 호흡기를 생산하는지 몰랐고, 2020년 초까지도 언제 효과 있는 백신을 사용할 수 있을지 불명확했다.

2단계. 집합 행위: 교환으로 이익을 얻는 사람 모두가 반드시 기여하게 한다

일단 개인 보호 장비 공급업체를 찾거나 백신을 발명하면, 거기서 이익을 얻을 사람은 반드시 모두 대가를 지불할 방안을 찾아야 한다. 일대일 교환에서는 이 과정이 간단하다. 그러나 국가가 자금을 댈 예정이라면 그 교환은 공동 조달을 위한 것이다. 예를 들어 외국인 방문객에게 개인 보호 장비나 더 폭넓은 보건 서비스를 제공한다면 내국인

이 혜택받지 못할 것이라고 주장하는 사람들이 있었다. 이렇게 당사자들이 직접 지불하지 않은 뭔가에서 이익을 얻을 때 집합 행위 문제가 발생한다. 가령 이웃들이 당신의 불꽃놀이를 구경한다든가, 어떤 화학식을 만들 때 투자하지 않은 사람들이 이를 사용한다든가 하는 경우다. 어쩌면 당신은 이웃들과 협상할 수도 있고, 경쟁사인 화학업체에 지식 사용료를 부과할 수도 있다. 해결책이 뭐든 집합 행위 문제를 푸는 중요한 요소는 수혜자들을 배제할지 아니면 그들이 기여하게 만들지 결정하는 것이다. 그 외에 집합 행위 문제는 재화를 결합할 필요가 있을 때와 개인이 거래 전체를 방해할 때 발생한다. 여러 토지 구획에 걸친 운송 연결 사업이 한 예다.

3단계. 약속: 파트너가 교환 약속을 절대 어기지 않게 한다

장기간에 걸친 교환은 파트너들이 약속한 미래의 실적을 지키지 않는다면 실패로 돌아갈 것이다. 3주 내 개인 보호 장비 배송에 대한 비용 지급은 이 장비를 마련할 것이라는 약속에 바탕을 둔다. 백신 개발에는 회사들이 향후 만회할 것이라 예상한, 자원의 엄청난 투입이 필요했다.

4단계. 흥정 또는 영향력 비용 최소화: 교환 과정에 과다한 자원을 끌어들이지 않는다

교환 과정에는 '흥정' 또는 '영향력' 비용이 들어갈 수 있다. 폴 밀그롬(Paul Milgrom)과 존 로버츠(John Roberts)는 협상 비용 목록에 협상 활동 자체의 비용, 모니터링 비용, 집행 비용, 합의 실패 시의 비용을 명시한다.[9] 이 중 일부는 로비스트와 유도책 비용처럼 사람들의 결정에 '영향력'을 행사하는 데 드는 비용일 수 있다. 따라서 이런 비용 중 일부는 거래에서 정보 문제—가령 계약을 이행했는지에 관한 데이터 수집—에 속한다. 다른 일부는 집합 행위 문제—가령 수혜자들을 배제하는 것—에 속할 수도 있다. 이는 별도로 언급할 만큼 중요한 것으로 보인다. 아울러 올리버 하트(Oliver Hart)와 존 무어(John Moore)는 흔히 교환에 '홍정 비용'이 포함된다고 주장한다.[10] 홍정 비용에는 많은 사람이 협상에서 자연스럽게 느끼는 긴장감의 심리적 비용, 실망 또는 교환에서 느낀 불공정에 대한 억울함의 비용이 들어간다.

제도는 교환의 네 조건을 어떻게 뒷받침하는가

교환의 주요 특성 네 가지를 제도와 연관 짓기 위해 인류학자들의 연구로 넘어가 보자. 인류학자 엘리너 리콕(Eleanor Leacock)에 따르면, 1600년대에 현대 퀘벡 지방의 토착민인 이누(Innu)족〔그는 이들을 몽타네(Montagnais)라 불렀다〕은 토지 소유권이라는 개념이 없었다. 오히려 토지는 누구나 이용할 수 있는 공동 자원이었다.[11] 사냥꾼들은 어디서나 내키는 대로 사냥해 가족들을 먹여 살렸다. 오늘날 일반적으로 하는, 외부인과의 거래나 교환은 최소였다.

1700년대에 부족과 뱃사람 같은 외부인들 사이에서 거래가 빌달하기 시작했다. 이와 함께 존재하지 않던 토지 소유권에도 변화가 일어났다는 게 리콕의 주장이다. 부족들은 땅을 나눠 각 가족에게 할당했고 할당받은 이들은 사냥권을 독점했다. 비버를 잡을 덫에 특정한 가족이 표시하고 소유권을 주장했다. 비슷한 패턴이 래브라도반도 숲속의 사냥꾼들에게서도 발견됐다. 사냥 영역은 가족별로 분배했다. 게다가 중앙의 공유지에 접근할 수는 있지만, 자기 구역에서 사냥감 부족을 겪지 않는 한 사냥은 금지였다. 가족들은 분기마다 돌아가며 다른 구획에서 사냥했다. 미국 북서부에서는 소유권이 더 안정되어 상속제가 출현했다. 반면 미국 남서부 평야의 아메리카 인디언들은 재산권이 없었고 땅은 여전히 만인을 위한 공동 자원이었다. 그 방식은 유럽 정착민들이 소 떼를 몰고 도착한 다음에야 바뀌었다.

더글러스 노스도 여러 사회의 진화를 비슷하게 기술한다. 이는 가족 내부의 교환은 있되 다른 이들과의 교환은 거의 없는 상태에서 출발한다. 교환은 한 마을을 넘어서면서 더 익명성을 띠며, 이를 둘러싼 활동이 증가한다. 이런 활동은 담보 제공, 융자, 계약 불이행에 대한 배상을 포함하는데 이는 주요 제도, 혹은 다양한 차원에서 교환을 돕는 "인간이 고안한 제약"이 발전했음을 시사한다.

신뢰, 평판, 호혜성

교역이 널리 퍼지기 전 교환은 주로 가족 내부나, 인접한 부족 및 마을 사이에서 일어났을 것이다. 우리는 신뢰와 호혜성이 초기 교역을 뒷받침한 '제도'라고 볼 수 있다. 인류학자들은 이런 규약이 서로를 아는 소수의 참가자들이 게임을 반복해 나온, 안정적 결과물이라는 글을 많이 썼다. 그러나 과도한 낭만화는 금물이다. 신뢰와 호혜성이라고 해서 초기 사회가 늘 친절하고 관대했다거나, 현대 자본주의 사회의 무자비한 갈취와 상반한다는 뜻은 아니다. 신뢰를 보장하는 과정은 이를 위반하는 이들에 대한 처벌을 요구한다. 그리고 다른 조건이 동일할 때, 이 처벌이 엄중할수록 신뢰가 유지될 공산이 더 크다. 우리는 더 신뢰하는 사회로 돌아가길 바랄지 모르지만, 그런 사회는 필시 그 신뢰를 남용하는 이들에 대한 가혹한 처벌에 의존할 터이다. 더욱이 사회가 확대하고 교역이 증가함에 따라 교환 당사자 전원을 아는 것은 불가능하므로, 신뢰는 평판이나 환불 보증 같은 것으로 대체해야 한다.

재산권

교환의 성격이 달라지면 무슨 일이 벌어질까? 해럴드 뎀세츠는 인류학자들이 말하는, 사냥꾼들의 인센티브를 생각했다. 그는 어떤 사냥꾼도 땅을 소유하지 않고 다른 사람들의 사냥을 통제할 수 없다면, 사냥꾼 개개인이 사냥감이 되는 동물의 수를 늘리거나 유지하는 데 투자할 인센티브가 없다고 추론했다. 따라서 지나친 사냥이 벌어지고 다른 사냥꾼과 미래 세대에 비용을 전가할 가능성이 크다(이는 경제학자들이 말하는 **외부 효과**, 즉 한 사람의 행동이 다른 사람들에게 미치는 효과다). 모피 교역이 발달하기 전 과도한 사냥은 사냥꾼 인구가 적고 면적이 아주 넓은 땅에서는 별일이 아니었다. 이들 사이의 상호 작용은 극히 적었고, 땅은 비교적 소수인 사냥꾼들을 받쳐줘 자연스럽게 사냥감 비축분을 확보할 수 있었다. 그러나 모피 교역이 발달하고 사냥꾼들 자신을 위한 모피뿐만 아니라 다른 사람들과 거래할 것도 필요해지면서 사냥꾼들 간의 상호 작용이 중요해졌다.

사회에는 이런 상호 작용을 다룰 메커니즘이 필요하다. 이 문제의 해결에 일익을 담당하는 메커니즘이 재산권이다. 일단 재산권을 명시하면 각 사냥꾼은 동물의 수와 장래에 관심을 가진다. 그들은 수렵량과 같은 부분을 원칙에 따라 협상할 수 있다. 모피 교역에서는 이런 정리가 특히 필요한데, 비버들은 넓은 지역을 돌아다니기보다 특정 지역에 서식하는 경향이 있기 때문이다. 따라서 특정 지역을 특정 사냥꾼에게 할당하는 것은 그 사냥꾼에게 사냥 기회를 잘 이용할 강력한 인센티브를 제공한다.

그렇다면 미국 남서부 평야의 아메리카 원주민들은 왜 유럽인들이 정착하기 전까지 재산권이 없었을까? 뎀세츠는 두 가지 이유를 제시한다. 첫째, 재산권은 유럽 정착민들이 소 떼를 데리고 도착해 발전했다. 둘째, 남서부 평야의 동물들은 주로 비버처럼 한정된 공간에 머물지 않고 돌아다니며 풀을 뜯는다. 따라서 토지 구획마다 명확한 재산권을 할당하는 것의 가치가 돌아다니는 동물들을 사냥하는 것의 가치보다 적었다.

마지막으로 프리드리히 하이에크(Friedrich Hayek)는 시장이 발달하려면 재산권의 발전이 중요하다고 했다. 이 권리가 정보 분산 문제를 해결해준다는 것이다. 하이에크[12]는 교역을 재화나 서비스의 교환이 아닌, 그 사용과 관련한 소유권(가령 재화·서비스를 되팔거나 다른 사람들의 사용을 배제하는 능력)의 교환으로 봤다. 재산권은 이렇게 시장을 발달시키고, 시장 가격이라는 정보를 통해 정보 분산 문제를 해결하는 핵심 제도다.[13]

물론 재산권은 개인의 것(당신의 집)이든 집단의 것〔공유 재산, 특허 풀(pool)〕이든 안전해야 하고 존중받아야 한다. 우리는 앞으로 이런 제도적 특징을 약속이라는 범주로 분류한다.

집단적 의사 결정 메커니즘

재산권은 다양한 형태를 띨 수 있다. 토지는 공동으로, 사적으로, 또는 국가가 소유할 수 있다. 앞서 살펴봤듯 래브라도반도의 사냥꾼들은 초기에 토지 공유를 시행했다. 이렇게 교환에는 집단적 의사 결정 메커니즘을 제공하는 제도가 필요하다.

가능성은 많다. 그중 하나가 그냥 신뢰와 호혜성을 갖는 것이다.[14] 정반대가 다양한 형태의 투표처럼 국가적 결정을 조정하는 정치 시스템을 설계하는 것이다. 그 중간이 자기들의 자본을 원하는 대로 사용할 권리가 있는 대기업일 것이다. 바꿔 말하면 사회는 교환을 둘러싼 **권한**을 부여할 방안을 모색해야 한다.

집단적 의사 결정이나 권한은 집합 행위 문제에 도움이 되겠지만, 만일 경제학자들이 **거래 비용**이라 부르는 것의 일부인 홍정 및 영향력 활동(로비·관료제 등)이 개입한다면 비용이 매우 높아질 수 있다. 만일 이 비용이 높다면 제도 설계로 절감해야 한다.[15]

계약 집행

재산권은 안전해야 하고 존중받아야 하므로 계약 집행이 중요하다. 교환이 장기간에 걸쳐 일어날 때는 심각한 문제가 발생한다. 대런 애스모글루, 사이먼 존슨, 제임스 로빈슨이 얘기하듯 "경제적 교환이 일어나고, **주는 것**을 **받는 것**과 분리한 모든 시장 상황에서 약속 준수의 문제가 발생한다."[16] 약속은 정부, 좀더 폭넓게 말하면 모든 당국에 특별한 문제다. 법체계가 허용한다면 민간 부문은 법적 구속력이 있는 합의서에 서명함으로써 약속하면 된다. 그러나 그 법을 제정하는 주체는 당국이다. 그들은 미래에 집행할 수도 있는 계약서에 당연히 서명할 수 없다. 그렇다면 이 약속의 부재가 제도적 해결책을 요구하는 핵심 문제가 된다. 제도적 해결책이란 약속을 가능하게 해주는 다양한 정치적 제도다. 애스모글루와 동료들은 영국 내전(1642~1651년)과 명예혁명(1688~1689년)이 이런 종류의 제도 변화를 불러왔다고 주장한다. 튜더 왕조의 군주들, 특히 헨리 8세는 재산을 임의로 몰수하고 세금을 올릴 수 있는 절대 군주제를 구축하려 했다. 내전의 결과는 군주에서 의회로, 정권 교체와 명예혁명으로 굳어진 변화였다. 이런 제도적 변화는 몰수가 더 이상 일어나지 않거나 적어도 줄어들 것이라는 믿을 만한 약속을 했다. 애스모글루와 동료들은 한발 더 나아가 이 변화의 기원을 세계 무역의 확대, 국왕의 독단적 전용과 정면으로 배치되는 경제적 관심사가 있던 새로운 상인 계급의 출현에서 찾는다.[17]

백인의 통치에서 다수의 통치로 전환한 짐바브웨의 사례가 잘 보여주듯 정치적 제도는 약속 때문에 정교한 태세를 갖춘다. 애초의 선거제는 백인이 겨우 인구의 3퍼센트 정도만 차지한다는 사실에도 불구하고 백인 유권자들에게 국회 의석수의 20퍼센트를 보장했다. 그러나 5년 만에 그 체제가 바뀌고 헌법 개정으로 토지 재분배를 허용하며, 로버트 무가베(Robert Mugabe) 정부가 법적 그리고 초법적 방법을 통해 토지를 재분배할 길을 열어줬다. 대런 애스모글루와 제임스 로빈슨은 그러므로 정치 제도는 계약을 집행하고 집합재를 공급하는 강한 국가의 필요성과, 국가가 너무 강해지는 경우 강한 사회의 필요성 사이를 잘 헤쳐나가야 한다고 얘기한다. 그들의 책 제목이 《좁은 회랑》[18]인 이유가 여기 있다. 배리 와인가스트(Barry Weingast)도 비슷한 의견을 개진했다.[19]

이상은 모두 약속을 뒷받침하는 제도가 오랜 시간에 걸친 교환의 핵심임을 말해준다. 계약 집행과 신뢰는 약속을 도와주는 확실한 제도다. 약속하지 못하는 정부한테는 집합 행위 문제를 해결하고 영향력·홍정 비용을 최소화하는 제도가 가장 중요하다.[20]

교환의 조건과 이를 뒷받침하는 제도: 요약

표 3.1에 교환에 필요한 조건과 이를 뒷받침하는 제도를 요약했다. 1열은 제목 행에 있는 제도별로 들어맞는 교환의 조건을 보여준다. 2열은 신뢰·호혜성·평판에 도움이 되는 제도로 모든 칸에 체크 표시가 있다. 즉 이런 제도는 약속, 집합 행위, 정보, 홍정 비용에 일조함으로써 교환을 돕는다. 3열의 재산권은 초기 사냥꾼 사례 연구가 보여주듯 사유든 공유든 집합 행위에 일조하며, 만약 시장에 제도를 적용하는 데

표 3.1 교환에 필요한 조건과 이를 뒷받침하는 제도의 종류

	교환의 조건을 뒷받침하는 제도의 종류			
교환에 필요한 조건	신뢰, 호혜성, 평판	재산권 (사유, 공유)	집단적 의사 결정 메커니즘 (예: 투표제, 중앙 집중화 또는 탈집중화한 당국)	계약 집행
약속	✓			✓
집합 행위	✓	✓	✓	
정보 (분산, 비대칭, 실종)	✓ (비대칭)	✓ (분산)	✓ (분산)	
영향력/흥정 비용 (또는 비용의 부재)	✓			✓

주: 체크 표시는 행과 열의 주된 관계를 나타낸다.

도움이 된다면 정보에도 마찬가지다. 4열의 집단적 의사 결정은 집합 행위 및 정보 분산 문제에 도움이 된다. 예를 들어 투표제는 분산한 정보를 활용하는 데 도움이 되는 경우 유권자들의 의사를 종합할 수 있다. 끝으로 5열의 계약 집행은 주로 약속 준수에 도움이 되어야 한다. 예를 들어 법적 구속력이 있는 중재에 대한 접근이나 의견 충돌에 대한 재판이 신속하고 저렴하고 공정하다면, 흥정 비용을 피하는 데 도움이 될 것이다.

이 표는 많은 요점을 확실히 해준다. 첫째, 교환을 발전시키는 공통의 사회 제도로서 신뢰(호혜성·평판)의 중요성을 강조한다. 학자들은 가령 신뢰의 극대화를 기대하는 여러 경제적 장치를 추적하며, 그 중요성을 반복해 언급했다. 두 가지 좋은 예가 가족 기업, 비슷한 인종·종교 집단 구성원 간의 거래다.

둘째, 이 표는 중요한 질문을 던진다. 과연 '좋은' 제도란 무엇인가?

표의 빈칸은 신뢰를 제외하면 제도가 교환 과정의 모든 부분을 포괄하지 않는다는 점을 보여준다. 사유 재산권을 생각해보자. 이는 앞서 살펴봤듯 사냥감을 관리하는 사냥꾼이나 지식 재산에 투자하는 기업의 인센티브를 향상하는 데 도움이 될 것이다. 그러나 그것만으로 낮은 홍정 비용이 보장되지 않는다. 그렇다면 사유 재산권이 '더 많으면'(또는 더 안전하게 보장되면) 성장에 '좋은' 제도라는 모든 진술은 불완전해진다. 이런 권리는 사냥터 혹은 지식 특허권을 놓고 값비싼 홍정이 벌어진다면 교환에 인센티브를 제공하지 않을 터이다. 에릭 포즈너(Eric Posner)와 E. 글렌 와일(E. Glen Weyl)도 인접한 사유지 100필지가 필요한 철도의 사례를 통해 비슷한 문제를 지적한다.[21] 다른 소유자 99명이 흔쾌히 진행하고 싶어 해도 100번째 필지 소유자 1명이 전체 계획을 지체시킬 수 있기 때문에, 사유 재산권은 여기서 도움이 되지 않을 터이다. 이 경우 사유 재산은 정보 목적(필지 거래 가격을 통해 땅의 가치가 드러난다)으로는 좋은 제도이지만, 집합 행위 목적으로 보면 형편없는 제도다.[22]

제도가 교환의 모든 조건을 뒷받침하지 않을 수 있다는 관찰은 애스모글루, 존슨, 로빈슨이 지적한 요점이기도 하다.[23] 그들이 언급하듯 의원 내각제 정부 같은 중앙 집중화한 권한은 집합 행위 문제를 해결하는 데는 좋은 방안일지 몰라도 권한이 있는 대행 기관, 특히 정부는 약속 문제에 시달릴 수 있다. 앞서 살펴봤듯 개인은 법적 구속력이 있는 계약서에 서명할 수 있지만, 정부는 언제든 법을 바꿀 수 있기 때문에 그럴 수 없다. 더욱이 중앙 집중화된 권력·권한만으로 로비와 영향력 비용이 없다고 보장할 수 없으며 실은 이를 조장할 수 있다.

셋째, 만일 교환의 근본적 차원에 변화가 있다면 전에 적합하던 제도가 더 이상 그렇지 않을 수 있다. 신뢰를 예로 들어보자. 원시 경제에서는 외부인과 접촉이나 거래가 거의 없었다. 그러나 경제 규모가 커지며 그들과의 교역에 필요한 정보와 약속의 조건이 더 중요해졌다. 내부인들 간의 신뢰로는 충분치 않았다. 이런 이유로 새로운 조건을 뒷받침할, 계약 집행과 같이 새로운 제도가 필요해진 것이다.

이 장의 나머지 부분에서 우리는 무형 경제로의 전환이 왜 새로운 제도를 요구하는, 교환 조건의 근본적 변화인지 설명하고자 한다. 우선 약속한 사례를 통해 그 점을 입증할 것이다. 바로 등대다.

당신을 여기 데려온 것이 저기 데려다주지 않는다: 제도와 기술 변화

앞서 살펴봤듯 제도는 교환의 일부 조건에는 도움이 되지만 모든 조건에 대해 그렇지는 않으며, 이는 근본적 조건이 달라지면 제도가 바뀌어야 한다는 뜻이다. 그러므로 '좋은' 제도라 여기는 것도 영원한 진리가 아니며 시간이 지나고 경제가 변하면 달라질 수 있다. 등대의 역사가 이 점을 여실히 보여준다.[24]

등대와 '적합한' 제도

등대는 경제학자의 마음속에서 특별한 자리를 차지한다. 경제학과 신입생들이 받는 수업에서 알기 쉬운 집합재의 사례로 등장하기 때문이다. 그리고 이들은 등대를 통해 교환의 개념을 배운다. 경제학 개론에서는 이야기를 이런 식으로 전개한다. 옛날 옛적에 등대는 선원들한테 암초를 경고하는, 없어서는 안 될 서비스를 제공했다. 이 서비스는 큰 가치가 있었지만 등대 운영비를 내든 안 내든 누구나 사용할 수 있다는 점에서 배타적이지 않았다.[25] 한마디로 등대는 교환이 집합 행위 문제의 해결을 요구하는 조건의 전형적 사례다. 등대는 집합재를 제공하므로 정부가 공급하고 세금으로 자금을 충당하는 경우가 많다. 즉 옛날에 제도는 부적절하고 등대는 너무 적었는데, 집합재 문제를 해결할 좋은 제도가 생기면서 등대가 많아졌다는 이야기다.[26]

언뜻 보면 등대의 역사가 하나의 제도 혁신 행위라는 경제학 개론 이야기는 타당하다. 영국 남서부 콘월의 리저드(Lizard) 등대를 한번 생각해보자. 이 등대는 영국해협으로 길게 뻗은, 아슬아슬하리만큼 바위가 많은 반도를 비춘다. 사실 해안가는 너무나 위험해 '바다의 무덤'이라 부를 정도였다. 시골 지주인 존 킬리그루(John Killigrew) 경은 1619년 등대 건축 허가를 받았지만 비용은 기부금을 요청하는 수밖에 없었다. 기부금은 하나도 들어오지 않았고 그가 신축한 등대는 지은 지 몇 년 뒤 철거했다. 1751년 다른 지주가 세운 새 등대가 지금도 남아 있다. 이 등대는 석탄을 때는 화로를 사용했는데 새로운 조명을 설치한 1811년과 1874년까지 비효율적이라 여겼고, 그 무렵에는 더 이상 개인의 소유가 아니었다.[27] 사람들은 적절한 제도인 공유제가 발달할 때까지 사유 재산 제도가, 말 그대로 두 세기 동안 교환(이 경우 등대 보급)을 지연시켰다고 말한다.

전체적으로 보면 부적합한 제도라는 설명은 정확하다. 그러나 세부 사항을 봐야 대체 무엇이 잘못됐는지 이해할 수 있다. 등대 서비스 보급에서 교환이 성사되려면 필수인 두 차원이 있다. 첫째, 빛을 공급한다는 것은 선원들에게 **정보**를 공급하는 것이다. 이것이 등대의 근본적 특징이다. 빛은 다른 모든 성공적 정보재와 마찬가지로 의지할 수 있고 알아볼 수 있고 신뢰할 수 있어야 한다. 둘째, 등대를 이용만 하고 돈은 안 내는 선박의 사용을 배제하지 못하면 집합 행위 문제를 불러올 수 있다. 그러나 교환의 한 차원으로서 배타성은 이 시장에서 경제학 개론 강의가 암시하는 것만큼 '자연스러운' 특징은 아니다. 사실 이는 등대의 위치와 사용하는 기술로 결정된다. 기술에 관해서는 데이비드 반 잔트(David van Zandt)가 지적하듯이, 만일 근대 이전 배들에 무선 통신과 모바일 결제 시스템이 있었다면, 지나는 배가 등대에 무선 연락을 취하고 요금을 지불함과 동시에 등대지기가 불을 밝히는 시스템이 가능했을 터이다.[28]

휴대폰을 가진 고대의 선원이라니 가당찮을지 모르지만, 실제 등대의 발전은 기술 변화가 어떻게 그 작동 방식을 바꾸고 관리에 필요한 제도에 영향을 미쳤는지 보여준다. 정보라는 특성은 한결같았지만 집합 행위의 특성은 (기술 변화와 마찬가지로) 더 중요해졌다.

1566년 해양구호단체인 트리니티하우스(Trinity House)는 등대에 대해 초기 형태의 특허를 받았다. 즉 정부의 허가에 대가를 지불하면 등대를 짓고 수수료를 전부 가질 수 있었다. 그러나 트리니티하우스가 국가에서 부여한 독점권을 가졌음에도 이를 왕들이 연이어 인정하지 않는 바람에 민간이 공급한 등대도 있었다.[29] 1830년대까지 공공 등대와 민간 등대가 공존했다. 그런데 배타성이 문제였다면 개인 소유의 등대들은 어떻게 살아남았을까? 가령 에디스톤(Eddystone) 등대는 1699년 민간에서 먼 연안에 건설했다. 그렇다면 등대들은 왜 공공 소유가 되었을까? 그리고 미국은 왜 프랑스에 이어 완전 공유제를 택했을까?

이유는 배타성, 즉 적절하던 제도가 기술 변화에 따라 달라졌기 때문이다. 기술 변화는 바로 적합한 조명의 발명이었다. 1800년대 초에는 보통 촛불이나 석유램프, 그리고 반사하는 불빛의 절반 정도를 흡수하는 거울을 이용해 등대를 밝혔고 범위는 8~13킬로미터로 한정됐다. 1819년 프랑스인 오귀스탱 프레넬(Augustin Fresnel)이 광선들을 단일한 빛줄기로 집중시키는 프리즘을 발명하며 돌파구가 생겼다. 프레넬의 장치는 범위를 48킬로미터까지 확장한 데다 회전도 가능했고, 따라서 해안가로부터의 거리에 따라 길이가 다른, 번쩍이는 빛 신호를 다양한 속도로 보낼 수 있었다. 아울러 프레넬은 등대마다 다른 신호를 부여함으로써 항해에도 도움을 줬다. 프랑스인들은 1825년부터 신기술을 사용하는 공공사업부의 자금으로 51개의 등대 연결망(원래는 13개였다)을 구축했다. 이 계획은 1854년에 완료됐다.

영국의 사정은 사뭇 달랐다. 1836년에 있던 등대 56개 중 14개가 개인 소유였다. 그러나 새로운 굴절 광학 기술을 적용한 등대는 전혀 없었다. 영국이 1821년 프랑스로 대표단을 파견하고 1822년에는 기술 시연을 봤는데도 말이다. 1854년에 이르자 프랑스 해안에는 19.8킬로미터마다 신기술을 활용하는 등대가 있었지만 영국 해안에는 22.5킬로미터마다 있었다. 그중 절반은 반사 장치가 구식이었다. 1851년 미국이 건설 계획에 세금을 투입한 이후 등대가 영국보다 2배 많았다. 거의 다 프레넬 렌즈를 사용한 등대였다.

여기서 요점은 제도란 공유든 사유든 교환의 근본적 차원의 중요성을 바꿔놓는 기술 변화에 적응해야 한다는 것이다. 등대의 경우 배타성이 문제가 되지 **않는** 항구의 불빛과 이것이 큰 문제가 되는 해안의 불빛을 구분해야 한다. 프레넬 렌즈를 발명하기 전에는 조명 기술이 워낙 형편없었기에 해안의 유일한 불빛은 사실상 항구의 불빛이었다. 지나는 배는 항구로 가는 것뿐이었으므로 사람들은 자기 서비스에 요금을 부과할 수 있었고, 따라서 등대에 드는 비용은 항구 이용료로 댔다. 지역 항해사들은 자기 항해에 도움을 줄 등대 건설에 찬성이었다. 이렇게 민간 등대는 지역 재원에서 자금을 끌어모을 수 있었다. 예를 들어 에디스톤 등대는 해안에서 멀리 떨어져 있었는데도 이곳을 통과하는 거의 모든 배는 플리머스 지역의 항구로 가는 길이었다. 리저드 등대처럼 일반 해안 운항을 대상으로 한 등대는 더 심각한 배타성 문제에 부딪혔다. 따라서 지역 재원으로 감당할 수 없었다.[30]

프레넬 렌즈가 발명되자 해안의 등대는 가능성이 더 커졌다. 신기술이 있었기에 배타성은 비로소 교환의 한 차원이 되었고, 그에 따라 새로운 제도가 필요해졌다. 그러자 해안의 등대 운영 비용은 사실상 국세 수입에서, 즉 공공 자금으로 충당해야 했다.[31] 낡은 기술 체제에 맞는 제도이던 지역별 자금 조달은 신기술에 적합하지 않았고 이는 국가적 기금을 마련하는 집합 행위를 요구했다. 다시 말해 새로운 과학기술을 채택하기 위해서 제도적 장치를 바꿔야 했다. 변화가 더디던 영국에서는 더 적은 등대에 투자하게 되었다.

제도의 특성

등대의 예시는 이 책의 논지에 중요한, 제도의 흥미로운 네 특성을 뚜렷이 보여준다. 등대 운영에 이상적인 제도가 관련 기술과 더불어 달라진 것처럼, 주어진 경제 상황에 맞는 **특수성**이 있다. 제도는 영국의 등대 관련 제도처럼 상황이 바뀐 뒤에도 지속하는 경향이 있다는 점에서 **관성**이 생기기 쉽다. 제도는 특히 우리가 새로운 기술이나 사업방식에 대처하는 동안, 어떤 규칙·규범이 가장 유효한지가 늘 명확하지 않다는 점에서 근본적으로 **예측 불가능**하다. 그리고 제도는 **정치**에 좌우된다. 기득권자들의 연합이 우세해 차선의 제도를 유지하게 될 때가 많다.

특수성

경제학자들이 연구하는 제도는 광범위하다. 현대 경제 성장의 기원에 관한 연구는 종종 '제한적 정부'[32] '혁신 문화'[33] '사고방식 개선'[34] 같은 거시적 제도에 초점을 맞춘다. 이런 제도는 다양한 문화권·시대에 걸쳐 중요하다. 예를 들어 재산권의 위력과 강제 가능성은 중세 유럽의 물레방아, 19세기 미국 서부의 평야, 현대 남미의 주택에 투자가 얼마나 있었는지로 이어진다.[35] 연구에 따르면 일반적으로 재산권과 이를 강제하는 능력은 투자를 증대시킨다. 중세의 영주들은 몰수당할까 겁나는 소유지에는 돈을 들여 물레방아를 만들지 않았다. 미국 서부의 목장 주인들은 철조망이 발명되어 저렴하게 울타리를 칠 수 있게 되자 땅에 더 많이 투자했다. 그리고 현대인들은 국가의 법체계로 인해 집을 법적으로 소유하거나 소유권을 입증하기 힘들어지면 투자할 확률이 낮다.

그러나 제도는 프랙털(작은 단위 구조가 반복되는 자기 유사성의 개념—옮긴이)이다. 보통 거시적 제도는 더 작고 구체적인 제도들이 구성하고, 이것들도 비슷하게 하위 제도들이 구성하는 식이다. 제도를 파고들수록 질적 다양성이 더 많이 보이며 제도들끼리, 그리고 제도가 존재하는 넓은 맥락에 더 의존한다. 리처드 넬슨(Richard Nelson)은 1994년에 이 점을 강조하며 신기술은 종종 그 자체로 제도적 요건이 된다고 지적했다.[36] 예를 들어 무전기 배치는 주파수와 내용을 규제하는 제도에 달려 있었다. 자동차의 부상은 도로 안전부터 연료 공급과 토지 사용에 이르는 모든 것을 관장하는 제도에 달려 있었다. 전기의 상업화는 전기 기사들이 어떤 훈련을 받고 어떻게 지식을 교환하는지에서 전력의 생산·전송을 위한 기술 표준까지 다양한 제도가 바탕이었다. 이 오래된 생각은 기술 정책 토론에서 특정 형태의 정부가 특정 범용 기술에 특히 적합하다는 **기술과 정부의 부합도**(tech-governance fit) 개념을 통해 생명을 연장해왔다.

제도를 자칫 잘못된 방향으로 들여다보면 경제의 문제를 틀리게 진단할 수 있다. 엘리너 오스트럼이 말하듯 "제도 분석가는 문제 해결을 위해 적절한 분석 수준을 알아야 하는 큰 도전과 마주한다."[37] 이 경고는 경제에서 생산 양식이 달라지면 제도적 요구도 달라질 가능성을 우리가 받아들여야 한다는 뜻이다. 이누족과 등대가 적절한 예다.

관성

제도는 관성을 발휘하기도 한다. 이는 소비기한이 지나도 지속하며 경제적 성과를 악화시킬 수 있다. 전형적 사례가 쿼티(QWERTY) 자판으로 원래 기계식 타자기에서 키가 뭉치는 고장을 줄일 수 있도록, 자주 사용하는 키들을 멀리 떼어놓기 위해 고안했다. 일부 전문가들은 자판 배열을 바꾸면 타자가 빨라질 수 있다고 지적한다.[38] 그러므로 쿼티 자판을 버린다면 우리는 타자를 더 빨리 칠 수 있고, 일상생활도 더 빠르고 쉬워질 터이다. 그러나 타자기는 이제 특이한 수집품이고 키 뭉침도 추억이건만, 쿼티 자판은 사용자들이 이를 이용해 타자를 익히고 소비자들이 이를 기대하기 때문에 계속 쓰고 있다. 과학 기술 전문가들은 쿼티 자판 같은 것을 **스큐어모프**(skeuomorph)라 부른다. 즉 청바지의 리벳이나 플로피 디스켓 모양의 '저장' 아이콘처럼 기술적 제약을 나타내거나 지금은 불필요한데도 지속하는 디자인의 특성이다. 자판 배열처럼 사소하고 임의적인 것이 꿈쩍 않고 버티는데, 하물며 깊이 내재하고 문화적으로 소중하다고 여기는 규범·규칙이라면 어떻겠는가?

경제학자 애브너 그리프(Avner Grief)는 제도가 바뀔 때와 그렇지 않을 때에 대한 이론에서 제도가 존속하는 이유를 제시했다.[39] 여기에는 조정(집합 행위 문제)의 어려움, 변화하는 환경에 대한 사람들의 관심 부족, 인간과 사회는 습관과 관습을 고수한다는 사실이 들어간다. 이는 소스타인 베블런(Thorstein Veblen)과 코렐리 바넷(Corelli Barnett) 같은 평론가들도 영국의 상대적 경기 퇴조에서 나타나는 다양한 양상을, 엘리트 교육 및 기술 훈련 시스템부터 자본 시장 및 기업 지배 구조까지 구닥다리 제도가 존속한 결과로 봤다는 점에서 영국 문화에서는 친숙한 견해다. 신중한 학계에서 이 주장에 의구심을 보일 때도 있다. 예를 들어 데이비드 에저턴(David Edgerton)은 전후 영국사에 대한 책에서 이 나라의 제도는 전문가들이 무심코 가정하는 것보다 과학 기술 및 산업에 더 호의적이었다고 지적한다.[40] 나쁜 결과를 관찰한 다음 기존 제도가 시대에 뒤떨어졌으니 틀림없이 원인이라고 추정할 위험이 있다는 것이다.

나쁜 제도가 경제 성장에 넘을 수 없는 장벽이라는 말도 사실이 아니다. 영국의 산업 혁명 일대기는 기업과 발명가들이 의회에서 법안을 통과시키는 것부터 회사를 인가받고 철도를 건설하고 금융 시장이 아닌 지역 인사들로부터 자금을 조달하는 것까지, 새로운 상업적 기회를 잡으려고 낡은 제도를 우회하고 용도 변경한 이야기다. 경제적으로 엄청난, 새로운 기회가 있지만 제도가 이를 따라잡기 힘들 때는 일종의 뜯어 맞추기도 종종 가능하다. 그러나 좋은 제도보다는 비용이 더 든다. 산업 혁명 절정기(19세기)에 영국의 경제 성장률이 연 0.3퍼센트—영국의 모험에서 교훈을 얻어 처음부터 더 나은 제도를 마련하려던 미국과 독일에 비해 낮은 수치다—가량이었음을 잊어서는 안 된다. 간단히 말해 경제 변동 시기의 제도를 조사할 때는 유물, 스큐어모프, 잔영을 마주쳐도 놀라지 말아야 한다.

예측 불가능성

정보가 없거나 실종됐을 때 교환은 예측 불가능한 결과를 낳곤 한다. 리처드 넬슨은 제도란 진화의 산물이지 설계의 산물이 아니라고 역설했다. 개별 정책이나 규칙은 설계할 수 있으나 규칙·법률·규범은 올바르게 기능하는 제도로 결합하자마자 예측불허의 창발성을 띤다. 새로운 제도의 창조는 이렇게 해내기 힘든, 불안정한 과정이다.

현대 벤처 캐피털 업계의 진화는 좋은 예다. 제 기능을 하는 벤처 캐피털 부문, 그리고 거기에 알맞은 규범·관행은 제도의 본보기이며 실리콘밸리, 나아가서 전 세계의 경제 발전을 이뤄낸 뚜렷한 사례다.[41] 경제적 관점에서 보면 벤처 캐피털은 단기간에 가치가 커질 확률이 높은 신생 기업에 모험적 자본을 제공하는 일이다. 이 광범위한 투자 전략은 특정한 시기·장소—가령 20세기 후반 북캘리포니아와 매사추세츠주—에 필요한 제도가 이미 존재했기 때문에 대대적 성공을 거뒀음이 분명하다. 대신 제한된 파트너들이 자본을 제공하는 파트너십 형성, 굉장히 상세한 기업 심사 수행, 소수 지분과 이사회 의석 차지, '한 방'에 대한 의존, 파트너들에 대한 인센티브 제공 등 실리콘밸리 벤처 캐피털의 규범이 된 것들이 발달하기까지는 시간이 걸렸다. 현대 벤처 캐피털 금융의 선구자인 보스턴 기반의 아메리칸리서치앤디벨롭먼트(American Research and Development, ARD)는 (재무 문제가 계속 터지는) 상장 회사였지만 나쁜 투자에서 벗어나는 기술은 아직 터득하지 못한 상태였다. ARD가 현대적 모델을 고안·채택하는 데는 10년 이상의 실험과 함께 실패가 필요했다. 어떤 게 좋은 제도인지 사전에 알기란 어럽기만 하다.

이런 어려움은 제도의 관성·특수성의 영향을 고려하면 더욱더 심해진다. 제도를 잘 만들기 힘들고, 존속하는 경향이 있고, 과학 기술에 특화했을 때 그 위험은 커진다.

지식 재산의 역사에서 서글픈 일화인 라이트 형제의 특허 전쟁을 떠올려보자. 항공 시대의 여명기이던 1906년 라이트 형제는 직접 고안한 비행기 조종법의 특허를 출원했다. 이 특허는 범위가 아주 넓어 라이트 형제의 날개 비틀기(wing warping) 기술뿐만 아니라 모든 비행기 조종법을 망라했다.[42] 비싼 특허료를 노린 라이트 항공사는 보조 날개를 사용하는 모든 경쟁사를 고발했고 이는 갓 태어난 항공업계, 특히 미국에서의 투자를 가로막았다. (그리고 나중에 밝혀진 바에 따르면 날개 비틀기는 오늘날 보조 날개로 대체한 매우 저급한 기술이었다.[43]) 미국 정부가 제1차 세계대전에 투입할 만한 미국산 항공기를 도무지 찾을 수 없게 되자 문제는 심각해졌다. 라이트 항공사와 경쟁사들은 정부의 개입으로 어쩔 수 없이 항공기제조협회(Manufacturers' Aircraft Association)를 창립했고 서로의 특허를 저가로 사용할 수 있게 되었다.

여기서 넓은 제도적 맥락은 미국의 지식재산법이다. 그러나 유독 라이트 형제에게 포괄적 특허를 승인한 특허청의 결정은 사실상 매우 안 좋은 경제적 영향을 미친, 항공업계 내부의 여러 제도—일종의 제도적 미기후(微氣候)—를 배출하고 말았다. 1906년에 항공은 딱히 우세한 기술이 없는 흥미진진한 틈새시장이었다. 특허심사관이 포괄적 특허를 내준 결정으로 자신이 끼칠 장기적 영향을 계산에 넣었다 해도 그 중요성을 인식했는지는 미지수다. 그러나 이 결정이 낳은 제도적 역학은 10년이 넘도록 지속했고, 정부가 개입해 이를 바꾸도록 만든 것은 세계대전의 극단적 국가 이성이었다.[44]

제도는 복잡하며, 흔히 혼재하고 분석이 어려운 제도의 효과는 그 설계에 관여한 이들한테도 명확하지 않다. 따라서 새 제도의 기초를 이루는 규칙·관행을 설계하는 정부와 책임자들이 난해한 과제에는 적게 투자하고, 이따금 미래에 해를 끼치는 오류와 타협을 고수하는 것은 놀랍지 않다.

정치

나쁜 제도는 특수성, 예측 불가능성, 관성 때문에만 존속하는 게 아니다. 기득권 때문에 계속되기도 한다.

소수의 국민이 대중을 인질로 잡고 있다는 은유적 표현은 정치적 수사학의 주축이다. 정치학자 맨슈어 올슨(Mançur Olson)은 이런 일이 언제, 왜 일어날 것으로 전망하는지 설명하는 틀을 제시했다.[45] 제도를 바꾸거나 잘못된 제도를 보존하려면 정치적 행동이 필요하다. 이런 행동을 실행에 옮기는 데는 금전적·사회적 비용이 든다. 그중 하나가 행동을 조정하는—가령 파업을 조직하거나 카르텔을 결성하면서 이를 비밀에 부치는—비용이다. 제도가 소수 집단에는 혜택을 주지만 더 큰 집단에는 더 적은 비용을 부과한다면, 소집단은 자기들의 조정 비용은 낮고 개별 집단 구성원들의 혜택은 높다고 생각할 것이다. 따라서 다수 집단의 총이익이 더 큰데도, 이 분산한 집단보다 패거리와 도당이 음모와 결합에 더 능숙할 것임을 예상할 수 있다. 침묵하는 다수가 침묵하게 되는 데는 다 이유가 있는 것이다.

올슨은 역사를 통틀어 문제가 명확하지 않을 때는 소집단이 특히 유리하다는 점도 관찰했다. 소득세율과 소득 공제의 예처럼 말이다. 보통 누진세인 소득세율은 부자들의 소득에 더 높은 세율을 적용하지만 소득 공제는 부유층한테 더 관대하다. 소집단인 부자들은 초고소득에 대한 세금을 인하해달라고 로비하고 싶겠지만, 쟁점이 너무 중요한 지라 소득세와 같은 분배가 널리 이해받을 확률이 높고 로비는 어렵다는 게 올슨의 주장이다. 그러나 애매한 공제나 허점에 대한 로비가 미묘하게 일어나 똑같은 효과—부자들이 내는 세금을 인하하고 그 외 모두의 부담을 늘리는 것—가 나올 수 있다.

더욱이 기존 제도에서 혜택을 보던 사람들은 이를 계속 지지할 공산이 크다. 경제사가 바스 반바벨(Bas van Bavel)은 《보이지 않는 손?(The Invisible Hand?)》에서 이런 생각을 설명하면서 "경제적 권력을 쥔 자들은 경제적 지배에 이어 정치적 지배를 강화하며, 이익이 되는 제도를 지속하거나 시장에서 자기들의 우위를 높이는 새 제도를 개발하는 데 써먹을 형식적·법률적 권력도 획득한다"라고 주장한다.[46] 반바벨은 부는 얻었지만 수준이 높아진 경제를 효율적으로 운영하는 데 필요한 제도 개발에는 실패한, 생생한 사례 연구를 여럿 보여준다. 결과적으로 그들은 경기 침체를 겪거나 쇠락했다. 아바스 왕조 시기의 이라크, 중세 말기 북이탈리아, 17세기의 황금시대 이후 네덜란드가 여기에 속한다. 경우마다 제도를 만든 권력자들에 대한 인센티브가 생산적 투자나 경제 성장에 도움이 되지 않았다고 반바벨은 얘기한다.

뒤처진 제도는 중국의 쇠퇴에서 중요한 부분이다. 1000년 중국이 세계 최고의 부국이었다는 사실을 알면 많은 이가 놀란다. 1300년에 중국 전체로 보면 다른 나라에 뒤처졌을지 몰라도, 선두에 선 지방들은 18세기까지 유럽 선진국들만큼 또는 더 잘살았다. 학자들은 중국의 경제적 성공을 보다 중앙 집권적이고 독재적인 아시아의 제도 덕분이라 했지만, 이 제도들이 지나치게 강한지(그리고 적합한지) 아니면 지나치게 약한지(그리고 가령 권리 침해를 막으려고 재산권을 강제하느라 집합재를 제공하지 못하는지)는 논란이 분분하다.[47]

여기서 얻는 교훈은 옛 제도를 갈아치우는 것이 기득권의 힘 때문에 어려운 정치적 작업이 되며, 문제가 명확하지 않을 때는 더 어렵다는 것이다.

제도의 이 네 특성—**특수성, 관성, 예측 불가능성, 정치**—은 경제가 기술 변화를 겪는 상황에서 결합하면 문제를 유발할 수 있다. 제도의 특수성이란 어제의 기술 환경에서는 공평하고 지속적인 성장의 촉진에 도움이 되던 제도가, 오늘은 그만큼 효과가 없을 수 있다는 뜻이다. 관성은 이 낡은 제도가 유용성이 떨어지고 난 뒤에도 존속한다는 뜻이다. 예측 불가능성은 새로운 기술에 적용할 제도를 만들겠다는 선의의 노력이 특히 이 기술의 초창기에 목표를 달성하지 못할 수 있다는 뜻이다. 그리고 제도의 정치란 종합적으로 고려했을 때 사회에 해가 되는 제도인데도 효과적으로 이를 지키는 것으로 드러날 만큼, 기득권을 가진 소집단이 강하다는 뜻이다.

무형 경제의 제도적 요구

제도의 네 특성 논의에서 다시 1장에서 개괄한 무형 집약적 경제로의 전환으로 돌아가보자. 앞서 살펴봤듯 수렵·채집에서 등대 건설에 이르기까지 제도는 경제적 상황이 달라지면 바뀌어야 한다. 불빛의 공급에 있어 기술 변화는 등대의 근본적 필요성을 정보 문제에서 새로운 제도가 요구하는 집합 행위 문제로 바꿔놓았다. 마찬가지로 무형 자본의 특이한 경제적 성격—스필오버, 시너지, 매몰 비용, 확장 가능성—과 여기에 갈수록 의존하는 경제는 교환의 근본적 조건을 바꿔놓았고 새 제도의 요건을 발생시켰다.

무형 자산은 **스필오버**가 생기므로 집합 행위 문제를 푸는 것이 중요해진다. 스필오버는 재산권 관련 제도에 대한 새로운 수요를 창출한다. 만일 키우던 비버들이 남의 사냥터로 이동하는 것이 드러난다면 개별 사냥꾼들은 동물 관리에 투자하지 않을 것이다. 같은 이유로 무형 자산의 이득이 다른 업체들로 넘어간다면 이윤 극대화를 추구하는 기업들은 거기에 덜 투자할 것으로 예상한다.

제도의 중요한 역할은 이런 영향을 경감하는 것이다. 어떨 때는 스필오버에 대한 법적·인위적 제약, 즉 사유 재산권을 창출하는 특허·저작권 같은 지식 재산권을 통해 이런 효과가 나타난다. 또 정부가 기업의 연구에 자금을 대거나 세액 공제를 해줄 때처럼 직접적 공공 보조금, 즉 공유 재산권을 통해 일어나기도 한다. 그 밖의 메커니즘은 더 복잡하다. 예를 들어 학술 연구는 공공 보조금뿐만 아니라 동료 심사와 인용의 관행부터 학자 업적 평가 지수(H-index)와 노벨상에 이르기까지 일련의 복잡한 규범, 규칙, 비금전적 인센티브에 의존한다. 정부보다는 시민 사회에서 무형 스필오버를 관리하는 제도가 나올 때가 많다. 지역 상공회의소나 업계가 표준을 개발하거나, 견습제 또는 훈련 프로그램을 운영할 때처럼 말이다. 이렇게 점점 더 무형이 되는 경제는 스필오버가 생기더라도 유지해야 하는 재산권 같은 제도에 부담이 될 것이다.

무형 자산들 사이의 **시너지**는 또 어떤가? 시너지 효과를 실현하려면 여러 무형 자산이 결합해야 한다.[48] 그런데 어떤 것들이 결합해야 할까? 시너지는 경제에서 **정보**의 필요성을 제기한다. 일반적으로 결합 또는 연결 행위에는 이를 실행할 **플랫폼**과 거기에 잠재적 파트너의 무형 자산을 끌어들일 **메커니즘**이 필요하다. 대기업의 과학 실험실은 플랫폼, 다른 회사들과의 합병은 무형 자산을 불러들이는 메커니즘일 것이다. 도시도 플랫폼이고, 공간과 제도는 사람들이 만나서 생각을 교류하도록 촉진하는 메커니즘이다. 검색 엔진과 엔터테인먼트 회사들도 또 다른 플랫폼일 터이다.

시너지와 스필오버를 돕는 플랫폼의 등장은 도시의 경제적 중요성을 높이고, 무형 자산이 풍부한 경제는 도시의 건설·운영 방식을 관장하는 제도—특히 토지 사용과 도시 계획 시스템—에 더욱더 의존한다. 만일 무형 자산들의 결합이 중요하다면 영향력 및 홍정 비용도 중요해질 것임에 유의해야 한다. 이 비용은 소송과 특허를 둘러싼 난장판에서 나타나지만, 이를 관리하고 집합 행위의 쟁점을 풀어나가는 데 득허 풀과 오픈소스 소프트웨어를 둘러싼 사회적 규범과 신뢰가 도움이 되는, 더 건설적인 경우도 있다.

표 3.2 교환과 제도의 종류

교환에 필요한 조건	교환의 조건을 뒷받침하는 제도의 종류: 신뢰, 호혜성, 평판	재산권 (사유, 공유)	집단적 의사 결정 메커니즘 (예: 투표제, 중앙 집중화 또는 탈집중화한 당국)	계약 집행	교환의 조건을 필요로 하는 무형 자산의 성격
약속	✓			✓	매몰성
집합 행위	✓	✓	✓		스필오버
정보 (분산, 비대칭, 실종)	✓ (비대칭)	✓ (분산)	✓ (분산)		시너지
영향력/흥정 비용 (또는 비용의 부재)	✓			✓	확장 가능성

무형 자산 투자의 **매몰성**은 **약속**에 대한 추가 수요와 기업 자금 관련 제도를 창출한다. 기업의 외부 자금 대부분은 부채 형태를 띠며, 특히 소기업의 경우 이는 회사 자산에 대한 청구권과 상당한 제도적 잠금 효과를 포함한다. 무형 자산을 주로 보유한 회사가 늘어나는 세상으로 옮겨가려면 기업 자금의 제도적 혁신이 필요할 것이다. 매몰성은 어느 정도 불충분한 재산권의 결과다. 예를 들어 특허권 거래가 있다면 지식 투자는 회복할 수 있다.

마지막으로 무형 자산 투자의 **확장 가능성**은 경제를 더 승자 독식 구조로 변모시키며, 이는 로비의 인센티브를 높이고 승자에게 유리한 규제를 만들려는 영향력 활동에 힘쓰게 한다.

표 3.2의 마지막 열은 표 3.1을 기반으로, 무형 자산의 특성별로 요구하는 교환 조건과 제도를 정리한 것이다. 표 3.2는 그런 제도들이

교환의 모든 차원에 도움이 되지는 않지만, 어떤 차원에서는 무형 경제에 중요함을 보여준다. 예를 들어 만일 스필오버가 일어날 공산이 크다면 집합 행위가 더 큰 문제다. 그러나 집합 행위에 도움이 되는 사유 재산권을 더 창출했는데 지식 재산을 결합하는 홍정 비용이 너무 큰 경우, 지식 재산 투자가 생기지 않을지도 모른다. 불완전한 집단 의사 결정 메커니즘은 마치 도시를 제약하고 시너지와 스필오버를 낮추며 제 기능을 못하는 도시 계획 시스템처럼, 무형 경제가 큰 비용을 치르게 할 것이다. 무형 자산 투자에 대한 공적 지원은 스필오버에는 일조할지 몰라도, 다각적 투자가 부족하다면 시너지에는 도움이 안 될 수 있다.

둔화는 왜 일어날까

다음 장들에서 현재의 경제 제도들이 무형 자산 투자를 뒷받침하는 데 얼마나 형편없는지를 검토한다. 그런데 지금 고심해야 할 질문이 하나 있다. 만일 현재 제도들이 무형 자본에 우호적이지 않다면, 무형 자본의 흐름은 왜 발전했고, 경기 침체 이전 수십 년간 연 국내 총생산의 12~15퍼센트씩 꾸준히 증가했을까?

그럴듯한 설명이 두 가지 있다. 첫째는 현재의 제도들이 경제의 하위 부문 일부에서 무형 자산 투자를 뒷받침하는 데는 효과가 있을지 몰라도, 보다 광범위한 전환에는 그렇지 않다는 것이다. 예를 들어 우리가 5장에서 자세히 다룰 주식 금융의 중요성을 생각해보자. 근본적 문제는 전 세계의 재정 기관 대부분이 부채 금융을 제공하는 데는 적합한데, 매몰성이 있는 무형 자본이 풍부한 기업에는 적합하지 않다는 것이다. 사실 경제에서 무형 자산 투자가 특히 중요한 몇몇 부문, 주로 소프트웨어와 생명공학에 자금을 대기 위해 소규모이지만 중요한 주식 금융 기관들이 벤처 캐피털 형태로 생겨났다. 그러나 대다수 기업한테 금융의 제도적 성향은 여전히 부채 쪽이다.

두 번째 설명은 무형 자본의 비축분이 증가하며 기존 제도가 무형 자산 투자를 촉진하는 데 효과가 떨어지는 경우가 있다는 것이다. 한 예가 우리가 4장에서 다룰 지식재산법이다. 지식재산법은 무형 자산의 스필오버 문제를 완화하는 데 일조하지만, 무형 자산이 더 중요해지면서 특허 난장판의 비용이 상승하고, 권리 보유자들이 지대 추구의 규칙을 변경하도록 정부에 로비할 인센티브가 커진다.

요약

인간이 고안한 상호 작용의 규칙인 제도는 약속, 집합 행위, 정보와 같은 교환의 차원에 도움이 된다. 그러나 이 차원들의 중요도는 시간이 흐르며 달라지고 제도 역시 그에 맞게 바뀌야 한다. 이렇게 무형 자산이 증가하며 교환의 다양한 요소는 각각에 도움이 되는 제도들과 더불어 변화해야 했다. 무형 경제는 흥정 비용을 절감하고 스필오버와 시너지 효과가 유발한 집합 행위 및 정보 문제, 매몰 비용으로 인한 약속 문제를 해결해주는 제도를 요구한다.

이 책의 남은 부분에서 우리는 이상의 문제들과 가능한 해결책을 탐구하려 한다. 도시는 공유·사유 재산권과 집단적 의사 결정이 결합하는 공간이고, 스필오버·시너지에 도움이 되는 근접성이 있지만, 혼잡과 과밀로 집합 행위 문제가 넘친다—집합 행위 문제를 해결하려 하지만 여전히 영향력 활동에 대한 거부와 정보가 필요한 과학 정책도 마찬가지다. 경쟁 및 통화 정책은 모두가 혜택을 보는 건전한 통화와 경쟁적 시장에서 나타나는 집합 행위 문제에 일조하려 하지만 잘되지 않으므로, 제도를 개별적으로 적용하는 쪽이 더 효율적일 수 있다.

Restarting the Future
How to Fix the Intangible Economy

2부

달라진 경제 바로잡기

4

"과학과 유용한 기술의 진보"

공공 투자와 지식 재산 개혁

정부는 무형 자산의 스필오버 문제 완화, 연구·교육 자금 제공, 지식 재산 보호에 연간 수십억 달러를 지출한다. 그러나 이를 위한 시스템은 매년 요구 사항이 증가하는데도 무계획적·역기능적일 때가 많다. 해결책은 두 모순을 조화시키는 것과 거대한 정치적 장벽을 극복하는 것이다.

무형 자본과 연관한 특이한 문제 한 가지를 해결하는 것이 정부 책임의 상당 부분을 차지한다. 바로 이익이 스필오버된다는 사실이다. 만일 당신이 공립 학교나 국립 대학을 다녀봤다면, 도서나 비디오 게임이나 노래 한 곡을 사봤다면, 휴대폰에서 스테로이드에 이르기까지 정부가 지원한 연구로 발명한 기술을 사용해봤다면, 스필오버 경찰로 가장한 정부와 상호 작용해본 셈이다.

정부가 스필오버를 관리하는 역할을 한다는 생각은 대세다. 이론적 관점에서 보면 경제학자들 사이에서는 반세기가 넘었고[1] 정책 수립자들 사이에서는 그보다 훨씬 더 오래됐다. 예를 들면 막대한 공공 자금을 받는 연구 프로그램과 국가의 공교육 시스템은 20세기 전반기 선진국에서 보편화했고 지식재산법은 그 역사가 훨씬 길다.

정부는 대학 같은 비정부기관과 함께 교육·훈련, 연구개발, 기업과 시민들을 위한 예술적·창의적 콘텐츠에 자금을 대거나 보조금을 제공한다. 또한 자체 수익을 위해 무형 자산에 투자하기도 하는데 그중 일부가 광범위하고 중요한 스필오버를 일으킨다. (두 가지 예가 19세기 호환 부품에 기초한 미국 병기창의 제조업 시스템과 탄도 미사일용 반도체 개발이다.) 정부는 특허·저작권·트레이드마크 등 지식 재산권 시스템을 관리하기도 한다.

정부와 스필오버

만일 스필오버가 단순하게 작동한다면, 무형 자산 투자를 늘리고 생산성과 성장을 향상할 확실한 방법이 두 가지 있을 터이다. 구체적으로 말해 우리는 특허·저작권 같은 재산권을 강화하고 명확히 해야 할 것이다. 또한 연구개발과 교육을 비롯해 무형 자산에 대한 공공 투자를 늘려야 할 것이다. 안타깝게도 그러기가 쉽지 않다. 두 가지 큰 모순으로 인해 무형 자산 투자 증대와 지식 재산권 강화가 어렵고 심지어 역효과가 난다. 게다가 이런 문제점을 극복할 정책을 마련하는 데 상당한 제도적 장벽이 있다.

첫 번째 모순: 아이폰과 바퀴 달린 여행 가방—양 대 질

과학 기술 정책에 대한 논쟁을 따라가다 보면 어김없이 두 이야기가 나타난다. 바로 아이폰과 바퀴 달린 여행 가방을 발명한 얘기다. 이 비화는 혁신 과정과 거기에서 국가가 보이지 않게 담당하는 역할을 잘 보여준다.

마리아나 마추카토(Mariana Mazzucato)의 영향력 있는 저서 《창업가형 국가(The Entrepreneurial State)》[2]로 유명해진 아이폰 이야기는 다음과 같다. 당신은 아이폰을 민간 부문의 업적이라 생각하지만 그렇지 않다. 사실 터치스크린 디스플레이부터 칩셋(컴퓨터 메인보드에 설치한 대규모 집적 회로군—옮긴이) 구조와 당신이 내려받을 수 있는 웹페이지와 음악 파일의 부호화에 쓰는 프로토콜에 이르기까지, 아이폰을 구성하는 모든 요소는 상당한 정부 투자에서 출발했다. 정부 없이는 아이폰도 없다. 이는 무형 자산 투자가 스필오버를 발생시키며 공공 자금 없이는 공급이 부족해질 것이라는 생각을 생생하게 표현한 말이다. 영국의 전 과학부 장관이자 보수파 정치인인 데이비드 윌레츠(David Willetts)에 따르면, 이 말은 혁신을 민간 부문 이야기로 치부하지 말아야 한다고 우파 진영의 많은 사람을 설득하는 데 영향을 주었다.[3]

바퀴 달린 여행 가방은 다른 이야기다. 조종사인 로버트 플라스(Robert Plath)는 자기 여행 가방에 바퀴 한 쌍을 붙일 생각을 했다. 그렇게 그는 여행용 수하물을 영원히 변화시켰다. 여기서 요점은 이렇게 누가 봐도 쓸모 있고 지금은 보편화한 발명품이 두 가지 기존 제품의 단순한 결합이라는 것이다. 과학저술가 매트 리들리(Matt Ridley)의 말을 빌리면 "바퀴 달린 여행 가방은 훨씬 전에 발명할 수도 있지 않았을까 싶다."[4] 바퀴 달린 여행 가방 사례를 써먹는 사람들은 보통 혁신의 다른 측면에 주목한다. 바로 아이디어들의 특정한 결합이 중요하다는 사실이다. 그들은 이 생각을 어떨 때는 보다 진취적이고 다양한 사고의 필요성과, 어떨 때는 기업가 정신 고취나 시장 확대에 대한 요구와 연관 짓는다.

바퀴 달린 여행 가방을 통해 무형 자산의 시너지에 관해 이야기할 수도 있다. 플라스는 두 가지 기존 기술의 적절한 결합을 찾아냄으로써 새롭고 가치 있는 기술을 창조했다. 만일 모든 혁신이 바퀴 달린 여행 가방과 같다면, 진정 중요한 것은 연구개발의 투자 총액이 **아니고** 거기서 우리가 끌어낼 수 있는 **독특한 결합**일 터이다. 혁신에 대한 이런 견해는 경제학자들 사이의 오랜 논란을 반영한다. 신고전주의 경제학자들과 케인스주의 경제학자들이 자본의 성격을 놓고 대서양을 가로지르는 엄청난 논쟁에 참여한 1950년대와 1960년대에, 루트비히 라흐만(Ludwig Lachmann)이라는 오스트리아학파의 비주류 경제학자는 자본이 어떻게 작동하는지에 관한 이론을 제시했다.[5] 그는 자산들은 본질적으로 이질적이며 자본 스톡을 결정하기 위해 이들을 한데 합치려는 모든 시도가 잘못이라고 주장했다. 중요한 것은 기업과 기업가들이 자본을 결합하는 방식이며, 경제의 핵심 문제는 이 결합에 대한 지식의 부족("모르는 것이 있다는 것을 모르는 것")이었다(이는 루트비히 폰 미제스(Ludwig von Mises)부터 프리드리히 하이에크, 라흐만, 이즈리얼 커즈너(Israel

Kirzner)에 이르기까지 오스트리아학파 경제학자들의 주제다]. 오스트리아학파 추종자들은 정책이 투자 극대화보다 기업가들이 이런 가치 있고 새로운 자본의 결합을 찾아내도록 권장하는 데 초점을 맞춰야 한다고 역설했다.[6]

이질성과 자본의 결합에 대한 지식 부족은 요즘 경제학자들에게도 여전히 문제다. 우리의 국내 총생산 및 생산성 측정 시스템은 자본을 그 비용이나 시장 가치를 바탕으로 편리하게 측정·합산할 수 있다는 생각에 기초하는데, 이는 불균일한 자본의 경우 어려울 수 있다. 아이패드와 보잉 항공기를 어떻게 합산하는가? 게다가 무형 자본은 유형 자본보다 더 이질적이다. 자동차부터 공작 기계까지 많은 유형 자산은 대량 생산하고 유통 시장에서 매매할 수 있다. 무형 자산, 특히 혁신 관련 무형 자산은 그렇지 않다. 무형 자산을 적절하게 결합할 때 큰 시너지 효과를 발휘한다는 말은, 무형 자산이 풍부한 경제가 유형 자산이 대부분인 경제보다 라흐만과 그 추종자들이 말한 경제에 더 가깝게 작동할 것이라는 뜻이다. 따라서 오늘날 중요한 과제는 적절한 무형 자산을 찾아내 적절히 결합하는 것일 듯하다.

이 목표를 '양' 대 '질'의 틀로 볼 수 있다. 공공 보조금을 통한 스필오버 문제 해결은 무형 자산 투자 부족이라는 **양**적 문제와 이어진다. 그러나 무형 자산은 서로 이질적이며 투자의 적절한 결합이 중요하다는 생각이 맞다면 우리가 직면한 것은 **질**적 문제다.

우리가 질적 문제를 해결하려 할 때 교환에 도움이 되는 제도들이 충돌할 수 있다. 우리는 연구개발 자금을 중앙 집중화한 당국에 위임함으로써 스필오버의 집합 행위 문제를 해결한다. 그러나 만일 무형 자산 프로젝트에 결합이나 시너지가 필요하다면, 중앙 집중화한 당국이 제공하지 못하는 정보도 필요할 것이다. 그리고 이 당국은 가령 과학자들이 자기가 선호하는 프로젝트가 선택받도록 하려는 경우처럼 영향력 활동을 유발할 것이다. 약속 또한 문제가 될 수 있다. 일부 평론가들은 정부가 어떤 프로젝트를 일단 지원하면 실패하더라도 정치적 이유 때문에 계속하며, 더 나은 새 프로젝트가 시장에 나오는 것을 막기까지 할 수 있다고 지적한다. 만일 정부가 그런 조치를 취하지 않겠다고 약속할 수 있다면 상황은 호전할 테지만, 이는 이루기 힘든 목표다.

양 대 질?

정책 수립자들은 전통적으로 양과 질을 모두 달성하려 했다. 정부는 연구개발의 양을 늘리려고 대학과 정부 연구소의 공공 연구개발에 자금을 대고, 기업인들에게 세금 우대 조치를 내리고, 기발한 아이디어들의 결합을 촉진하기를 기대하며 위험 자본에 보조금을 준다. 그러나 이 두 목표가 결국 충돌한다면, 특히 보조금으로 무형 자산 투자량을 늘리려는 정책이 투자의 질을 체계적으로 낮추는 결과가 되어버리면 문제가 발생한다. 이런 경우 엉뚱한 무형 자산을 생산하고 있다는 증거와 함께, 특정 종류의 무형 자산에 대한 공공 투자 수익 감소가 나타날 것으로 예상한다.

이 두 문제에 대해 중요한 두 공공 무형 자산 투자 분야에서 상황적 증거가 있다. 바로 기술·과학 연구와 중등 과정 이상의 교육·훈련 분야다. 두 경우 모두 정부 대부분이 무형 자산을 직접 제공하거나 보조금을 주는 데 어마어마한 액수를 쓴다. 게다가 자본에 대한 전반적·무차별적 투자가 경제에 중요하다는 믿음이 만연하다. 정부들은 자국이 국내 총생산에서 연구개발에 지출하는 비율을 면밀히 추적하며 흔히 이를 늘리려는 목표를 세운다. 또한 3차 교육을 받는 청년들의 숫자를 모니터링한다. 더욱이 교육에 관한 한 양보다 질이라고 믿었던 이들이 틀렸다는 증거가 있다. 클로디아 골딘(Claudia Goldin)과 로런스 카츠(Lawrence Katz)의 획기적인 책 《교육과 기술 간의 경주(The Race between Education and Technology)》는 19세기와 20세기 초 미국이 유럽 국가들에 비해 학령기 아동 교육에 얼마나 많이 투자했으며, 그 결과로 얼마나 큰 생산성 이익을 얻었는지 얘기하며 시작한다.[7] 유럽 사람들은 미래의 농사꾼과 노동자들에게 읽기와 쓰기를 가르쳐봐야 무슨 소용이 있는지 의아해했지만 말이다.

두 경우 모두 '양'적 접근법이 오늘날 문제를 초래하는 것 같다는 증거가 있다. 과학·기술 연구의 생산성 둔화를 시사하는 문헌이 점점 늘어난다. 여기서 우리가 얘기하는 것은 연구개발과 국내 총생산 성장의 관계처럼 복잡한 인과관계가 아니라, 보다 단순한 연구개발 투자와 발견의 관계다.[8] 이런 둔화의 양적 증거와 함께, 공공 자금 조달 시스템이 획기적 연구 수행을 더 어렵게 만든다는 사례 보고서는 여기저기 있다.[9]

고등 교육과 관련해서도 비슷한 증거가 있다. 대졸자들이 비대졸자들에 비해 누리는 급여 혜택은 꾸준히 감소하는 듯하며, 학사 학위가 필요 없는 일자리를 얻는 수는 점점 늘어난다. 영국 정부가 2018년에 실시한 중등 과정 이후 교육 조사가 말해주듯 "영국과 북아일랜드의 대졸자 중 34퍼센트가 비대졸자 직종에 종사하는데, 이는 아일랜드와 체코를 제외하면 유럽의 어떤 나라보다 높은 비율이다."[10] 그리고 학사 학위를 딴다고 해서 개개인들이 미래의 업무를 충분히 준비하는 게 아니라는 생각을 정치인, 기업주, 여론 주도자들이 널리 옹호한다. 이런 생각은 미국·영국 같은 나라의 교육 시스템이 기술력을 제대로 제공하지 못하고 있고, 이는 결국 고용주들에게 큰 문제가 된다는 생각과 손잡는다.

구체적으로 세 가지 메커니즘이 이상의 문제를 낳는 듯하다. 공공투자를 할당하는 규칙이 본래 불완전하다는 사실, 기술 변화에 맞춰 규칙을 갱신해야 하는 어려움, 특수이익단체들이 장악하는 공공 자금 조달 시스템의 취약성이다.

공공 투자 할당 규칙의 결함

첫 번째 메커니즘은 목표와 규칙의 역효과다. 법이 정부를 좌우한다. 정부는 연구개발 세금 공제법을 제정하거나 학술 연구에 자금을 대거나 대학 교육에 보조금을 제공할 때, 관료들이 알맞은 규모로 적용하기에 충분한, 단순한 규칙에 따라야 한다. 따라서 규칙과 그 의도 사이에 거의 늘 괴리가 있다. 그러니까 정부의 **의도**는 예를 들면 사회에 최대의 이익을 가져다줄 전망 있는 과학 연구 프로젝트에 자금을 대는 것일 터이다. 그러나 연구의 사회적 이익을 추산하기는 매우 어려우므로, 정부는 관행적으로 연구자들이 쓴 지원금 신청서의 질, 이들의 실적, 이들이 일하는 기관, 그리고 "예상하는 사회적 이익"에 가깝기는 하지만 기껏해야 불완전한 대용물인 많은 변수를 평가할 수밖에 없다.

1970년대 중반 심리학자 도널드 캠벨(Donald Campbell)과 경제학자 찰스 굿하트(Charles Goodhart)는 정량화한 인센티브 시스템이 항상 잘못된 결과를 초래한다는 취지로 자신들의 이름을 딴 법칙을 들고 나왔다.[11] 즉 선택한 척도가 목표가 되면 결국 부패하고 만다는 것이다. 캠벨의 법칙과 굿하트의 법칙은 공공 연구 자금 분야에서 확실히 작동하는 듯하다. 선진국의 연구자들과 연구 기금이 점점 더 정교해지는 성과 관리와 평가 절차에 휘둘리는, 소위 정량화 흐름은 축복이자 저주다. 이는 터무니없는 비효율적 관행과 학문적 지배권을 일부 제거하기는 했지만, 많은 획기적 연구를 단념하고 많은 시간을 프로젝트 제안서 작성과 규정 준수로 허비하게 하기도 했다.

과학 기술 진보에 따른 규칙 변경

무형 자산 보조금 지원의 규칙은 불완전할 뿐만 아니라 완전히 잘못된 때도 있다. 그 이유는 옛날 투자 모델을 바탕으로 했기 때문이거나, 중요한 종류의 투자를 간과했기 때문이거나 둘 중 하나다. 두 가지 예를 생각해보자. 연구에서 소프트웨어 도구와 데이터의 중요성 증대, 그리고 이른바 재현성 위기다.

최근 몇십 년간 컴퓨터 성능의 폭발적 발전으로 데이터 집약적 연구에 대한 보상이 높아졌다는 데 많은 사람이 동의한다.[12] 연구 다수는 새로운 데이터 세트 창출·분석과 더불어 이를 수행할 새로운 도구 개발을 포함한다. 예를 들면 의학 연구원들이 영국 환자들의 국민 건강 보험 전자 의료 기록 데이터를 익명으로 안전하게 연구하게 해주고, 큰 데이터 세트들을 활용해 코로나19 관련 긴급 연구를 가능케 해 주는 데이터 플랫폼 오픈세이플리(OpenSAFELY)를 생각해보자.[13] 이 프로젝트의 지휘자인 벤 골드에이커(Ben Goldacre)는 이런 종류의 데이터 세트와 도구를 개발할 자금을 달라고 기존 연구 자금 제공 기관들을 설득하고, 전통적 학술 출판물처럼 정당한 연구 결과로 인정받는 데 따르는 어려움에 관해 쓴 바 있다. 이 기관들은 태도를 바꾸기 시작했지만, 지원의 진행은 더디고 관료주의 때문에 제약받는다.

많은 이들이 인정한 과학의 또 다른 쟁점은 신뢰할 만하다고 여긴 연구 결과 전체가 불확실한 것으로 밝혀지는 **재현성 위기**다.[14] 이 결과가 기초한 실험을 연구자들이 재현하려 할 때 같은 결과를 얻지 못하는 상황으로 애초의 발견은 최선의 경우 행운의 결과, 최악의 경우 사기였다는 소리다. 예를 들어 **점화**(priming)라는 심리적 현상—가령 누군가에게 노인에 대한 말이나 이미지를 연속해 보여주면 무의식적으로 '어르신' 같은 행동을 유발할 것이라는 생각—은 아예 존재하지 않든가, 심리학자들이 생각한 것보다 훨씬 약하든가 둘 중 하나인 것으로 판명 났다. 재현성 위기는 유서 깊은 결과물들이 실제로 재현 가능한지 알아보려는 체계적 시도를 촉발했다.[15] 이런 재현 시도에는 흔히 존 아널드(John Arnold) 같은 자선가들이 자금을 댄다. 이런 도전은 인류의 지식에 가치 있는 진일보가 될 수 있다. 그러나 이번에도 기존 연구 자금 제공 기관들은 서명하기를 주저했고, 학술 기관들은 재현을 수준 높은 연구 활동으로 여기지 않았다.

일부 논객들은[16] 과학 기금 제공 기관들이 새로운 데이터 세트와 도구의 구축·재현에 더 많은 금액을 투자해야 한다고 주장했다. 그러나 자금 제공 기관들은 흔히 변화가 더디고, 연구 수행 방식의 기술 변화에 대응할 인센티브가 약하므로 전환을 이루기가 더 어렵다.

특수이익단체의 장악

기관의 장악과 이해 충돌도 한몫한다. 자기 작업에서 유용한 스필오버가 발생하는데, 정부의 자금 제공 기관보다 관심 없는 학술 연구자들도 있다. 대학들은 일반적으로 학생 교육에 대한 보상으로 등록금을 받는 데 관심이 많지만, 학생들의 인생에 쓸모 있는 것을 실제로 배우도록 보장할 인센티브는 한층 약하다. 정부는 가끔 더 많은 규칙과 척도로 이런 문제를 해결하려 들고 이것도 도움이 될 수는 있다. 하지만 그러다 캠벨의 법칙과 굿하트의 법칙으로 되돌아가기 일쑤다.

두 번째 모순: 블랙베리와 〈블러드 라인스〉—지식 재산을 둘러싼 딜레마

정부가 무형 자산의 스필오버 문제를 완화하려고 강구하는 다른 방안은 지식 재산권, 특히 특허와 저작권이다. 여기에는 다른 딜레마가 있다.

지식 재산권의 기본 개념은 간단하다. 만일 경쟁사들이 아무 비용도 안 들이고 재빨리 아이디어를 베낄 수 있다면, 회사가 맨 처음 시간과 노력을 들여 이를 실현할 금전적 인센티브가 적다. 달리 말하면 정부는 발명가들에게 그들이 창조한 무형 자산에 대한 일시적 독점권을 부여해, 다른 이들이 스필오버를 이용하지 못하게 막음으로써 이 문제를 극복하겠다는 것이다.

그러나 특허·저작권 문제와 관련한 증거는 문헌에서 많이 다뤘다. 아이폰 이전 시대에 가장 대중적인 스마트폰이었던 블랙베리를 예로 들어보자. 2000년에 블랙베리의 소유주 RIM(Research In Motion)과 다른 휴대폰 제조업체들은 소기업 NTP로부터 고소당했다. NTP의 주된 업무는 무선 특허를 잔뜩 소유하고 이를 침해했다고 휴대폰 회사들을 고소하는 것이었다. NTP의 소송은 미심쩍었지만 RIM은 6년간의 고액 소송 끝에 6억 1250만 달러를 지불하기로 했다. 이 사건은 **특허 괴물**—혁신가들로부터 돈을 뜯어내기 위해 특허를 써먹는데, 혁신 투자의 인센티브에 긍정적 효과는 거의 미치지 않는다—의 전형적 사례다. 연구자인 제임스 베센과 마이클 머러(Michael Meurer)[17]는 1990년대 말 특허 소송 비용이 전체 연구개발비의 14퍼센트를 차지했다고 추정했는데 대단한 낭비인 셈이다. 특허 전쟁이 스마트폰 업계의 필수 요소가 되어버린 것은 분명 사실이다. 경제학자 미셸 볼드린(Michele Boldrin)과 데이비드 러바인(David Levine)은 마이크로소프트와 애플이 구글의 스마트폰 시장 진입을 막기 위해 특허 난장판을 어떻게 이용했는지 설명하며, 구글이 2011년 모토로라 모빌리티 사를 120억 5000만 달러를 주고 합병한 이유가 그곳의 특허 포트폴리오를 얻기 위해서—특허를 출원한 혁신적 기술들을 직접 사용하려는 게 아니라 애플과 마이크로소프트를 상대로 한 맞고소의 기초로 써먹기 위해서—였다고 했다.[18]

다른 예로 로빈 시크(Robin Thicke)와 퍼렐 윌리엄스(Pharrel Williams)의 2013년도 팝송 〈블러드 라인스(Blurred Lines)〉를 생각해보자. 이 노래는 여성 혐오적이라고 비판받은 가사와 영상뿐만 아니라 지식 재산 때문에 논란이 되었다. 노래를 발표하고 2년 뒤 캘리포니아주 배심원단은 시크와 윌리엄스가 마빈 게이(Marvin Gaye)의 1977년 곡 〈갓 투 기브 잇 업(Got to Give It Up)〉을 표절한 데 대해 유죄 판결을 내리고, 저작권 침해에 대한 손해 배상금으로 740만 달러를 지급하라고 선고했다. 이 사건에서 이상한 점은 〈블러드 라인스〉가 어느 정도 혼성모방(混成模倣)이나 게이의 노래에 대한 오마주였다는 데 의심의 여지가 없는데, 윌리엄스는 표절로 분류되지 않을 것이라 확신하며 작곡한 듯하다는 것이다. (시크는 바이코딘과 알코올에 너무 취한 나머지 그 노래를 썼는지조차 잘 기억나지 않는다고 주장했다.) 배심원단은—이들이 가끔 그렇듯—뮤지션들이 아는 음악저작권법의 규칙을 사실상 바꿔놨고 사실상 훨씬 엄격하고 불확실하게 만들어버렸다. 다작한 작곡가인 저스틴 트랜터(Justin Tranter)는 이렇게 말했다. "〔최근 세간의 이목을 끈 표절 사건들은〕 분명 사람들이 작업 중에 많은 걸 추측하게 만들고 있어요. 이런 식이죠. '젠장, 이거 혹시 약간 그 노래처럼 들리려나?' ……미친 짓이죠. 게다가 요즘은 레이블들이 출시할 곡마다 음악학자들을 고용하는 것도 봤어요."[19]

이상의 이야기들은 지식 재산권의 몇 가지 큰 문제점을 부각한다. 첫째, 지식 재산권은 포지티브섬 혁신보다 특허 괴물들의 활동이나 음악학자 고용 같은, 제로섬의 교묘한 법률적 꼼수에 회사들이 시간과 돈을 쓰도록 몰아붙인다. 둘째, 법학자 마이클 헬러(Michael Heller)[20]가 말하는 **교착 현상**을 창출한다. 혁신이 다양한 생각을 잘 뒤섞는 데 달렸다면, 여기에 낡은 생각들이 장벽으로 작용하는 것이다. 이렇게 되면 〈블러드 라인스〉에 대한 마빈 게이 측의 손해 배상 청구처럼 불미스러운 일로 경악하게 되든지, 협상하기 벅찰 정도로 무더기 허가를 양산하든지 둘 중 하나다. 이런 허가의 용광로는 수십 가지 샘플링이 들어간 곡을 녹음하려는 현대판 퍼블릭 에너미(미국의 전설적 힙합 그룹—옮긴이)에게 필시 패배를 안길 것이다.

또한 지식 재산권에 반대하는 사람들은 특허의 이익이 과장되어 있다며 맞선다. 볼드린과 러바인은 만일 특허가 존재하지 않는다면 선발대의 우위가 혁신에 투자하는 기업들에게 충분히 보상할 것이라고 말한다. 예를 들면 애플의 경쟁사들은 아이폰과 비슷한 제품을 만드는 데 1년이 걸렸는데, 그사이 애플은 차세대 스마트폰 시장에 대한 독점적 지배력을 향유했다는 점을 그들은 눈여겨본다. 또한 특허 대부분을 출원할 때 원천 기술이 어떻게 작동하는지 공개하지 않기 때문에, 특허의 원래 목적—구체적으로 말하면 다른 기업들도 배울 수 있도록, 공공을 위해 혁신을 '특허'로 만든 것이다—이 더 이상 유효하지 않다는 점에도 주목한다.

그렇긴 하지만 지식 재산권을 완전히 없앤, 극단적인 경우는 아직 입증한 적이 없다. 특허 시스템의 역사에 대한 글을 많이 쓴 조리나 칸(Zorina Khan) 같은 경제학자들은 특허가 미국 경제에 중요한 공헌을 한다고 얘기한다.[21] 브로닌 홀(Bronwyn Hall), 크리스천 헬머스(Christian Helmers), 마크 로저스(Mark Rogers), 베이니아 시나(Vania Sena)의 연구 문헌 논평에서는 기업들이 이용하는 것이 특허·기타 지식 재산권·업무상 기밀을 비롯해 자기 혁신을 보호할 권리의 결합이며, 특허 폐지론자들은 자기가 완전히 이해하지 못하는 방식으로 작동하는 것을 제거해버리는 체스터턴의 울타리(Chesterton's Fence: 도로의 울타리가 왜 여

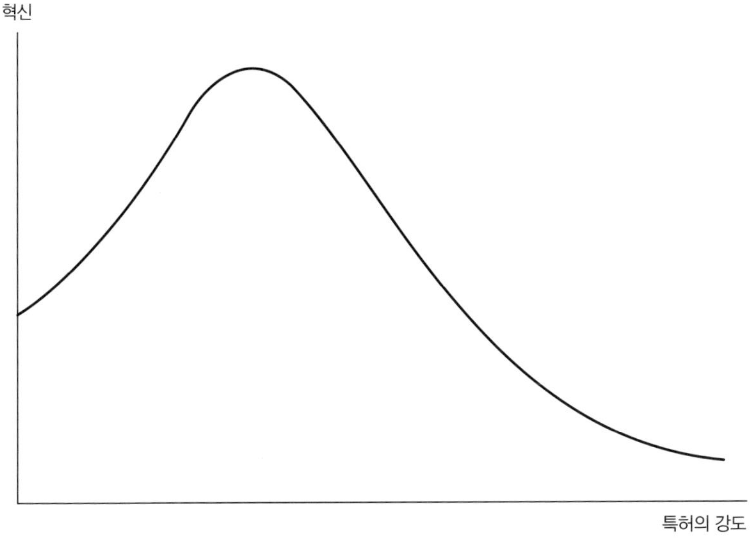

그림 4.1 태버록 곡선. 출처: Tabarrok 2013.

기 있는지 모른다고 철거할 게 아니라, 그 쓰임새를 알 때까지 놔둬야 한다는 체스터턴의 글에서 유래한 말. 울타리는 오래된 제도나 정책의 비유다—옮긴이) 오류를 범할 수 있다는 점을 강조한다.[22] 그리고 베끼는 비용이 싼 몇몇 활동—가령 신약 발견이나 출판—은 만일 지식 재산권이 없다면 급격히, 아마 더 안 좋게 달라질 것이 뻔하다. 경제학자 알렉스 태버록(Alex Tabarrok)은 혁신을 y축, 특허의 강도를 x축에 놓은 태버록 곡선(그림 4.1)으로 이런 트레이드오프(경제에서 뭔가를 얻으려면 반드시 다른 것을 희생해야 하는 관계—옮긴이)를 요약했다. 이 곡선은 역 U자 모양이다. 즉 특허가 전혀 없으면 혁신은 상대적으로 낮다. 강력한 특허가 있으면 혁신은 훨씬 더 낮다. 그러나 이 두 지점 사이에서 곡선은 상승한다. 지식 재산권이 없을 때와 엄격할 때 사이에 행복한 중간이 존재한다는 것이다.

여기서 실제로 일어나는 일은 우리가 공공 자금의 무형 자산 투자에 관한 논의에서 제시한 딜레마와 비슷하다고 본다. 곡선의 기본 형태는 무형 자산의 스필오버와 시너지 효과 사이의 트레이드오프 때문에 생긴다. 스필오버가 많고 크면 강한 지식 재산권이 도움이 된다. 좋은 예가 출판업계다. 만일 저작권법이 없다면 최신판 《헝거 게임》이나 《해리 포터》 소설을 출간일 다음 날 베껴 로열티 없이 팔아먹는 일은 식은 죽 먹기일 것이다. (이미 파일 공유는 엄청난 양의 복제본을 공짜로 제공하는 결과를 낳고 있다.) 베스트셀러를 집필해 받는 보상은 감소할 터이다. 그러나 무형 자산들 사이의 시너지 효과가 우세하면 아주 제한적인 지식재산법도 큰 걸림돌이 된다. 이런 세상은 볼드린과 러바인의 스마트폰 업계 이야기나 리들리의 바퀴 달린 여행 가방 이야기에 더 가까우며, 신제품마다 역대급 혁신 기술을 많이 이용해야 한다. 이 상황에서 혁신가 지망생들은 다른 혁신 관련 기술 보유자들이 청구하는 소송을 해결하느라 막대한 돈을 쏟아붓든지 아니면 그냥 혁신에 신경을 꺼버릴 수 있다.

우리는 이 논의를 혁신과 관계된 무형 자산은 물론이고 훈련과 교육으로도 확장할 수 있다. 훈련에서 지식 재산권 보호에 상응하는 것은 직원들을 훈련하는 데 돈을 댄 회사에 이들을 묶어두는 규정이다. 이 규정은 경쟁 금지 조항, 고용주 부채 탕감, 직업 면허 같은 정식 자격을 받지 않은 노동자 고용 금지의 형태를 띨 수 있다. 이런 시스템의 폐단에 관한 저술은 많다. 가령 직업 면허에 대해 경제학자 모리스 클라이너(Morris Kleiner)가 미국에서 치과 의사와 주택 담보 대출 중개

업자들에 대한 제약이 늘면서 서비스의 가격은 올랐으나 품질은 향상하지 않았다고 쓴 바 있다.[23]

게다가 지식재산법은 공공 무형 자산 투자를 제공하는 시스템과 같은 세 가지 위험이 있다. 혁신가들이 혁신보다 지식재산법 게임을 하는 데 치중할 때 굿하트의 법칙이 고개를 쳐든다. 초기 힙합 아티스트들이 음악 저작권자들로부터 받은 도전은, 기본 목적에 부합하는 지식재산 체계도 기술(이 경우 샘플링의 실제 기술이 아니라 음악 스타일 자체의 '미학적 기술')이 바뀌면 얼마나 효과가 떨어지는지의 본보기다. 그리고 지식재산 분야에 로비 활동과 특수 이해관계가 난무한다는 데 다들 동의한다. (저자 한 명이 혁신 정책을 자문하던 시기에 기분 좋게 만난, 가장 서글서글하고 능수능란한—그리고 추정컨대 가장 비싼—로비스트들은 하나같이 지식재산권자들을 대리했다.)

지식 재산권과 중앙 집중화

요약하면 무형 자산에 대한 공공 지원과 지식 재산권의 범위를 둘러싼 논쟁은 두 현상을 근거로 한다. 무형 자산의 스필오버(그리고 이것이 무형 자산 투자 의욕을 꺾는 효과를 정부가 어떻게 완화할 수 있는가)와 무형 자산의 시너지(그리고 이 효과가 가능한 한 많이 일어나는 조건을 정부가 어떻게 창출할 수 있는가)다. 만일 무형 자본이 꽤 균일하고 스필오버 효과가 아주 강하다고 생각한다면, 당신은 틀림없이 지식 재산권 강화와 무형 자산에 대한 공공 보조금 증액을 선호할 것이다. 이것이 무형 자산 보조금의 양적 이론이다. 만일 무형 자본이 매우 불균일하고 딱 맞는 조합을 찾을 때의 이익이 크다고 생각한다면, 당신은 지식 재산 체계 완화와 무형 자산 투자의 총량을 희생하더라도 사업적 실험을 장려하는 시스템을 선호할 것이다. 이것이 질적 이론이다.

더 나은 시스템 설계

스필오버에 대한 보상과 시너지 촉진 사이의 트레이드오프 개념을 통해 지식 재산 및 무형 자산 보조금 시스템 개혁을 위한 일반적 정책 제안을 이해할 수 있다. 예를 들어 에드먼드 펠프스(Edmund Phelps)의 《대번영의 조건》과 매트 리들리의 《혁신에 대한 모든 것》에서 설정한 의제는 시너지 문제가 심각하고 스필오버 문제는 비교적 중요하지 않다는 생각에 입각한다.[24] 그렇다면 우리는 지식 재산 보호책과 공공 부문 연구개발(둘 다 왜곡을 유발한다)은 줄이고 기업가 정신(진정 가치 있는 시너지를 알아볼 기회를 더 많이 준다)을 장려해야 한다. 마리아나 마추카토의 《창업가형 국가》의 요점은 정부의 연구개발 자금 지원을 비롯한 혁신 투자는 스필오버 문제가 제일 중요하다는 생각에 기초한다는 것이다.[25] 그렇다면 가치 있는 돌파구를 찾기 위해 혁신 투자를 늘려야 한다.

《창업가형 국가》에 나오는 중요한 개념 또 하나는 정부가 녹색 기술이나 보건 의료 같은 특정 분야의 공공 연구개발에 주력하는 '임무 지향' 투자다.[26] 이런 투자는 공공 보조금의 질적 문제를 해결하려 한다. 우수한 정부 계획은 공공 자금을 최고로 가치를 발할 분야의 연구에 집중시킬 수 있다는 게 논지다. 리들리 같은 질적 이론가들이라면 이 견해에 이의를 제기하며 질적 문제란 사회적 이익이 되는 목표를 선택하는 게 아니라, 다양한 사업적 실험을 허용하는 것이라 지적할 터이다. 무형 자산 투자에서 성공할 조합을 찾는 일은 대규모 조직 하나로 해내기엔 너무 복잡하기 때문이다.

우리는 고등 교육 자금 지원 논쟁에서도 비슷한 이분법을 본다. 영국과 기타 선진국에서 정부 정책의 오랜 근간은 대졸자 증가가 일반적으로 좋은 일이며, 그들의 교육으로 생기는 무형 자산에 보조금을 댈 가치가 있다는 사고였다. 보조금의 근거는 한편으로는 스필오버, 다른 한편으로는 청년들의 자본이 부족하다는 생각이다. 50년간 전 세계 대학의 팽창은 양적 무형 자산 이론의 지표다. 물론 이 팽창에 대한 비판도 많다. 이는 피터 틸이 대학에 다니지 않는 조건으로 똑똑한 아이들에게 자금을 지원하는 틸장학재단(Thiel Fellowships)을 창립한 이유와 영국의 2018년 중등 과정 이후 교육 보고서에 나타난다. 이런 비판은 대학 교육이 학생·고용주·사회에 상당 부분 가치가 없다는 주장이다. 문과 대학 학위는 너무 포괄적이고, 대학 자금 지원 시스템의 인센티브는 대학과 학생들이 진정 가치 있는 것을 가르치고 배우기에 너무 약하다는 것이다. 이 주장에 따르면 우리에게 필요한 것은 적지만 더 나은 교육이다. 자연과학 학위와 질 높은(즉 학생들이 배우는 기술과 이들을 고용하려는 기업들의 자산 사이에 고도의 시너지 효과가 있는) 수습 교육 및 기술 훈련 프로그램이 늘어야 한다. 물론 이런 종류의 교육은 질적 이론의 실천이다.

보통 다수의 개혁안은 지식 재산 체계나 공공 자금의 세 가지 문제점, 즉 불완전한 규정, 지대 추구의 위험, 어떻게 시스템에 기술 변화를 확실히 적용할까 하는 난제에 대한 대응이다. 비현실적으로 느껴지기까지 하는 미국 방위고등연구계획국과 흡사하게 자금 지원 기관의 재량권을 확대하자는 제안은 상당히 많다. 영국은 2019년에 이런 계획을 발표했고, 미국에서는 2020년에 비슷하지만 규모가 더 큰 '무한 개척법안(Endless Frontiers Act)'을 의회에서 발의했다.[27] 자금 담당자들에게 급진적 프로젝트를 고를 재량권을 부여하는 이런 계획은, 학계의 이해관계에 좌우된다는 비난을 받으며 나날이 계량화·관료화하는 연구 자금 지원 시스템의 횡포에서 벗어나려는 시도로 볼 수 있다.

마찬가지로 볼드린과 러바인이 제시한 특허 시스템 개선안은 혁신의 세부 사항에 좀더 적합한 규칙을 정하려 시도한다. 가령 독점 금지·교역·연구와 특허 정책 사이에 더 많은 상호 작용을 요구한다거나, 서로 다른 부문의 특허 기간을 조정한다거나, 특허 출원 여부를 선택할 때 기술적 증거뿐만 아니라 경제적 증거도 고려하는 식이다. 타일러 카우언과 벤 사우스우드가 내놓은 약품 특허 및 규제 개혁안은 시스템이 신약 개발 및 시험 상황을 반드시 반영하도록 하는 조치를 포함한다. 가령 컴퓨터 모델의 역할, 승인할 때 대용종점(암과 같은 중병에서 치료법의 효과를 알기 위해 사용하는 지표나 징후—옮긴이)의 역할, 기존의 약물에서 새로운 용도를 탐색할 때 의사가 주도하는 실험의 역할을 바꾸는 식이다.[28]

정부가 보조금을 대는 무형 자산 목록을 확장하자는, 비슷한 주장이 나오기도 한다. 20세기 초부터 교육과 과학 연구에 자금을 지원하는 것은 마땅한 정부 활동으로 여겼다. 스필오버가 발생하는 다른 무형 자산은 그보다 덜 인정받는다. 오픈소스 소프트웨어를 생각해보자. 나디아 에그벌(Nadia Eghbal)의 〈도로와 다리(Roads and Bridges)〉는 과학기술 프로젝트 대부분이 자원자들이 설계·유지하는 공짜 소프트웨어에 의존한다는 사실을 환기했다.[29] 이 노동의 비용을 분담하려는 시도가 보이기 시작했다. 가령 2019년에 코드 저장소 깃허브(Github)가 시작한, 대기업들이 오픈소스 비용에 기여하도록 설득하는 '스폰서' 계획이 그런 예다. 논리상 다음 단계는 오픈소스 소프트웨어 비용을 뒷받침하는 공공 연구 자금일 터이다. 정부가 중요 사안에 관해 더 많은 데이터를 생산하고 내놓기를 바라는 오픈 데이터(Open Data) 운동이 확대하고 있지만 아직은 낯설다. 의학 연구자이자 과학저술가인 벤 골드에이커는 연구 지원 기관들이 출판으로 이어지는 연구뿐만 아니라 데이터 도구에도 지원을 늘려야 한다고 역설했다.[30] 댄 데이비스는 공영 방송사들이 보통 인정받지 못하지만 라디오·텔레비전 업계를 폭넓게 훈련하는 역할을 담당하고 있는데, 만일 이 방송사들이 상업 채널과 달리 식자층 콘텐츠를 제공하는 쪽에 치우친다면 이런 역할은 약화할 것이라고 논평한 바 있다.[31]

권고 사항

이상의 권고를 선진국의 경제 정책 수립자라면 대부분 알아볼 수 있을, 어느 정도 일관성 있는 프로그램으로 종합할 수 있다.

첫째, 권리 범위가 확대한 분야의 특허권을 이전 수준으로 축소하며, 지식 재산권을 신중하게 약화시켜야 한다. 예를 들면 소프트웨어와 간단한 업무 프로세스 관련 특허는 중지하고, 업계를 선별해 특허 기간을 줄이고, 원천 기술의 작동 원리를 진실하게 공개하도록 요구하고, 항생제처럼 사회적으로 바람직한 발명품에 대해서는 포상이나 특허 매수를 도입하는 식이다.[32] 전 세계가 앞다퉈 코로나19 백신을 개발하던 시기에 경제학자 조슈아 갠스(Joshua Gans)는 코로나19 백신에 대한 약속 문제—백신 개발에 성공해도 시장 가격보다 적은 값을 받고 정부에게 통제 권한을 내주는 위험을 무릅써야 하는, 결국 2021년에 뜨거운 논쟁을 불러일으킨 문제—를 해결하는 데 포상을 활용하자고 제안했다.[33] 이렇게 중요한 혁신은 사전 위탁으로 사들이는 편이 정부 입장에서 최적일 터이다. 백신이 인명뿐만 아니라 경제도 살릴 것이기 때문이다. 단 정부는 백신 회사의 매몰 비용 보상을 약속할 방안을 찾아내야 한다.

그렇다고 해도 백신 개발 경험을 정부의 혁신 정책 전반에 적용하지는 말아야 한다. 혁신을 명시하기 쉬운 경우라면 상이 효과가 있다. 예를 들면 찰스 린드버그(Charles Lindbergh)는 뉴욕에서 파리까지 쉬지 않고 비행해 오티그상(Orteig Prize)을 수상했고, 지표면으로부터 100킬로미터 상공으로 세 사람을 데려가 1000만 달러 상금의 안사리X상(Ansari X Prize)을 탄 수상자들은 2주 동안 상을 두 번 받았다. 백신에 대한 포상 요건(가령 특정 유효율)은 비교적 명시하기 쉽겠지만, 혁신을 전부 이렇게 쉽게 정의할 수는 없다. 사실 화학식과 성공적 제조 과정 **둘 다**가 혁신에 필요했기에, 단순한 포상이 아니라 코로나19 백신을 넘겨주면 사들이는 사전 위탁이 필수였다.

둘째, 기초 연구와 교육 외에 다른 종류의 무형 자산에 대한 공공 자금을 늘려야 한다. 설계가 우수한 직업 훈련(가령 국영 방송이나 국립 예술 기관처럼 국영 기업이 직접 제공하는 훈련)과 대규모 오픈 데이터 및 오픈소스 소프트웨어 프로젝트에 대한 투자 증대, 산업 개발 촉진(가령 연구개발 세액 공제나 영국의 캐타펄트기술센터(Catapult Centre) 같은 공공 연구소에 대한 자금 지원)이 여기에 해당한다.

끝으로 계량적 분석 조류와 학계의 이해관계에 따른 연구 자금 유용에 대처하기 위해서는, 공공 연구개발 자금 제공 기관들한테 급진적·도전적 프로젝트를 지원할 재량권을 주는 실험을 해야 한다. 이는 이런 자리에 우수한 인재를 채용하는 우리의 능력에 달렸다.

두 가지 정치적 문제

위의 권고 사항 중 특별히 논란이 되는 것은 없고, 적어도 말로는 정부 대부분이 동의한다. 좌파 성향 정부라면 그린 뉴딜(Green New Deal)처럼 정부가 설정한 과제에, 우파 성향 정부라면 방위고등연구계획국식의 연구와 기업가 정신에 초점을 맞출 것이다. 그러나 한편의 알렉산드리아 오카시오코르테즈(Alexandria Ocasio-Cortez)나 존 맥도널(John McDonnell)과 반대편의 피터 틸이나 도미닉 커밍스(Dominic Cummings) 사이에는 차이점보다 유사점이 더 많다. 10년 전만 해도 그렇지 않았을 텐데 말이다. 여기서 난관은 고만고만한 정책을 뒤섞어 내놓는 게 아니다. 이런 정책을 대규모로 잘 수행하려면 정부는 중요한 정치적 문제를 제시하고 기득권에도 도전해야 한다.

구체적으로 두 가지 문제가 있다. 첫 번째 문제는 시스템의 역량 확대와 로비 및 지대 추구 활동 방지 사이의 갈등이다. 두 번째 문제는 필시 인기 없을 엘리트들에게 자원과 지위를 양도하는 정책에 정치적 허락을 얻는 것이다.

첫 번째 문제와 관련해, 공공 보조금 체계와 지식 재산권 문제가 상호 충돌한다는 점은 분명하다. 우리는 한편으로 이들 체계가 외부의 영향력에 더 꿋꿋이 견디기를 바란다. 다른 한편으로는 기술적 필요성 및 변화에 더 적절히 대응하고, 불완전할 수밖에 없는 규칙의 횡포에 덜 흔들리기를 바란다. 이런 갈등이 문제를 일으키는 이유는 기관들이 우리가 우려하는 종류의 로비를 거부하는 방안으로, 융통성 없는 규칙에 스스로를 결박하는 일을 수반하기 때문이다. 1988년 경제학자 폴 밀그롬과 존 로버츠는 기관들이 마치 오디세우스가 돛대에 자신을 묶듯 재량권을 구속하는 규칙을 마련함으로써, 어떻게 영향력 활동을 거부할 수 있었는지를 서술한 중요한 논문을 발표했다.[34] 대표적 사례가 중앙은행의 독립이다. 수십 년간 정부들은 단기적인 정치적 압박에 대응해 금리를 변동한 터였다. 이런 변동성이 중기적으로는 경제 성장을 저해했는데도 말이다. 금리 설정을 거기에 적용하는 원칙이 단순한 독립적 중앙은행에 맡김으로써 유혹을 제거하고 로비 활동에서 보호할 수 있었다. 사실 이 전술은 무형 자산 투자를 다루는 여러 정부 기관에서 나타난다. 영국 정부는 정치인들이 아니라 연구 주제와 관련한 전문가들이 연구 자금 지원을 선택하는 홀데인 원칙(Haldane Principle)을 고수하겠다고 선포했다. 영국의 지식재산청(Intellectual Property Office)은 전형적 정부 부처보다 더 많은 기술관료적 권한을 위임받은 독립 기관이다.

그러나 이 접근법에는 큰 결함이 있다. 규칙 기반의 위임 기관들은 고품질 무형 자산 투자를 하기보다 게임을 부추기는 굿하트 법칙의 덫에 걸리기 쉽다. 일단 정부가 권한을 양도해 개입하기 힘들어지고 나면, 기술이 바뀌어 규칙이 달라져야 할 때도 이 권한을 변경하기 어렵다. 그리고 정치적 독립성도 불안정한 전략일 수 있다. 만일 규칙이 빈틈없다면 로비를 정말 어렵게 만들 수 있다. 그러나 규칙이나 시스템에 재량권이 있다면, 비정치적 조직은 외부의 압력에 정부보다 더 취약할 수 있다. 비정치적 조직은 당연히 정치적 자본이 더 적기 때문이다.

정부는 고유의 정치적 자본을 특정 쟁점과 입장에 쏟아부음으로써 로비 및 영향력 활동에 저항할 수 있다. 정부가 어떤 것을 우선 과제로 삼고 거기에 자원—자금, 분석 능력, 의사 결정권자들의 정보 처리 범위와 시간, 나쁜 평을 감수하겠다는 의지, 정치적 지지세 구축력—을 투입하면 보통 상당한 로비 및 영향력 활동을 뿌리칠 수 있다. 인과적 경험론으로도 알 수 있듯 정부는 정치적 우선 과제가 있을 때는 부유하고 열성적인 로비 집단을 꽤 효과적으로 털어낼 수 있다. 아마 브렉시트가 딱 맞는 사례일 터이다.

이 모든 것은 정부가 시너지 효과를 가능한 한 많이 보존하는 동시에 스필오버 문제를 해결할 수 있는 정책을 통해, 태버록 곡선을 더 좋은 방향으로 변환할 수 있음을 의미한다. 그러자면 연구개발·교육·소프트웨어·데이터를 비롯해 무형 자산에 자금을 지원하는 정부 역량에 투자할 필요가 있다. 정부 역량이란 한편으로 자원 조달의 문제다. 즉 숙련한 직원들을 채용하고, 분석 능력을 구축하고, 이런 능력을 활용해 무형 자산에 투자하며 지식 재산 체계를 제대로 운영·관리하는 것이다. 그러나 이는 정치적 자본을 투입하는 문제이기도 하다. 이들이 기능하려면 로비와 이익집단의 장악에서 보호하고 공공 자금에 대한 요구를 받쳐줄 정치적 지지가 필요하다.

여기서 우리는 두 번째 정치적 문제에 다다른다. 바로 정당성이다. 만일 정부가 무형 자산 투자액을 늘리고, 정부 역량에 실질적으로 투자하고, 정치적 자본의 더 큰 비중을 과도한 영향력에서 시스템을 보호하는 데 쓰고자 한다면 정치적 수지를 맞출 방안을 모색해야 한다. 불행히도 포퓰리즘과 지위의 불평등 시대에는 이런 투자 중 어느 것도 쉽지 않다. 무형 자산 투자를 생산·관리하는 기관들은 보통, 냉정하게 부르면 **대도시 엘리트**들이 운영한다. 이 집단은 과학자·대학교수·특허변호사·기술관료들을 포함하며 흔히 번화한 대도시에서 일한다. 이들은 정당 대부분이 기분을 맞추려 애쓰는 인구학적 또는 지리적 유권자층이 아니다. 사실 최근에는 전 세계의 많은 정당이 보여주기식으로 이 집단의 신경을 건드려 성공을 거뒀다. 게다가 성패가 달린 쟁점은 대개 대중을 상대로 한 진심 어린 호소나 기본적 정치와 관련한 사안이 아니다. 의료·국방·빈곤·불공정이 유권자들의 감성을 흔든다. 특허 정책은 별로 그렇지 못하다.

가능한 해결책이 몇 가지 있다. 소수의 정부가 써먹을 수 있는 하나의 선택지는 무형 자산 투자를 외부의 위협에 대한 대응으로 제시하는 것이다. 정치학자 마크 재커리 테일러(Mark Zachary Taylor)는 강력한 외부 위협의 균형 상태(분노했거나 적대적인 이웃 국가들과 상대적으로 낮은 국내의 긴장)에 직면한 나라들의 혁신 실적(연구개발 같은 무형 자산 투자의 기능)이 가장 높은 경향이 있다고 썼다.[35] 테일러의 '신속한 혁신 국가' 명단에는 일본·이스라엘·대만·한국·싱가포르·핀란드가 들어가는데 이들은 대부분 내부 결속과 명백한 대외적 위협을 결합한다. 테일러는 외부의 위협을 강조하는 게 혁신 투자에 반대하는 세력을 잠재우는 데 도움이 된다고 주장했다. 이스라엘의 혁신청(Innovation Authority), 핀란드의 테케스(TEKES, 혁신을 위한 자금 조달 기관), 대만의 공업기술연구원(Industrial Technology Research Institute), 일본의 통상산업성(Ministry of International Trade and Industry)까지 이들 나라에 연구개발을 촉진할 막강하고 능력 있는 기관이 있는 것은 분명한 사실이다. 그러나 이들의 성공은 단지 국가의 풍부한 투자 때문만은 아니다. 이 나라들은 창업이 성공할 여건도 조성한 듯하며, 무형 자산의 양뿐만 아니라 질도 구현했다. 밥 존스턴(Bob Johnstone)은 저서 《우리는 불태우고 있었다(We Were Burning)》에서 일본의 과학 기술 창업 정신과 그 중요성을 화려한 문체로 역설했다.[36] 이 중 여러 나라가 세계의 다양한 교육 순위표에서도 우수한 성적을 보이며, 이 또한 얼마나 무형 자산 투자를 잘하고 있는지에 대한 기준이다. 안타깝게도 대부분의 나라는 이 접근법을 택할 수 없다. 인근에 분노한 이웃 국가들이 없는 운 좋은 나라든 내부 결속이 없는 운 나쁜 나라든, 뭔가 다른 시도를 해야 한다.

한 가지 가능한 방법은 다른 데서 정치적 자본을 사들여 무형 자산 투자를 위한 정부 역량을 높이는 데 써먹는 것이다. 2019년 말 영국 정부의 최고 전략 고문이자 브렉시트의 설계자 중 한 명인 도미닉 커밍스는 "브렉시트 완수, 그다음은 고등연구계획국"을 자신의 왓츠앱(전 세계에 10억 명 이상의 사용자가 있는 메신저 앱—옮긴이) 프로필에 썼다. 장단점이 뭐든 브렉시트는—여당인 보수당이 "브렉시트 완수"라는 세밀하지 못한 정강(政綱)으로 싸운 2019년 영국 총선과 더불어—정부에 엄청난 권력(2005년 이후 최대인 과반수 의석 확보 포함)을 선사했고, 커밍스에게 미국 방위고등연구계획국을 모델로 한 이상적 자금 지원 기관을 설립할 권한을 줬다. 커밍스의 블로그를 보면 그에게 브렉시트의 핵심은 시스템을 무너뜨려, 특히 연구 자금 지원 같은 영역에서 정부 역량을 구축할 여력을 창출하는 것임을 알 수 있다.

또 다른 선택지는 정치인들이 무형 자산 투자가 정치적 공명을 불러일으킬 서사를 만들어내는 것이다. 정부가 공공 무형 자산에 투자한, 작지만 의미 있는 한 가지 사례가 2010년대 초 영국의 오픈 데이터 운동이다. 영국 정부는 전에 비공개이던 다양한 데이터 세트를 마음껏 이용하도록 하려고 강하게 밀어붙였다. 오픈 데이터 분야에서는 공공 자금을 지원받아 정부 역량을 키우는(가령 데이터 공개에 대한 지침과 기술적 지원을 제공하는), 독립 기관 오픈데이터연구소(Open Data Institute)의 설립에 돈을 댐으로써 정부를 뒷받침했다. 이곳의 창립자는 월드와이드웹을 발명한 팀 버너스리(Tim Berners-Lee)와 컴퓨터과학자 나이절 섀드볼트(Nigel Shadbolt)였다. 이 운동은 정치적 지지, 특히 영국 정부의 선임 장관인 프랜시스 모드(Francis Maude)의 지원을 받지 못했다면 진전이 훨씬 더뎠을 것이다. 이 지원은 한편으로 유용하고 단순한 정치적 서사와 연관 있었다. 바로 오픈 데이터가 '안락의자 감사(監事) 부대'로 하여금 정부의 지출과 그 효과를 감시할 수 있게 해줄 거라는 생각이었고, 이는 특히 공공 지출 삭감의 시대에 작은 정부를 지향하던 보수당에는 상당한 정치적 정당성을 안겨주는 생각이었다. 안락의자 감사관 이야기는 지나친 단순화와 명백한 불완전 판매의 중간쯤 되었지만, 실용적 관점에서는 많은 보수파 정치인들한테 이상한 헛수고로나 들렸을 일에 정치적 승인을 받는 데 유용한 역할을 했다. 좋은 정책을 정당화할, 감성적·이념적으로 올바른 방안을 찾는 것은 정치인과 정책 혁신가들이 정부에서 하는 일의 중요한 부분이다.

요약

공공 부문 혁신 지원은 수많은 트레이드오프에 직면한다. 아이디어의 스필오버는 집합 행위 문제를 일으키고 이는 중앙 집중화한 조정의 필요성을 시사한다. 그러나 만일 아이디어들을 결합할 필요성이 있다면, 중앙 집중화는 시장의 조정 시스템에서 생기는 탈중앙화한 결합 과정을 막을 우려가 있다. 더욱이 중앙 집중화한 조치는 소모적 영향력 활동을 유발하거나, 민간 투자자들의 매몰 비용을 덜어주지 못할 수도 있다. 경제적·정치적 개혁은 이 과정에, 구체적으로 말하면 지식재산 보호를 좀더 완화하고 경쟁을 활성화하고 정치적 자본을 늘리는 데 도움이 될 것이다.

5

금융 구조

무형 자산이 풍부한 경제의 금융 및 통화 정책

무형 경제는 대출을 더 어렵게 만들고 그 위험 부담을 높인다. 또한 자연 이자율을 낮춰 통화 정책을 압박하기도 한다. 우리는 연기금과 보험금으로 혁신적 회사에 자금을 대고, 재정 정책을 통해 통화 정책의 여력이 줄어든 경제의 안정화를 약속할 수 있는 개혁이 필요하다.

찰스 디킨스(Charles Dickens), 케인스, '월가를 점령하라' 운동의 공통점은 뭘까? 그들은 전부 은행가·금융가들이 소위 실물 경제의 수요를 제대로 충족하지 못한다고 생각한다. 이 견해는 너무나 보편적이라 상투적이라고 할 사람도 있을 터이다. 그러나 기업의 투자와 재정에 관한 최신 데이터를 살펴보면 뭔가 새로운 일이 벌어지고 있음을 알게 된다. 최근 몇 년 새 기업의 투자는 기존의 기업 재정 형태를 부적합하게 만드는 방식으로 점점 변모했다.

이 변화가 많은 문제를 야기하고 있다. 그 1차 영향은 기업 투자 둔화의 주범인 듯하다. 2차 영향이 우리가 보기에 훨씬 골칫거리다. 최근 기업의 투자 자금 조달이 어려워지며 기회의 평등을 제한하고, 혁신을 위축시키고, 잠재적으로 불건전한 형태의 금융 혁신을 부추기고, 은행 시스템의 위험 요인을 증대하고 있는 듯하다. 최종 결과는 금융 위기에 보다 취약한 저성장 경제다.

우리는 선진국들의 경제가 정교하고 똑똑하다 생각하지만, 개개인을 보면 종종 정반대가 맞다. 자연 상태의 수렵·채집인은 영민하고 항시 경계할 필요가 있지만, 현대 생활은 사람들이 중요한 과제를 별 생각 없이, 부주의하게, 심지어 멍청하게—그래도 만사는 여전히 돌아갈 테니까—수행해도 되게 만드는 규칙과 시스템으로 꽉 차 있다. 앨프리드 노스 화이트헤드(Alfred North Whitehead)가 말했듯이 "문명은 우리가 생각 없이 할 수 있는 중요한 활동의 숫자를 늘리면서 발전한다."[1] 시스템이 똑똑하니까 당신은 그럴 필요가 없다.

이 말은 우리의 금융 시스템에 딱 들어맞는다. 높으신 금융계는 이를 비판하는 이들에게 지나치게 똑똑해 보인다. 금융에 관한 인기 도서들의 제목을 떠올려보라. 헤지 펀드 재난은 "천재들이 실패했을 때(When genius failed)"[2] 터졌다. 한 에너지 기업을 부정한 파생 상품 사업체로 둔갑시킨 사람들은 "세상에서 제일 잘난 녀석들(the smartest guys in the room)"[3]이었다. 그러나 사실 금융 시스템의 가장 강한 특성은 천재가 필요 없게 만드는 장치다. 부채 금융은 복잡한 사업적 판단을 간단한 것("이 채무자가 나한테 갚을 수 있을까?")으로 바꿔준다. 기업 회계는 외부인들이 기업의 재정 건전성을 면밀히 조사할 수 있는, 단순화·표준화하고 정직한 방식을 제공한다. 인덱스 펀드와 순자산 가치 투자 같은 단순한 투자 전략은 일반인들이 고소득 펀드매니저 뺨치는 투자 수익을 올리게 해준다. 주주들의 수익을 극대화하도록 기업을 운영하는, 유행하는 주주 가치 경영은 좋든 나쁘든 간에 복잡한 기업 지배구조 업무를 간소화해준다. 물가 안정 목표제는 중앙은행의 성공을 판단하는 명확하고 단순한 규칙을 제공한다. 애석한 점은 이런 유용하고 단순한 특성이 무형 집약적 기업들의 재정에 관한 한 제대로 작동하지 않는다는 사실이다.

이 장에서 우리는 금융·통화 정책의 다양한 특성을 살펴보고, 무형자산이 풍부한 경제에서 이것이 어떻게 실패하는지와 여기에 따르는 문제점, 변화를 가로막는 장벽, 그리고 몇 가지 가능한 해결책을 검토하고자 한다.

부채 금융: 담보의 독재

기업 대다수에게 외부 자금 조달은 부채 금융—보통 은행 대출—을 의미한다.[4] 부채 금융이 확산한 이유는 많다. 대부분 나라의 납세제는 주식보다 부채를 선호해, 부채 이자 지급은 소득 공제가 가능한 지출로 다루지만 주식 발행은 그렇지 않다. 최근 몇십 년 동안 기업 경영자들이 자본 구조를 최적화할 인센티브는 더 강해졌다. 주주 가치 경영의 유행, 주주행동주의자(자신의 투자 이익 극대화를 위해 기업의 지배 구조나 경영에 적극적으로 개입하는 투자자—옮긴이)의 부상, 차입 매수 펀드의 증가로 경영자들은 부채 금융의 경제적 이점을 무시할 수 없게 되었다. 주식 금융보다 부채 금융에 적용하는 제도와 규범이 더 많다. 은행들은 융자를 제공하고 대출 담당 직원을 고용하고 신용도를 평가할 다양한 도구를 사용한다. 기업들은 대출을 신청하면 된다. 주식 금융은 상황이 매우 다르다. 최대기업들은 주식 시장에 접근할 수 있다. 가장 야심 있는 소기업 극소수도 벤처 캐피털에 접근할 수 있다. 그러나 나머지 기업은 외부 지분을 구하는 데 익숙지 않을뿐더러 이를 제공할 제도도 존재하지 않는다.

아마도 부채 금융의 최대 이점은 단순성일 터이다. 저술가이자 투자분석가인 댄 데이비스[5]가 지적했듯이, 주식 투자자는 어떤 기업에 자금을 대겠다고 결정할 때 온갖 요소를 고려해야 한다. "결과가 정말 좋다면 가치가 얼마나 클까?" "여기서 새 프로젝트가 얼마나 더 생길까?" "장단점 공유가 이 회사의 경영 방식에 어떤 효과를 미칠까?" "내가 주식을 너무 싸게 팔고 있나?" 등이다. 부채 투자의 경우는 "이 사람이 이익을 내줄 것 같나?"만 생각하면 되고, 대출자는 "내가 이 돈을 갚을 수 있나?"만 생각하면 된다. 부채 금융은 대출 기관과 대출자 양쪽의 인지 부하를 감소시켜주기 때문에 유용하다.[6]

무형 자산, 부채, 담보물

부채 금융은 무형 집약적 기업에 근본적 문제를 일으킨다. 여기에는 채무자가 재정적 의무를 다하지 못할 때 채권자가 이 사람의 자산을 요구하는 것이 들어간다. 그러나 무형 자산은 매몰 비용이 될 확률이 더 높다. 즉 채무자의 사업이 실패하면 거의 혹은 아예 가치가 없다. 무형 자산의 비중이 더 큰 회사는 다른 모든 조건이 같다고 할 때 대출 기관에게 덜 매력적인 후보일 가능성이 크다.

스티븐 체케티와 킴 쇼언홀츠(Kim Schoenholtz)는 이 점을 확실히 짚는다. "무형 자산 투자의 자금 조달은 '담보의 독재'를 극복해야 한다."[7] 또한 그들은 미국에서 무형 집약적인 소프트웨어 부문 회사들은 장부 가격에서 부채가 약 10퍼센트인 데 반해, 유형 집약적인 레스토랑 부문 회사들은 거의 95퍼센트라고 지적한다.

물론 무형 집약적 회사들, 심지어 무형 자산 자체가 부채로는 절대 자금을 조달할 수 없다고 한다면 잘못된 말일 터이다. 대규모 영리 대출 기관들이 항상 또는 반드시 담보물을 잡고 대출해주는 것은 아니다. 소득 대비 대출 계약을 하기도 한다.[8] 경제학자 천롄(陳練, Chen Lian)과 마위어란(馬悅然, Yueran Ma)[9]은 미국 비상장 회사들의 경우 부채의 80퍼센트가 주로 현금 유동성 관련 계약을 기반으로 한다고 썼다. 가장 흔한 계약 유형은 소득 대비 부채 수준 한도와 소득 대비 이자 지급 한도(이자 보상 비율)였다.

그러나 담보물이 아닌 현금 유동성으로 대출받는 특권은 규모가 더 크고 자리 잡은 회사들만 이용할 수 있는 경향이 있다. 천롄과 마위어란의 표본에서 작은 기업들은 아직도 주로 담보물을 기반으로 대출받는다. 대출의 61퍼센트가 자산 기반이었다. 게다가 이 연구는 상장 기업들을 탐구했는데 이곳들은 애초에 규모가 큰 편이다. 중소기업의 경우에는 이야기가 다르다. 2015년 잉글랜드은행은 영국 주요 은행들이 매출액 5억 파운드 미만(부동산 제외)의 영국 중소기업들한테 내준 대출을 조사했다. 그 결과 90퍼센트 이상의 대출이 담보를 어느 정도 잡은 것으로 드러났다. 이 중 60퍼센트 이상은 공장·설비·차량을 포함해 재산 또는 채무 증서, 혹은 둘 다를 담보로 했다.

이런 대출 관행은 무형 자산에 의존하고 유형 자산은 거의 없는 기업에 문제를 초래한다. 조반니 델라리치아(Giovanni Dell'Ariccia), 달리다 카디르자노바(Dalida Kadyrzhanova), 캐멀리아 미노이우(Camelia Minoiu), 레브 라트노브스키(Lev Ratnovski)는 그들의 미국 기업 표본에서 40퍼센트 미만이었던 무형 자본 대 유형 자본 비율이 100퍼센트를 막 넘어간 1977~2010년, 종합 데이터를 이용해 미국 시중 은행의 대출 구성을 조사했다.[10] 그들은 이 시기의 총 은행 융자금 중 상공업 대출 부분은 상당히 떨어진 반면(1977년에 상공업 대출은 미국 시중 은행 대차 대조표에서 22퍼센트였으나 2010년에는 15퍼센트로 하락했다) 부동산 대출은 뛰었음을 발견했다(대차 대조표상 약 35퍼센트에서 75퍼센트로 증가했다). 이는 무형 자산이 증가한 분야에서 기업 대출이 가장 하락했음을 강하게 보여준다. 무형 경제로의 전환이 시중 은행의 대차 대조표가 부동산 대출 쪽으로 기우는 변화를 불러왔다는 암시다.

최근 다른 연구도 이 결론을 뒷받침하는 듯하다. 한 연구는 무형 자본이 더 많은 일본 기업일수록 부채보다 주식을 통한 자금 조달을 택할 공산이 더 크다고 밝혔다.[11] 미국의 한 연구는 무형 자산이 유형 자산보다 부채 금융을 25퍼센트 더 적게 지원했으며, 지원한 부채도 담보 대출보다는 무담보 대출이나 전환 사채인 경향이 있음을 관찰했다.[12] 이 데이터들은 무형 집약적 회사들의 재정적 수요와, 여기 부응하는 자본 시장 및 금융 기관의 능력 사이에 괴리가 커진다는 생각을 뒷받침한다. 자금 조달 시스템의 안정성 증대를 목표로 하는 규제가 뜻하지 않게 무형 자산 투자를 악화시키는 결과를 가져왔을 수도 있다. 유로존 은행들의 단일 감독 메커니즘 창설에 관한 연구에 따르면, 이렇게 감독하는 은행에서 대출받은 회사들은 무형 자산 투자를 줄이고 유형 자산 투자와 현금성 자산을 늘렸다.[13]

주식 금융을 뒷받침하는 제도가 이런 격차를 메우는 데 늘 유용한 것은 아니다. 특히 규모가 작은 비상장 기업의 경우가 그렇다. 여기서 영국의 경험이 유익하다. 잉글랜드은행이 지적하듯[14] 영국의 연금 펀드와 보험사들은 자산의 3퍼센트가량만 비상장 주식에 할당하는데, 벤처 캐피털 자금 조달이 대부분 여기에 속한다. 미국의 증거가 보여주듯 이렇게 되면 국내 벤처 캐피털 조성을 가로막을 수 있다. 게다가 위험도가 높기는 하지만 벤처 캐피털의 투자 수익은 상당히 크다(1970~2016년 모건스탠리캐피털인터내셔널(MSCI) 세계 주가 지수의 평균 수익이 11퍼센트일 때 벤처 캐피털의 평균 투자 수익은 수수료를 제하고 18퍼센트였다).[15]

펀드와 보험사들이 투자를 그토록 꺼리는 데는 많은 이유가 있다. 첫째, 충분히 이해할 만한데, 이 기관들은 위험에 노출되고 싶어 하지 않는다. 둘째, 첫 번째 이유와 관련해 이런 투자를 모니터링하려면 전문 인력과 노력이 필요하며, 영국의 연금 펀드는 다른 부자 나라들에 비해 규모가 작고 매우 세분화했다.[16] 셋째, 연금 펀드 수수료의 지출 한도를 정하는 규정이 있어 무형 자산 비중이 높은 기업에 투자할 때 필요한 전문가 추가 고용을 더 제한한다. 이와 관련해 잉글랜드은행의 알렉스 브레이지어(Alex Brazier)가 지적했듯, 영국 투자 펀드의 자산

1조 4000억 파운드 중 8퍼센트는 '개방형' 펀드[17]—다시 말해 소유자들이 원할 경우 자기 자산을 팔아 매일 상환할 수 있는 펀드—에 묶여 있다. 이 시스템은 유동성이 낮은 비상장 자본을 제공하는 데는 적합하지 않다(그리고 많은 소유자들이 상환하려고 몰릴 경우 펀드의 가치가 무너지기 때문에 어쨌든 환상이다). 솔벤시 II(Solvency II)와 같은 규제가 보험사를 비롯한 기관에 비슷한 제약을 가한다.

둔화?

부채 금융의 이런 문제가 우리가 2장에서 살펴본 무형 자산 투자의 둔화를 설명하는 데 도움이 될까? 담보의 독재 체제가 금융 위기 이전에 존재했다면 이후 악화했을 게 틀림없다. 그리고 사실 이 생각은 꽤 개연성이 있다. 금융 위기 이후 대출에 차질이 생겼고 은행들은 규제 때문이건 의도적이건 더 신중해졌다. 이런 변화가 기존 시스템의 제한적 역량과 결합해 무형 자산에 대한 대출의 현격한 감소로 이어졌을지도 모른다. 그러니까 무형 자산에 대한 신용 거래 비용이 2007년 이후 악화했든지, 아니면 투자금 유치와 관련한 마찰이 증가했든지 둘 중 하나다.

어떤 변화가 정말 일어났다는 증거가 국제통화기금(IMF)의 두 연구에서 나온다. 안재빈, 로맹 뒤발(Romain Duval), 캔 시버(Can Sever)는 금융 위기 전후 기업들의 무형 자산 투자를 비교했다.[18] 그들은 금융 위기가 임박했을 때 고액을 대출한 기업들이, 위기 이전 더 적은 금액을 빌린 기업들보다 위기 이후 무형 자산 투자를 훨씬 더 줄였음을 알았다. 흥미롭게도 그들의 결과는 무형 자산 대 유형 자산 투자의 비율에 들어맞는다. 즉 자기 자본에 비해 차입금 비율이 더 높은 기업의 경우 **모든** 투자가 감소한 것은 아니었다. 그 영향은 무형 자산 투자에 미쳤다. 그 결과 무형 자산 투자를 받기는 금융 위기 이후 더 힘들어진 것처럼 보인다.

주식 금융: 회계, 순자산 가치 투자, 다각화

극소수의 기업이 주식을 상장하지만, 이들은 보통 대기업이고 그 행위는 경제 전반에 대단히 중요하다. 주식 투자에 관한 규칙과 규범이 기업의 복잡한 예상 가치를 산출해 주식을 살지 결정하는 어려운 과정을 간소화한다. 재무 회계 규율, 이를 뒷받침하는 표준과 원칙, 함께 시스템을 관리하는 규제 기관과 직종들은 투자자들이 편하게 자기 컴퓨터나 전화기로 다양한 기업에 관해 많은 정보를 알 수 있음을 뜻한다.

이런 맥락에서 못지않게 흥미로운 것이 주식 투자자들이 자기 삶을 보다 단순화하는 데 활용하는 유서 깊은 전략 중 하나, 바로 워런 버핏(Warren Buffett)의 멘토 벤저민 그레이엄(Benjamin Graham)이 개척한 순자산 가치 투자 전략이다. 가장 단순한 순자산 가치 투자는 '가치'주—회계상 나타나는 것보다 가치를 낮게 평가한 주식—를 사들이고 그 반대인 소위 '인기'주를 파는 것이다. 조지프 라코니쇼크(Josef Lakonishok), 안드레이 슐라이퍼(Andrei Shleifer), 로버트 비시니(Robert

Vishny)의 중요한 연구는 1968~1989년이었다면 기계적으로 가치주를 사고 인기주를 파는 전략으로 연 6.3퍼센트의 건전한 수익을 냈을 것이라고 밝혔다.[19] 이 통찰은 금융경제학에서 가장 많이 인용하는 논문의 주된 부분을 차지했고, 유진 파마(Eugene Fama)가 노벨상을 타는 데 일조했으며, 무수한 투자 기금의 전략에 영향을 미쳤다. 또한 라코니쇼크와 동료들의 논문은 순자산 가치 투자가 왜 효과가 있는지도 설명했다. 보통 투자자는 사업상 근본적 문제점과 일시적 문제점을 구분하지 못했다. 특히 단기적 불운이 장기적 약점이라고 잘못 추정했다. 투자자들은 오랫동안 가치주를 사들임으로써 **평균 회귀**의 힘을 얻을 수 있었다.

평균 회귀는 삶의 여러 영역에 작용하는 막강한 힘으로, 〈타임스(Times)〉 칼럼니스트 대니얼 핀켈스타인의 영국 프리미어리그 축구 설명에 잘 나타난다.[20] 철칙은 어떤 시즌에 잘한 팀이 그다음 시즌에는 거의 항상 못한다는 것이다. 팀의 한 시즌 총 골 수보다 더 득점한 추가 골당 0.22골을 다음 시즌에 잃곤 한다. 레스터시티는 2015~2016년도 리그 우승을 차지했을 때 2014~2015년도보다 40골 더 득점했는데, 이는 다른 어떤 프리미어리그 클럽도 기록한 적 없는 실적이었다. 하지만 그다음 시즌에는 37득점이 떨어졌다. 비즈니스의 세계에서 평균 회귀는 시간이 흐르면서 모든 기업이 평균 실적을 향해 가는 경향을 뜻한다. 지금 대부분의 별〔star: 보스턴컨설팅그룹(Boston Consulting Group)이 성장률과 시장 점유율로 개발한 도표에서 수요는 크지만 성장 가능성이 무한한 기업—옮긴이〕들은 대부분의 개(dog: 같은 도표에서 충분히 개발되어 더 이상 투자할 가치가 없는 기업—옮긴이)들과 마찬가지로 장차 평타는 치는 기업이 될 것이라는 얘기다.

그러나 무형 자본의 시대에 기업 회계와 순자산 가치 투자 전략 둘 다 쓸모가 훨씬 줄어든 것으로 판명 났다. 이 점에서 경제학자 바루크 레브의 연구는 아주 중요했다. 레브는 구펑(顧峰, Feng Gu)과의 공저 《회계는 필요 없다》에서 상장 기업의 시장 가치에 관해 재무 회계로 알 수 있는 정보가 적어졌다고 밝힌다. 그 가치를 점점 더 무형 자산 투자로 결정했기 때문이다.[21] 보통 무형 자산 대부분은 회계 규정 때문에 재무 회계에 포함하지 않았고, 포함한다 해도 그 가치는 시너지가 중요한 탓에 비용에 가깝지 않을 때가 많았다.

2019년 레브는 아눕 스리바스타바(Anup Srivastava)와 함께 순자산 가치 투자 전략이 역사적으로 2007년 이후 괜찮은 수익을 올린 적이 없었고 사실 1990년대에도 실적이 저조했다고 썼다. 그들은 두 가지 이유를 댔다. 첫째, 인기주와 가치주 식별에 사용하는 회계 지표가 제대로 작동하지 않았다. 대차 대조표에 반영하지 않은 무형 자산을 보유한 기업이 훨씬 늘어났기 때문이다. 둘째, 순풍에 돛 단 듯한 가치 전략이던 평균 회귀가 둔화했다. 다수의 비인기 기업은 좋은 실적을 낼 것이고 다수의 인기 기업은 실적이 부진할 것이라던 법칙은 특히 금융 위기 직전부터 힘을 못 썼다. 한 가지 설명은 무형 자산의 중요성 증대다. 레브와 스리바스타바의 말을 빌리면 "저평가 집단(가치주)을 벗어나려면 흔히 막대한 무형 자산 투자 및 인수, 급진적 비즈니스 모델 개편이 필요한데, 가치주 기업 대부분은 이를 감당하기 어렵다. …… 반면 인기주 기업들은 장수와 고수익성을 가능케 하는 무형 자산 기반의 비즈니스 모델을 운영한다. 이런 기업 주식을 매도하는 것은 손해 보는 장사다." 무형 자산의 중요성이 높아진 덕분에 마태 효과("있는 자는 더 받아 풍족하게 되리라")가 평균 회귀를 대체했다.[22]

마태 효과는 은행 대출에도 영향을 미칠 것으로 예상할 수 있다. 은행 대출이란 결국 찾는 사람은 많고 수고는 덜 들이는 과정이다. 은행은 대출을 신청하는 소기업마다 상세히 자산 실사를 할 여력이 없고, 기계적 가치 투자자들이 하는 것보다 단순한 추정과 판단에 맡겨버릴 확률이 더 높다. 이런 관행은 평균 회귀가 지배하는 세계에서는 별로 중요치 않다. 최악의 기업군이라도 나아질 가능성이 제법 있다면, 기업 대출 포트폴리오(투자 위험을 줄이기 위해 운용 자금을 적절히 분산하여 투자하는 것—옮긴이)가 폭넓은 한 당신은 이따금 틀려도 된다. 그러나 잘되는 기업들은 계속 잘되고 안되는 기업들은 계속 안되는 세계라면, 형편없는 자산 실사도 기업 대출보다 비용이 더 들기 때문에 은행들이 이를 줄일 이유가 또 하나 생긴다.

스필오버와 시너지 시대의 주주 가치 경영

금융자본주의에서 복잡성의 또 다른 요인은 기업 지배 구조다. 기업 경영에는 일련의 복잡한 트레이드오프와 가치 판단이 전부 들어간다. 그리고 이 회사가 상장사라면 소유자들—주주들—은 실제 결정을 내리는 경영자들과는 다른 집단이다. 이런 상황은 많은 이들이 연구한, 다수의 문제를 낳는다. 경영자들은 장기 수익 대 단기 수익, 기업의 목표 대 사회의 요구, 수익 대 환경, 주주 대 이해관계자 등 서로 다른 목표 사이에서 어떻게 균형을 잡아야 할까? 주주들은 어떻게 경영자들의 인센티브를 자신들의 인센티브에 맞게 조율해야 할까?

이 혼란 속에서 새로운 개념이 탄생했다. 경영자는 주주의 이익이 극대화하도록 기업을 운영해야 하고, 이사회는 경영자들로부터 독립적이어야 하며(즉 더 이상 회장과 CEO 겸임은 없어야 하며), 경영자는 급료에서 더 많은 부분을 옵션(자산을 정해진 계약 조건에 따라 사고팔 수 있는 권리—옮긴이)이나 회사 지분처럼 고용주의 주가에 따라 오르내리는 형태로 받아야 한다는 **가치 중심 경영**이다. 이런 경영에서는 노동자의 권리, 환경, 지역 사회를 보호하는 임무는 다른 데—가령 노조나 정부—있다고 여긴다. "기업이 하는 일은 돈 버는 것(the business of business is business)"이지 이해관계자들의 요구에 맞추는 게 아니라는 밀턴 프리드먼(Milton Friedman)의 1970년 글에서 이름을 딴 프리드먼 독트린은, 1980년대부터 인기를 끌기 시작해 지금은 특히 미국과 영국에서 기업 지배 구조에 대한 주류적 입장을 대표한다. 가치 중심 경영의 전형은 행동주의 헤지 펀드로, 이들은 주가 실적이 인상적이지 않은 회사의 주식을 사들여 상황을 개선하도록 경영진을 압박한다.

가치 중심 경영은 인지 부하를 절감하는 금융 혁신의 또 다른 사례로, 어수선한 판단 기반 시스템을 보다 단순한 규칙과 명확한 책임 분담으로 대체한다. 이는 강력한 힘을 이용하는 혁신이다. 경영자들이 주식이나 옵션을 보유한다면 사리사욕이 회사 실적을 개선할 동기를 부여할 테고 주주들은 여기 기대면 되는 것이다. 본인과 대리인의 이익은 더 긴밀하게 맞아떨어진다.

물론 가치 중심 경영을 비판하는 사람도 많다. 그들의 비판에서 쟁점은 두 가지다. 첫째는 스필오버다. 한 기업이 내리는 결정은 경제 전반에 반향을 일으키는데, 소도시에 하나뿐인 공장을 폐쇄한다거나 강을 오염시킨다거나 도덕적 문제가 있는 제품을 시판하는 것은 재고해야 하지 않겠는가? 둘째는 단기성과주의다. 만일 주식 시장이 비이성적이고 주주들의 지식이 충분치 않다면, 주주 가치 극대화를 추구하다가 어리석은 지름길로 빠지고, 복잡하지만 중요한 프로젝트를 포기하지 않겠는가? 상세한 연구는 이런 우려가 과장된 것임을 시사하지만〔알렉스 에드먼즈(Alex Edmans)의 책 《파이를 키워라(Grow the Pie)》는 그 증거를 잘 요약한다〕 논쟁은 격화해 식을 줄 모른다. 이 두 쟁점은 무형 자산이 점령한 경제에서 더 중요해진다.

스필오버를 고려해보자. 앞서 살펴봤듯 무형 자산은 여기에 투자하는 회사에 국한하지 않는 긍정적 효과를 발생시킬 때가 많다. 따라서 기업들은 무형 자산 투자를 경제 전반에 도움을 주는 수준보다 적게 할 것으로 예상한다. 특히 두드러진 사례가 연구개발이다. 알론 브라브(Alon Brav), 장웨이(姜緯, Wei Jiang), 마송(馬松, Song Ma)은 헤지 펀드의 표적이 된 회사들의 비즈니스 연구개발에 무슨 일이 벌어졌는지 살펴봤다.[23] 이는 회사들이 주주 가치 극대화에 더 집중하게 되는 상황이다. 그들은 흥미로운 결과를 발견했다. 이 회사들의 연구개발비는 줄었으나 연구개발비 단위당 생산한 특허는 늘었으며, 이는 더 자주 인용되어 질이 향상했음을 시사했다. 이는 기업의 시각에서 보면 희소식이다. 투자액은 줄었으나 그 수익은 나아졌다는 뜻이니 말이다. 중단하는 연구개발 프로젝트는 대체로 회사에 이익이 되지 않는 것들이다. 그러나 다른 누군가가 이 스필오버를 이용했다면 간접 비용이 있

을 수도 있다.[24]

비슷한 상황이 전통적 기업 연구 프로그램에도 벌어지고 있는 듯하다. 옛날에는 기업 부설 연구소들이 반도체와 사용자 인터페이스 그래픽부터 나일론과 케블라(Kevlar: 타이어 등 고무 제품의 강도를 높이는 데 쓰이는 물질—옮긴이)까지 중요한 발명품을 만들었다. 이 중 다수가 다른 기업에서 대부분 수행한 연구를 실행에 옮긴 게 아니라 이른바 전방 연구(upstream research: 제품 소재나 원재료 가공 관련 연구—옮긴이)를 바탕으로 했다. 그러나 지난 40년간 기업 부설 연구소가 수행하는 전방 연구의 양은 급감했고, 에이티앤티(AT&T) 사의 벨연구소(Bell Labs)와 듀폰(DuPont) 사의 중앙연구부서 같은 유서 깊은 기관이 문을 닫았다.[25]

경제학자 애시시 아로라(Ashish Arora), 샤론 벨렌존(Sharon Belenzon), 리아 시어(Lia Sheer)는 무슨 일이 벌어지고 있는지 알아내고자 미국 회사들의 1980~2015년 출판물과 특허를 연구했다.[26] 그들은 한 회사의 연구가 다른 회사의 특허에 얼마나 자주 인용되었는지 살핌으로써 지식 스필오버의 규모와 시간에 따른 변화를 추정할 수 있었다. 지난 몇십 년간 기업 연구의 두드러진 감소는 스필오버 **증가**와 병행한 것으로 밝혀졌다. 빠르고 자유로운 디지털 통신, 저렴한 비행기 여행, 개방적 혁신의 시대에 다른 기업의 아이디어를 응용하기는 쉬워졌고 기업들은 창의적 연구 수행을 줄이는 것으로 대응한다. 그들은 전직 벨연구소 연구원의 말을 인용했다. “제로그래피(건식 인쇄법)는 1937년 체스터 칼슨(Chester Carlson)이 발명했지만 1950년에서야 제록스 사가 상용화했다. ……제록스 사는 몇 년간 다양한 상용화 관련 기술을 발명해 특허를 낼 수 있었다. ……(반면) 요하네스 베드노르츠(Johannes Bednorz)

와 카를 뮐러(Karl Müller)가 1987년 IBM의 취리히 실험실에서 고온 초전도체를 발견했다고 발표했을 때 휴스턴 대학교, 앨러배마 대학교, 벨연구소 등 기타 기관의 연구진이 중요한 추가 발견을 하기까지는 고작 몇 주밖에 걸리지 않았다."[27]

이제 가치 중심 경영의 또 다른 문제라 일컫는 것으로 넘어가보자. 바로 단기성과주의다. 주주 가치 극대화를 위해 경영하는 회사들은 주의 지속 시간이 짧은 거래자들한테 설명하기 힘든, 매력적이지만 복잡한 프로젝트는 간과할 것이라는 게 논지다. 대신 그들은 단순한 차선책에 안주한다. 비용을 삭감하고 현재의 제품 라인으로 어떻게든 버티고 주주들에게 배당금을 주는 것이다. 다시 한번 말하지만 비판하는 이들의 주장은 어느 정도 과장이다. 앞서 거론한 브라브, 장, 마의 연구에서는 행동주의 투자자들이 그들이 인수한 회사 가치의 일시적 감소뿐만 아니라 장기적 증가와도 연관이 있음을 알아냈다.[28] 알렉스 에드먼즈는 금융 기관들이 한 회사의 주식에서 꽤 큰 부분, 즉 **블록**(block)을 축적할 때 무슨 일이 벌어지는지 살펴봤다. 주식 대량 소유자들이 있는 회사는 연구개발에 투자할 의향이 더 높은 것으로 밝혀졌다—아마 입지가 큰 투자자는 단기적 비용이 드는 복잡한 투자 계획이 면밀히 조사할 가치가 있다고 생각하는 반면, 분산 투자자들은 그런 계획에 이의를 제기할 가능성이 더 높기 때문인 것 같다고 에드먼즈는 결론 내렸다.[29]

요약하면 우리에게는 은행 채무, 순자산 가치 투자, 단순한 지배 구조 규칙 등 정보 부하와 스필오버 효과가 낮은 세상에 맞는 금융 수단 및 제도가 있다. 이들은 갈수록 무형 자산이 풍부한 경제에 부적합해지고 있다. 개혁을 고찰하기에 앞서 통화 정책을 살펴보고자 한다.

통화 정책 수립

기업 재무 시스템을 좌우하는 또 하나의 제도는 중앙은행들이 통화 정책을 통해 투자에 영향을 미치려는 방식이다. 현대 경제에서 통화 정책은 대부분 독립적 중앙은행과 금융 규제에 기초한 물가 안정 목표제를 통해 작동한다.

중앙은행의 독립적 운영은 우리가 3장에서 살펴본, 약속을 이행하는 기관들의 필요성을 적용한 것이다. 선거 전 경기를 호황으로 이끌고픈 유혹이 어떤 정부한테는 부담일 수 있으므로, 냉철한 중앙은행장들에게 정책을 위임하여 물가 안정 목표를 달성하도록 요구하는 것은 일리가 있다. 또한 물가 안정 목표제는 정보 부하가 낮은 정책이라는 점에서 이 장의 주제와도 잘 맞는다. 즉 명확한 목표 설정은 사람들 대부분이 이해하기 쉽다. 존 케이와 머빈 킹이 주장하듯, 이해하기 쉬운 목표는 경제가 "예측할 수 없는 미지의 것들"에 시달리는 "극단적 불확실성"의 상황에서 특히 중요하다.[30] 선견지명이었는지 그들은 코로나19 위기 이전에 이런 예로 팬데믹을 들었다.

문제는 무형 세계에서 자금 조달이 어려워진 만큼 단순한 물가 안정 목표제도 어려워졌다는 것이다. 원인을 설명하기 전에 이것이 왜 중요한지부터 알아보자. 현저한 두 가지 사실을 고려하자. 첫째, 선진국 대부분의 정책 금리(즉 중앙은행이 설정하는 금리)는 현재 제로에 가깝다. 2009년 이후 미국, 영국, 유럽 대륙의 평균 정책 금리는 각각 (2021년 4월까지의 데이터로) 0.54퍼센트, 0.48퍼센트, 0.36퍼센트였다. 둘째, 경제학자 제이슨 퍼먼과 로런스 서머스는 미국의 코로나19 팬데믹 이전 아홉 번의 불황에서 평균 정책 금리 인하율이 6.3퍼센트포인트였다고 기록했다. 영국은 코로나19 이전 다섯 번의 불황에서 그 인하율이 5.5퍼센트포인트였다. 금리를 제로보다 한참 밑으로 인하하기는 어렵다는 게 입증된 이상, 과거에 비해 국가들이 금리를 인하함으로써 다가올 불황에 대비할 수 있는 여력은 아주 조금뿐이다.

물가 안정 목표제에는 크게 세 요소가 있다. 첫째, 중앙은행은 **자연스러운** 혹은 **중립적인** 수준, 즉 인플레이션이 안정적인 장기적 수준과 맞게 금리를 설정한다. 둘째, 이런 금리 변동은 수요에 영향을 미치고, 환율을 통해 소비·투자·순수출(純輸出)에 변화를 일으킨다. 셋째, 수요는 인플레이션에 영향을 준다. 뒤에서 살펴보겠지만 무형 경제로 전환은 이상의 세 요소 전부에 영향을 미치고, 통화 정책이라는 제도에 압박이 가중되며 재정 당국은 안정화 대책에 대한 더 무거운 책임을 지게 된다.

금리와 수요: 투자

중앙은행은 금리를 인하하거나 인상할 때 소비·투자·순수출을 통해 수요에 영향을 미친다. 여기서 우리는 가장 변덕스러운 요소인 기업 투자에 집중하고자 한다.[31] 금리는 세 경로를 통해 기업 투자에 영향을 준다. 바로 자본 비용, 은행 대출, 광범위한 신용이다.[32]

금리(통화 정책)의 **자본 비용 경로**는 기업이 고려 중인 한계 투자 프로젝트의 호감도에 직접 영향을 미친다. 금리 인상은 향후 현금 유동성의 가치가 떨어질 것이며, 모든 조건이 동등할 때 투자 프로젝트의 가치도 떨어질 것임을 뜻한다. 또한 환율과 자산 가치에도 영향을 준다. 또한 통화 정책은 **은행 대출 경로**를 통해 은행들의 대차 대조표에 영향을 미치며, 결과적으로 그들의 대출 의욕에 영향을 준다. 예를 들어 금리 인상은 은행의 자산 가치를 감소시켜 결국 은행을 자기 자본 비율에 가까워지게 만들 수 있는데, 그렇게 되면 은행은 우선 새로운 자금부터 조달하지 않으면 추가 대출을 할 수 없도록 역량을 제약받는다. 통화 정책은 **광범위한 신용 경로**를 통해서도 회사들의 대차 대조표에 영향을 미치고(가령 금리 인상은 이것의 악화를 초래하곤 한다), 그 결과 이들에 대한 채권자들의 호감도에 영향을 준다.

대출 기관 전체가 대출자들로부터 정보를 얻는 문제, 특히 프로젝트 성공이나 채무 불이행의 가능성에 대한 정보 수집 문제에 직면했다고 하자. 그 결과 그들은 대출에 프리미엄을 요구하고 조건을 부과한다. 가장 오래되고 유명한 조건이 담보물 요구로, 보통 건물(부동산) 같은 유형 자산이다. 그러나 앞서 살펴봤듯 대출 기관은 회사의 (수입에서 비용을 뺀) 소득을 기초로 대출하기도 한다. 이런 대출 약관 중 가장 대중화한 두 가지가 회사 소득의 최대치로 대출 한도를 정하거나, 회사 소득의 특정 비율에 대해 이자 지급 한도를 정하는 것이다(이자 보상 비율). 보통 같은 대출에 두 가지를 함께 적용한다. 이런 약관은 우선 파산을 방지하는 게 목적이지만, 파산이 발생하면 대출 기관에 구조 조정한 회사의 가치에 대해 더 강한 법적 권리를 부여하기도 한다.[33]

그러니까 금리를 인상하면 자본 비용 경로가 작동한다. 즉 한계 투자 프로젝트가 취소된다. 그러고 나면 다른 경로들이 투자 감소를 증폭시킨다. 자산 가격과 회사의 현금 유동성이 떨어지고 이자 지급금이 증가한다. 좀더 일반적으로 경기가 불황에 접어들고 수요가 위축할 때는 광범위한 신용 경로가 이를 증폭한다. 회사는 융자가 가장 필요한 경기 침체기에 담보물과 전망이 절하되어 대출이 더 어려워진다.

무형 자산이 풍부한 경제에서 금리가 수요에 미치는 효과

지금까지는 괜찮다. 이런 상황에서 중앙은행장들은 간단히 금리를 올리거나 내려서 기업 투자를 상당 수준 통제할 수 있다. 그러나 무형 자산이 풍부한 기업의 경우 이런 메커니즘은 예측하기가 더 힘들다. 채권자들은 무형 자본을 담보물로 잡기 더 어렵고 무형 자산에 기반하는 신생 업체는 소득이 거의 혹은 아예 없을 때가 많으므로, 무형 자산이 풍부한 기업들은 부채 시장 및 기존 은행권과 단절될 수 있다. 대신 투자 자금은 보유한 소득과 주식을 통해 더 많이 조달할 수 있을 터이다. 이런 기업들에게 무형 자산이 풍부한 경제에서 광범위한 신용 경로를 통한 통화 정책의 권위는 약해진다. 그 외 기업들의 경우 무형 자산이 풍부한 경제에서 그 효과는 강해질 수도 있다. 만일 대출 기관이 무형 자산 기반의 업체를 심사하기가 더 어렵다면, 무형 자산 투자를 위해 융자받으려는 회사는 더 엄격한 대출 조건에 부딪힐 테고, 그로 인해 차입 원가의 변화에 더 민감해질 것이다. 더욱이 이들은 그 무형의 성격—가령 담보물 부재—으로 인해 부과받은 채무 조건을 이행하기 더 힘들다고 생각할 수 있고, 따라서 그 조건의 한계에 근접해 제약받을 가능성이 더 크다. 그렇게 통화 정책의 이 측면은 더욱더 예측할 수 없게 된다.

수요와 인플레이션

소비·투자·순수출의 변동은 경제학자들이 말하는 경제의 **수요 측면**을 바꾼다. 그러나 인플레이션에 미치는 효과는 공급 측면에 달리기도 한다. **공급 측면**은 보통 필립스 곡선으로 나타내는데 이는 인플레이션이 두 원인에서 비롯함을 보여준다. 첫째, 경기를 능력 이상으로 지나치게 부양하면 인플레이션이 상승하기 시작한다(속칭 **실업률·인플레이션 트레이드오프**). 둘째, 정부가 신용을 잃어 너나없이 인플레이션이 상승할 것이라고 예상하면 국민은 임금 인상을 촉구한다. 그 결과 물가가 상승하고 경제는 인플레이션 위기의 자멸적 소용돌이에 빠진다.

이 설명은 사실에 얼마나 부합할까? 1950년대와 1960년대 경제의 공급 측면은 전후 재건과 더불어 급속히 팽창하고 있었다. 따라서 여기에 수반한 수요 증대가 인플레이션을 거의 유발하지 않았다. 초고인플레이션과 능력 한참 미만으로 작동하던 경제(즉 실업률이 매우 높았다)가 결합한 1970년대에 상황은 극적으로 달라졌다. 경제를 오직 수요 변동이라는 렌즈를 통해 관찰하는 데만 익숙하던 당시 경제학자들은 한참이 지나서야 석유 파동 같은 사건이 공급과 물가를 변화시켰을 것임을 이해했다.

지난 10년간 새로운 도전이 생겼다. 바로 지속적 저인플레이션이다. 수요가 어떻든 인플레이션은 끈질기게 낮았다—가장 두드러진 곳이 일본으로 20년 동안 초저인플레이션이었다. 이런 지속적 저인플레이션의 한 가지 해석은 필립스 곡선이 '평평해졌다'는 것이다. 사실 이 주장은 2020년 8월 미국 연준이 발표한 통화 정책 틀의 변화에서 핵심이었다.[34] 평평한 필립스 곡선은 수요가 능력 이상으로 특별히 증가하는 경우든 (아니면 능력 이하로 감소하는 경우든) 인플레이션의 민감도가 매우 떨어졌음을 의미한다. 그렇다면 경제가 자기 능력과 동떨어져 있어도 인플레이션이 목표치에 비교적 가깝게 유지된다는 것은 통화 정책 수립자들에게 희소식이다. 반면 나쁜 소식은 인플레이션이 목표치에 계속 못 미칠 수 있다는 것인데, 이는 인플레이션 기대치가 매우 낮은 상태에 있음을 뜻할 것이다. 이 추론이 일본의 지속적 저인플레이션을 설명할 수 있을 듯하다.

경제학자들은 필립스 곡선이 평평해진 원인에 관해 여러 설을 내놓는다. 근본적 문제는 기업들이 능력 제한으로 인해 비용 상승에 직면한다면 가격을 어디까지 조정할 것인가이다. 예를 들어 자동차 회사들은 예상치 못한 수요로 생산 라인에서 차를 뽑아내는 능력에 한계가 온다면 가격을 올릴 공산이 크다.

한 가지 설은 세계화로 인해 국내 생산 능력 제약이라는 개념이 훨씬 덜 중요해졌다는 것이다. 기업들은 생산을 해외로 이전하거나 부족한 물품의 공급처를 보다 빠르게 찾아낼 수 있다. 또 다른 설은 무형 집약적 경제에서 생산 능력 제약이라는 논리는 호소력이 떨어진다는 것이다. 가령 수요가 늘어난 소프트웨어 회사는 인터넷을 통해 추가 비용 없이도 소프트웨어를 더 많이 공급할 수 있다. 아무래도 '생산 능력'이 제한된다는 개념은 적용되지 않는 듯하다. 어쩌면 더 무형적인 경제를 향한 움직임이 평평해진 필립스 곡선을 해명해줄 수 있을 것 같다.[35]

금리와 '중립' 금리

중앙은행들은 금리를 변경할 수 있지만 궁극적으로는 경제 전반에 걸쳐 금리에 영향을 미치는 자연력의 제약을 받는다.[36] 보통 줄여서 알스타(R*)로 표시하는 중립적 실질 금리는 경제가 장기적 균형 상태일 때, 즉 저축자들이 기꺼이 공급하려는 저축이 기업들이 이행하고자 하는 투자와 같을 때 우세할 금리다. 예를 들어 인구가 노령화하며 국민이 노후에 대비해 저축할 필요가 생기고, 보다 많은 사람이 저축에 열을 올린다면, 중립 금리는 하락할 수 있다. 이렇게 늘어난 저축으로 차입 가격—이 경우는 실질 금리—은 떨어진다. 만일 저축자들이 안전 자산을 추구한다면, 그 결과는 안전한 이자율 또는 안전 자산 수익률의 하락이다.

그림 5.1은 선진국 경제의 두 가지 수익률(표본 국가 전체의 가중 평균)을 나타낸다. 아래 두 개의 선은 정부가 발행한 장단기 증권, 즉 3년과 10년 만기 정부채의 수익률로 우리는 이를 '안전한 이자율'이라 부르겠다. 그림이 보여주듯 이 안전한 이자율은 1995~2015년 약 4퍼센트포인트씩 꾸준히 하락했다. 그림에는 기업 부문의 평균 수익률('자본')도 나타나는데, 이는 흥미롭게도 상승하다가 원래 지점까지 하락했다. 그러니까 안전 자산의 수익은 감소한 데 반해 기업의 투자 수익은

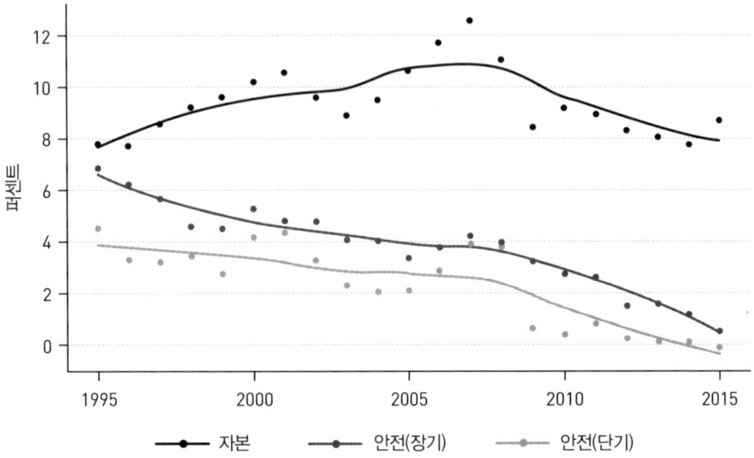

그림 5.1 안전 자산 및 자본에 대한 수익률, 1995~2015년. 주: 선들은 환율을 조정한 오스트리아, 체코, 독일, 덴마크, 핀란드, 프랑스, 이탈리아, 네덜란드, 스웨덴, 영국, 미국의 명목 국내 총생산 가중 평균이다. 자본 수익률은 시장 부문에 투자한 자본 스톡의 사후 수익으로, 주거용 자산은 제외했다. 안전한 이자율은 정부채의 명목 수익률이다. 곡선은 데이터점들을 연결한 것이다. 출처: Haskel 2020a.

그런대로 비슷하게 유지됐고, 이는 둘 사이의 '스프레드(기준 금리에 덧붙이는 금리—옮긴이)'가 증가함을 뜻한다. 은행의 예금 금리와 대출 금리 사이의 스프레드, 회사채 스프레드, 투자 위험 프리미엄 같은 다른 측정값도 이 기간에 증가했다.[37]

안전한 이자율의 하락, 그리고 안전한 이자율과 위험한 이자율 사이의 스프레드 증가, 이 둘을 어떻게 설명해야 할까? 쐐기 모양의 확대(그림 5.1에서 국채와 회사채의 수익률 차이가 점점 커지는 모양—옮긴이)는 안전한 정부 대출과 그보다 위험한 기업 대출 사이에서 위험 보상 요구가 커졌음을 강하게 암시한다.

경제학자 케빈 데일리(Kevin Daly)는 두 효과에 공통 요인—즉 저축을 늘리는 동시에 무위험 자산을 더 많이 요구하는, 위험 회피형 중국인 저축자들의 세계 경제 참여 증대—이 있다고 주장한다.[38] 그러나 위험 프리미엄 증가의 적어도 일부는 무형 자산 투자 추세에 따른 것이라는 점 또한 타당해 보인다. 무형 자산이 담보물로 사용하기 더 어렵다면, 담보물 부족은 위험 스프레드를 높일 것이다. 담보물이 아니라도 무형 자산은 일반적으로 투자하기 더 위험할 수 있다. 스필오버 효과가 무형 자산 투자로 생기는 수익을 무임승차한 제삼자가 거둘 위험을 창출하니 말이다.

그림 5.2는 이 견해에 관한 간단한 시험을 보여준다. 만일 무형 자산 추세가 위험 스프레드를 높이고 있다면, 스프레드와 무형 자산의 강도 사이에 분명 정적 상관관계가 있을 것이다. 그림에 나타내는 바에 따르면 이는 사실이다. 무형 자산이 더 많은 국가·기간의 스프레드가 더 높다.

이는 물가 안정을 목표로 하는 중앙은행에 무엇을 시사하는가? 안전 자산의 수익은 하락한 반면 안전 자산과 위험 자산 사이의 스프레드는 증가해, 안전한 중립 금리가 하락하도록 압박했다. 대출 기관들과 대출자들의 균형을 유지해주던 안전한 이자율이 하락했다. 그러나 중립 금리가 하락해버리면 중앙은행들은 꼼짝 못 하게 된다. 그들이 경제를 지원하고 싶다면 시간이 걸리더라도 최소한 중립 금리에 맞춰 금리를 인하해야 한다. 만일 중립 금리가 하락하는 동안에도 금리를 가만히 놔둔다면 그들은 암암리에 긴축 정책을 펴는 것이다. 결국 중앙은행들은 단지 초저인 중립 금리에 보조를 맞추려고 초저금리를 유

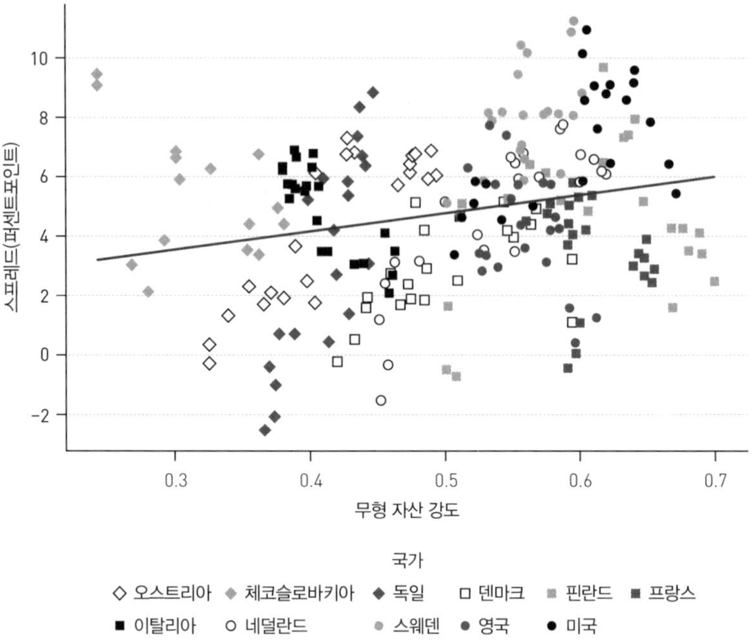

그림 5.2 무형 자산의 강도와 자본 스프레드에 대한 수익. 주: 차트는 1995~2015년 자본 수익과 안전한 장기 이자율 사이의 스프레드를 표시한다. 자본 수익은 세율 차이에 맞춰 조정했다. 안전한 이자율은 10년 만기 정부채의 명목 수익률이다. 유로존의 정부 수익률이 상이하므로 독일의 10년 만기 수익률을 유로존 전체에 매년 적용했다. 무형 자산의 강도는 무형 자산 투자 대 총투자의 비율이다. 대상 국가 중 이상점(異常點)인 에스파냐는 제외했다. 출처: Haskel 2020a.

지해야 하는 상황에 놓인다. 중립 금리가 하락하면 경기 침체기의 금리 변동이라는, 신뢰할 만하다고 입증된 메커니즘을 통해 물가 안정 목표를 달성하기가 한층 힘들어진다. 부정적 충격이 강타할 때 통화 당국이 금리를 낮출 여력은 줄어들 것이다.[39]

무형 자금 조달을 위한 대처 방안

제도란 매우 견고하다 해도 고정불변이 아니다. 만일 기업 재무 시스템이 투자 자본을 무형 집약적 기업과 연결하는 일에 서투르다면, 불완전하게나마 이런 요구에 부응할 새 제도를 만들고 새 전략을 시행한다는 징후가 어느 정도 나타날 것으로 예상할 수 있다. 공교롭게도 지식 재산 담보 대출, 벤처 캐피털, 기업주 명의 주택 담보 대출을 포함해 대처 방안은 많이 개발했다. 이것들이 문제를 해결했을까?

지식 재산 담보 대출

어떤 대처 방안은 유용하지만 극소수의 기업이나 자산에만 해당한다. **지식 재산 담보 대출**의 대두를 생각해보자.[40] 현재 특허나 음악 저작권 같은 지식 재산권을 담보로 한 대출이 소액이지만 증가세다. 영국·싱가포르를 비롯한 여러 나라의 특허청은 이런 형태의 융자를 개발하려고 대출 기관과 협력한다. 그러나 기존 형태의 지식 재산 담보 대출이 담보의 독재에 대한 진정한 해결책일 가능성은 적어 보인다. 무형 자산 대부분은 지식 재산권을 발생시키지 않으며, 발생시킨다 해도 이런 시장은 흔히 얕고 유동성이 없다.[41]

벤처 캐피털

두 번째 혁신은 **벤처 캐피털**의 꾸준한 팽창이다. 벤처 캐피털이 가장 활발하고 성공을 거둔 부문(소프트웨어, 컴퓨팅, 인터넷 서비스, 생명공학)이 무형 자산에 크게 의존하는 것은 우연이 아니다.

벤처 캐피털의 여러 특성은 무형 자산의 성격에 대한 대응이다. 벤처 캐피털은 부채 금융이라기보다는 담보의 독재를 피해가는 주식 금융이다. 벤처 캐피털은 단계별로 진행하며 무형 집약적 프로젝트의 정보와 시너지를 드러내준다. 벤처 캐피털 펀드의 사업 모델은 폭발적 성장을 이룬 성공적 회사들에 입각한 것으로, 무형 자산의 확장 가능성이 이런 성장을 촉진한다. 벤처 캐피털은 집중된 민간 소유 지분이기 때문에 벤처 캐피털 펀드를 통해 경영진의 계획을 면밀하게 조사할 수 있고, 무형 자산의 이득을 경쟁사에 유출할 위험을 줄일 수 있다. 게다가 우수한 벤처 캐피털 투자가들은 인맥이 넓어, 여러 무형 자산 사이에 발생하는 시너지를 최대한 활용하는 파트너십·거래·합병을 어느 정도는 용이하게 할 수 있다고 자부한다. 사실 파트너십이 종종 성공과 실패를 판가름하는 업계에서 일류 벤처 캐피털 투자가들로부터 받은 투자란, 새로운 파트너십 기회를 열어주기 때문에 바람직하다. 이런 이유로 벤처 캐피털은 이를 얻을 수 있는 무형 집약적 기업들에게 외부 자금 조달을 위한 훌륭한 선택지다.

안타깝게도 벤처 캐피털은 조시 러너(Josh Lerner)와 라마나 난다가 말했듯 소프트웨어 관련 기술(가령 에너지) 외에 다른 업계로 확장하지 못하는 듯하다.[42] 아마 기업 대부분은 벤처 캐피털 펀드의 경제학이 그 비용을 정당화하기 위해 요구하는 만큼 폭발적으로 성장하지 못하기에, 벤처 캐피털 자금 조달에 부적합한 것 같다. 동시에 벤처 캐피털의 지원을 받는 소수의 기업은 이전 시대였다면 은행 자금을 받을 수도 있던 만큼, 벤처 캐피털 자금의 가용성과 호감도는 은행 대출 장부의 평균 수치를 좀처럼 떨어뜨리지 않는다.

벤처 캐피털 금융을 끌어들일 수 없고 은행의 흥미를 끌 담보물도 별로 없는 무형 집약적 기업들의 자본에 대한 갈증은 새로운 자금 조달 선택지도 창출했다. 지난 10년—기업 투자가 대부분 무형 자산 형태이던 시기—동안 은행 부채를 떠맡기 망설이는 소규모 기업들을 겨냥해, 다양한 소위 대안적 자금 조달 제품이 등장했다.[43] 이 중에는 송장 할인(invoice discounting)처럼 금융 자산 이외 자산에 대한 대출이 있다. 다른 일부는 규제가 가벼운 주식(가령 주식 크라우드펀딩)이나 무담보 공채〔가령 미니본드(minibond)〕다. 그리고 또 다른 일부는 신생 기업이나 기업 인수 목적 회사 같은 새로운 조직 구조에 자금을 조달하기 위한 암호 화폐 사용이다. 이상의 제품 중에는 뜻있는 자본 제공 기관을 뜻있는 기업과 연결하는, 비난의 여지 없이 가치 있는 금융 혁신처럼 보이는 것이 있다. 그런가 하면 좀더 미심쩍은 것도 있다. 어떤 평론가들은 너무 순진해 분별력 없는 투자자들에게 일부 소비자 채권과 크라우드펀딩 발행은 위험과 수익의 안 좋은 트레이드오프라고 주장한다. 게다가 어떤 크라우드펀딩은 특정 유형의 기업에 대한 투자자들의 호의를 이용해 시장 금리보다 낮은 이자율에 자본을 제공하게 한다. 소규모 맥주 양조장과 크로스핏(미국의 피트니스 프로그램이자 브랜드—옮긴이)처럼 열성 고객이 있는 세부 산업이 크라우드펀딩에 편중하는 것은 우연이 아니다.

무형 친화적 자본의 절실한 필요성 때문에 형편없이 설계한 금융 혁신이 일어날 여지가 있다는 게, 캄브리아기에 필적하는 대안 금융의 폭발적 증가에 대한 최선의 해석일 것이다. 그리고 이런 계획의 실패가 늘어남에 따라 투자자들이 미래에 받을 고통이 쌓이고 있다.

기업주 명의 주택 담보 대출

무형 집약적 기업들의 가장 흔한 자금 조달 방안은 혁신보다 적응일 것 같다. 즉 기업주 명의의 주택을 담보물로 삼는 것이다. 미국과 영국의 은행들이 기업 대출의 담보로 회사 책임자의 주택 유치권을 잡은 지는 오래됐다. 댄 데이비스의 말처럼 "역사적으로 영국 시장에서 매우 높은 비중을 차지한 기업 대출은 변장한 담보 대출이었다. 기업 대출은 보통 담보가 있는데 일반적으로 기업주의 주택을 추가 담보로 잡는다."[44]

조반니 델라리치아와 동료들이 밝혔듯 특정 지역에서 기업들이 소유한 무형 자본의 양이 증가하면, 지방 은행들의 상업 대출 증가율은 떨어지고 부동산 대출 증가율은 올랐다.[45] 최근 좀더 미시적 수준의 연구로 이 상관관계를 확인했다. 살림 바하즈(Saleem Bahaj), 앵거스 풀리스(Angus Foulis), 게이버 핀터(Gabor Pinter), 조너선 해스컬은 영국 회사들의 무형 자산 투자가 회사 책임자들의 주택 가치 상승과 더불어 증가하는 것을 발견했다.[46] 이 상관관계는 더 무형 집약적인 기업일수록 대출 마찰을 극복하기 위해 외부의 유형 자산에 더 의존할 것이라는 가설과 일치한다.[47]

부적절한 금융 제도의 결과와 개혁안

우리의 금융 시스템이 의존하는 편리한 간소화와 프로세스 중 그토록 많은 부분이 더 이상 잘 작동하지 않는다는 사실은 여러 결과를 초래할 공산이 있다. 첫째, 많은 기업이 무형 자산 때문에 외부 자금을 얻기 더 힘들어진다면 경제 전반, 특히 특정 기업들—구체적으로 말하면 (벤처 캐피털에 접근할 수 있는 극소수를 제외한) 신생 소기업, 강하고 무형 자산이 풍부한 선도 기업들이 있는 업계의 후발 기업—의 무형 자산 투자가 감소할 것으로 예상할 수 있다. 벤처 캐피털 모델은 확실히 그 통상적 대출 이상으로는 확장하지 못한 것으로 보인다. 그리고 정확히 말하기는 어렵지만 금융 위기의 지속적 영향은 무형 자산에 대한 은행 대출을 얻기가 더 어려워졌음을 시사한다.

둘째, 만일 은행들이 더욱더 중소기업에 돈을 빌려주지 않으려 한다면, 그들의 대차 대조표는 갈수록 부동산 대출로 찰 것을 예상할 수 있다. 한편으로는 은행이 유형 담보물이 없는 기업의 대출에 착수하지 않으려 하기 때문이고, 다른 한편으로는 대출을 한다고 해도 국내 부동산에 대한 유치권을 바랄 가능성이 크기 때문이다. 이렇게 해서 은행들은 부동산 시장에 더 많이 진입한다. 우리는 미국 은행 자산에서 부동산 담보 대출의 비중이 증가했음을 살펴봤다. 영국에서는 은행 안정성 변동을 규제하는 기관인 재정정책위원회(Financial Policy Committee)의 스트레스 테스트 결과, 주거용 부동산 가격이 1퍼센트 달라지면 영국 소액 거래 은행들의 자본 잠식이 5억 파운드 증가하는 것으로 나타났다. 비교하면 국내 총생산(즉 주택만이 아닌 전체 경제)이 1퍼센트 달라질 때 소액 거래 은행들의 자본 잠식은 훨씬 적은 1억 파운드이다.[48]

무형 자산이 풍부한 기업에 자금 조달이 어려워지며 나타나는 세 번째 문제는 기업가의 공급과 관련 있다. 장래의 기업가들이 기업 자금을 조달하려면 담보로 쓸 주택이 있어야 하는 세상은 자금의 접근성에 미칠 잠재적 영향 때문에 우려스럽다. 댄 데이비스가 지적하듯 잠재적 창업자가 모두 유주택자는 아니기 때문이다.[49] 만일 집이 없는 것이 창업에 걸림돌이 된다면, 기업가 인재 풀은 줄어들고 새로운 비즈니스 정보는 제 기능을 못할 수 있다. 이 주장은 "잃어버린 아인슈타인" 주장—잠재적 발명가들이 재능을 최대한 발휘하도록 하는 초기 촉진제가 부족할 때 생산성이 떨어진다—과 유사하다.[50]

마지막으로 부정적 충격에 직면할 때 금리 변동을 통화 정책 수립에 활용하기가 더 어려워진다. 정책이 경제에 도움이 덜 되기 때문에 경제가 취약해졌다는 느낌이 커진다.

제안

가장 먼저 다뤄야 할 도전 과제는 어떻게 기업들이 무형 자산에 투자할 수 있는, 더 나은 금융 구조를 창출하느냐다. 그러자면 우리가 기업 자금 조달에 부과하는 인센티브와 규제를 완전히 바꿔야 한다.

한 가지 중요한 조치가 부채와 주식에 대한 비대칭적 과세 중단이다. 거의 모든 나라의 기업들이 부채 이자 지급은 자기 세액을 결정지을 업무 경비로 처리할 수 있으나, 주식 금융은 그렇게 하지 못한다. 우리는 《자본 없는 자본주의》에서 이런 혜택을 중지하는 쪽—가령 《조세 설계(Tax by Design)》 〈생산성을 뒷받침하기 위한 무형 자산의 자금 조달 격차 해소(Bridging the Gap in the Financing of Intangibles to Support Productivity)〉에서 제시했듯 주식 세액 공제를 허용하는 것—을 옹호했다.[51] 이런 편향이 오래 지속할수록 비용은 더 많이 든다.

두 번째 조치는 투자 관리자들이 무형 자산이 풍부한 기업, 특히 증권의 유동성이 낮은 기업을 더 쉽게 지원하도록 금융 규제를 변경하는 것이다. 앞서 거론했듯 연금과 보험사에 초점을 맞춰볼 만한데, 그들이 좌우하는 자산이 어마어마하기 때문이다. 미국에서는 그들이 무형 자산에 기반한 기업에 더 많이 투자할 수 있게 하자 큰 차이로 이어졌음이 판명 났다. 경제학자 샘 코텀(Sam Kortum)과 조시 러너는 1970년대 말과 1980년대 초 미국에서 벤처 캐피털 자금의 극적 증가가 1990년대 말 재도약의 기반을 다졌고, 이는 더 많은 특허 출원과도 연관이 있었다고 밝혔다.[52] 또한 그들은 이 변화가 미국의 연금 관리자들이 벤처 캐피털을 포함한 고위험 자산에 펀드를 일부 투자할 수 있도록 한, 1979년 규제 변경에서 처음 비롯한 것도 보여준다.

연금과 보험의 저조한 투자는 우리가 3장에서 제도적 개혁이 필요하다고 한 집합 행위 문제의 사례다. 개별 펀드가 정보를 더 많이 확보해야 할 필요성은 비유동성 주식에 투자하는 합동 운영 펀드(또는 펀드들)의 설립으로 해결할 수 있을 터이다. 이는 위험을 분산하고, 비유동성 자산 투자에 필요한 기업 모니터링을 가능케 하는 규모의 경제를 달성할 것이다. 또한 이 집합 행위는 비용과 위험도를 낮추고, 무형 경제가 요구하는 유형의 벤처 캐피털 펀드 투자를 잠재적으로 증가시킬 것이다. 이런 사례가 영국 투자협회(Investment Association)의 장기 자산 펀드 제안[53]과 영국상업은행(British Business Bank)의 집합투자기구 제안이다.[54] 이 책을 집필하는 시점에 영국에서는 잉글랜드은행·재무부·금융행위감독청(Financial Conduct Authority)이 규제 변화[55]가 필요할 가능성이 큰(또 다른 집합 행위 문제), 장기 자산 펀드 창설과 같은 생산적 자금 투자를 촉진하고자 업계 실무진을 소집했다.

하지만 이런 장려책에 위험이 따르지 않을까? 다시 한번 말하지만 집합 행위 문제가 있다. 현재의 투자는 개방형 펀드에 대한 것임을 기억하라. 한 사람이 자기 저축을 즉시 되찾을 수는 있지만 모두가 그럴 수는 없다는 점에서 당연히 위험이 따른다. 그 결과로 유동성 자산 쏠림 현상이 일어나면 펀드는 자산을 급처분할 수밖에 없을 것이다. 따라서 더 비유동적인 투자로 옮겨가는 것이 더 위험한지는 확실치 않다. 더욱이 기업들이 부채를 늘리도록 몰아가는 주식 투자 제약은 더 크고 심각한 위기를 무릅쓰게 한다.[56]

세 번째 제안은 투자 관리자들을 위한 것이다. 한동안 많은 투자 관리자들은 환경·사회·기업 지배 구조(ESG) 원칙에 따라 움직였다. 즉 그들의 금전적 수익뿐만 아니라 투자하는 회사의 좀더 광범위한 영향력을 고려했다. 흔히 초점은 부정적 외부 효과에 맞춘다. 예를 들면 고객들의 건강을 해치는 담배 회사나 환경을 파괴하는 석탄 기업을 피하는 것이다. 투자 관리자와 자산 보유자들은 ESG 관련 권한의 일부로 긍정적 스필오버, 특히 무형 자산 투자에서 발생하는 것을 더 많이 고려해야 한다. 가령 연구개발이나 훈련에 막대한 투자를 하는 기업은 장래의 소득이라는 보상을 거둘 수 있고 결국 주가가 이를 반영할 것이다. 만일 이 연구개발이나 훈련이 긍정적 스필오버를 일으킨다면(십중팔구 그럴 것이다) 공해로 악명 높은 기업이 환경에 해를 끼쳐 사회적 불이익을 창출하는 것만큼이나 확실하게 사회적 이익을 창출하는 셈이다. ESG 권한이 있는 펀드들은 연구개발·디자인·훈련을 비롯해 긍정적 스필오버를 일으키는 자산에 많이 투자하는 기업들을 중시해야 하고, 세상의 미래에 관심 있는 자산 소유자들은 이런 권한이 있는 펀드를 찾아내야 한다.

통화 정책의 여력이 줄어든 문제는 재정 정책의 역할이 늘어났음을 의미한다. 그러나 재정 정책도 완벽하지는 않다. 뒤처질 수 있다. 지체할 수 있다. 아니면 인기가 없을 수도 있다. 대안은 세 가지다.

첫째는 통화 당국에 권력을 더 많이 주는 것이다. 예를 들면 영국에서 금융 위기 이후 한 것처럼, 정부가 중앙은행의 양적 완화 프로그램을 보장할 수 있다. 즉 중앙은행의 정부채나 상업 채권 구매를 지원하는 것이다. 또한 중앙은행은 시중 은행들이 중앙은행으로부터 저렴하게 자금을 모을 수 있도록 '이중 금리'를 시행할 수 있다. (현재 유럽중앙은행은 마이너스 금리와 더불어 이중 금리 정책을 쓴다.) 그리고 안재빈, 로맹 뒤발, 캔 시버의 연구는 통화 정책 수립자들이 부정적 충격을 상쇄하기 위해 금리를 인하한 나라들에서는 실제로 무형 자산 투자가 덜 감소했음을 밝혀냈다.[57] 그러나 이런 정책은 중앙은행의 독립성과 관련한 실질적 문제가 있다. 돈을 시중 은행에 넘긴다는 것은 민간 자본의 이익을 위해 공공 자금의 총액 손실을 일으킨다는 점에서 명백히 재정 정책이며, 따라서 독립적 중앙은행이 아니라 정부가 하는 편이 낫다.[58] 재정 정책을 개선하는 데 에너지를 직접 쏟는 편이 더 좋다는 것이다.

두 번째 대안은 재정 정책을 독립시키거나, 독립적 재정 정책 감사 기관의 역할을 강화하는 것이다. 영국 예산책임국(Office for Budget Responsibility)과 미국 의회예산처는 둘 다 상당한 권력을 지닌 독립 기관이다. 이는 약속 이행을 위한 제도적 장치의 사례다. 한 가지 가능성은 정책 여력이 다했을 경우 이런 역할을 중앙은행에 주는 것이다. 중앙은행이 불황기에 필요한 재정 정책 대도약에 독자적 목소리를 낼 수 있도록 말이다.

세 번째 가능성은 재정 정책을 훨씬 더 '자동적'으로 만드는 것이다. 이런 정책은 IMF의 경제학자 올리비에 블랑샤르(Olivier Blanchard), 조반니 델라리치아, 파올로 마우로(Paolo Mauro), 리솔루션재단(Resolution Foundation)의 제임스 스미스(James Smith)가 거론했다.[59] 자동적 재정 정책의 하나가 누진세다. 이런 시스템이 있으면 납세자들은 경기가 위축해 소득이 하락하거나, 경기가 팽창해 소득이 올라갈 때 자동으로 감세를 받는다. 물론 이런 자동 안정화 장치는 세제가 극도로 누진적이면 더 강력해진다. 이런 정책은 경기가 하락할 때 사회 보험을 더 많이 제공할 수 있도록 사회 보장 프로그램을 더 관대하게 만드는 것도 수반한다. 이 정책이 적자에 미치는 순 효과는 정부 지출이 유연한지 아닌지에 달렸다. 예를 들어 정부 지출이 불황기에 거의 줄지 않거나 사회 복지 수당 공급이 증가해 실상 늘어난다면, 이런 종류의 자동 안정화 장치는 비용이 많이 들고 따라서 정치적으로 어려워질 수 있다.

정치적 난관에도 불구하고 유럽의 상황에서는 이런 자동 안정화 장치가 매우 유익할 수 있다. 구체적 예를 들면 경제학자 짐 페이러(Jim Feyrer)와 브루스 사서도트(Bruce Sacerdote)가 지적하듯 미국의 연방 소득세(미국 국내 총생산의 17퍼센트)는 대단히 누진적이다.[60] 유럽에는 비슷한 사례가 없다. 따라서 미국은 중요한 자동 안정화 장치 메커니즘을 제공하는 것이다. 페이러와 사서도트가 썼듯 미국의 주 정부들은 부정적 충격이 일어나면 100달러당 연방세 25달러를 감세받는다. 이런 계산에 따른 개혁에도 불구하고 유로존에서는 국가들 사이의 재정 정책 이전이 비교적 적다. 이 재정 이전 결여가 결국 상당한 갈등과 정치적 난관을 유발한다. 이런 논쟁은 보통 위기일 때 전면에 떠오르며, 위기가 커지는 것도 바로 이때다.

또 다른 종류의 자동 안정화 장치는 영향을 특히 많이 받은 경제 분야를 대상으로 한 개입 프로그램으로, 불황기에 가동하기 시작해 경기가 회복하면 철회한다. 이런 개입의 예로는 저소득 가구를 위한 일시적 납세 정책이나 투자 세액 공제가 있다. 블랑샤르, 델라리치아, 마우로는 이 정책들이 특정—아마 국내 총생산, 시간, 실업률의—임계점을 넘어갈 때 작동할 수 있다고 말한다.[61] 이 프로그램들은 사회에서 가장 도움이 필요하고 반응이 즉각적인 집단을 대상으로 한다는 큰 이점이 있다.[62] 특히 목표를 지역별로 잡을 수 있기 때문에 지역적 불평등 감소 의제에 도움이 된다.

우리가 생각하기에 이런 자동 안정화 장치의 정치적 맥락은 코로나19 팬데믹을 거치며 크게 달라졌다. 재정적 지원, 특히 팬데믹의 영향이 큰 지역에 대한 지원을 전보다 정치적으로 훨씬 폭넓게 수용하는 듯했다. 그렇다면 아마 지금이 불황에 가장 큰 타격을 입은 사람들을 위해 자동 안정화 장치와 관련한 정치적 합의를 끌어낼 때일 것이다. 선별 지원 약속은 사방에 도사린 위험과 불확실성을 낮출 테고, 따라서 경기 둔화에 따른 낮은 기대치의 자기 실현을 예방할 것이다.

끝으로 이상의 계산이 공공 부채가 매우 높은(2020년 영국 국내 총생산의 98퍼센트) 세상에서 어떻게 달라질지 의문일 수 있다. 일반적 접근은 만일 기초 재정 수지 적자가 매우 높거나 금리가 성장에 비례해 올라

가거나 둘 다라면, 국내 총생산 대비 부채 비율이 상승할 것이고 그 2차 효과는 부채/국내 총생산 수준의 시작점에 달렸을 것이라는 점에 유의하며 출발하는 것이다. (만약 부채/국내 총생산 수준의 시작점이 매우 높다면, 금리 인상은 부채/국내 총생산 수준의 상승에 더 큰 영향을 미친다.[63]) 그러나 그 역도 사실이다. 제이슨 퍼먼과 로런스 서머스가 썼듯 부채 수준이 높을 때 국내 총생산에 비례한 성장률 증가는, 부채가 작을 때보다 부채/국내 총생산 감소에 더 큰 영향을 미칠 것이고, 성장률을 올릴 필요를 더 시급하게 할 것이다.[64]

요약

무형 자산이 풍부한 경제의 자금 조달은 무형 자산의 특성으로 인해 더 어려워진다. 무형 자산 투자는 매몰성이 큰 탓에 무형 자산은 기존 은행에 담보로 제공하기 힘들다. 그래서 투자금을 얻으려는 회사는 보유한 현금에 의존하거나 개인의 자택을 저당 잡혀야 한다. 이런 상황에서는 무형 자산에 충분히 투자받지 못할 것이다. 우리가 필요로 하는 금융 수단은 유형 경제에 적합한 종류가 아니다. 우리에게 필요한 것은 더 많은 주식, 더 적은 부채, 그리고 경제와 기업에 대해 더 학습하고 이해하는 것이다.

경제에 무형 자산이 풍부해지면 통화 정책을 수립하기 힘들어진다. 무형 자산이 많을수록 경제의 위험성은 커지고 안전한 중립 금리는 낮아져, 꼼짝 못 하게 된 중앙은행은 저금리를 지속하지 않을 수 없다. 이는 중앙은행이 금리 변동을 통해 경제에 대한 부정적 충격을 상쇄하는 능력을 제약하고, 경제가 취약하다는 느낌을 더한다.

편향적 세제 중단 같은 무형 금융 개혁이 절실히 필요하다. 연금 펀드와 보험사들이 위험을 줄이고 수익까지 올리는 방식으로 무형 자산 기반 회사에 투자할 수 있도록 하는 개혁 역시 시급하다. 또 하나 필요한 것은 통화 정책이 먹히지 않을 때 도움이 되도록 재정 정책의 자동성을 증진하는 일이다. 자동 안정화 장치는 더 누진적인 세제는 물론 가장 취약한 집단에 대한 선별 지원도 포함한다. 코로나19 팬데믹은 이런 제안에 대한 정치적 수용도를 높였고 바로 지금이 이를 채택할 때다.

6

도시가 더 잘 돌아가게 만들기

무형 자산의 증가는 삶에서 유형적 측면의 중요성을 높인다. 바로 물리적 근접성, 당신이 살고 일하는 장소, 도시의 부동산이다. 안타깝게도 이런 것들을 관장하는 제도—변화한 도시의 토지 활용법부터 낙후 지역을 도울 방안과 원격근무 방식까지—는 무형 자산 기반의 경제가 도시에 부여하는 도전에 응하지 못하고 있다. 더욱이 이 제도들은 견고하기 때문에 개선하려면 테크노크라트식 해결책뿐만 아니라 이념·분배·문화의 변화까지 필요하다.

옛날 옛적에 나라의 주요 도시들이 번성하며 팽창하고 있었다. 이곳들이 너무 잘되니 어떤 사람들은 나라의 나머지가 뒤처진다며 걱정할 정도였다. 또 어떤 사람들은 도시들이 너무 부유하고 으스대고 자기거래를 좋아한다고 비난했다. 그러나 매서운 유행병이 찾아왔고 별안간

도시는 전보다 안전하고 매력적이지 못한 것으로 보이게 됐다. 이 시점에 한 혁신적 작가가 펜을 들어 대도시 엘리트들이 겸손해지고 도시의 힘이 약해진, 더 나은 세상을 묘사했다.

이 문제의 저자가 시골 '어딘가'의 낙후한 소도시나 러스트 벨트에 살고, 대도시 엘리트들한테 진저리가 났으며, 도시들이 더 겸허해진 코로나19 이후의 미래를 꿈꾸는 현대의 연대기 작가라 생각한대도 이해할 만하다. 그러나 사실 그는 200년도 더 전인 1793년 당시 미국의 수도이던 필라델피아를 휩쓴 황열병 유행에 대해 적은 토머스 제퍼슨(Thomas Jefferson)이었다.[1] 제퍼슨은 도시들이 도덕적·정치적으로 미심쩍다고 오랫동안 생각한 터였다. 그는 벤저민 러시(Benjamin Rush)에게 이렇게 썼다. "저는 대도시들이 도덕, 보건, 인간의 자유에 악성 전염병을 일으키고 있다고 생각합니다."[2] 이는 그의 경제 비판이기도 했다. "대도시는 일부 우아한 예술에 자양분이 되죠. 그러나 유용한 예술은 다른 곳에서도 번성할 수 있으며, 더 건강하고 도덕적이고 자유로운 곳이라면 다른 점이 덜 완벽하다 해도 저는 선택할 것입니다." 제퍼슨은 농경 사회가 비유로도 말 그대로도 건강한 사회라고 믿었고, 황열병이 대도시를 사정없이 파괴한 것을 그 증거로 들었다.[3]

제퍼슨은 도시와의 전투에서 상당 부분 패배했고, 지난 200년 동안 미국을 비롯한 부자 나라 인구의 대부분은 시골에서 도시로 옮겨갔다. 국내 생산량에서 농업의 비중은 거의 0에 가까워졌다. 그리고 전후 몇십 년간 부유한 도시인들이 자동차에 이끌리고 범죄에 떠밀려 교외로 이주하며 주춤한, 도시의 번영은 지난 몇십 년간 다시 상승세였다. 무형 자산이 풍부한 경제에서 기업과 노동자들은 시너지를 활용하고 스필오버로 이득을 얻을 수 있는 도시로 몰린다. 그러나 도시는 경제적으로 그 어느 때보다 생산적임에도 모든 주민에게 결실을 나누고 있지 않다. 숙련도가 떨어지는 노동자들이 도시 이주로 얻는 임금 프리미엄은 증발했다. 도시의 부동산 가격은 계속 오르고 젠트리피케이션(낙후한 구도심 지역이 번화가로 변해 저소득층 거주지를 대체하는 현상—옮긴이)에 대한 우려는 커지고 있다.

더욱이 번화한 도시들과 나라의 나머지, 특히 영국의 정치 담론에서 더 가난하고 일반적으로 탈공업화했으며 주민 20만 명 미만인 도시 주변 지역을 의미하는 용어 '타운(town)'의 격차가 벌어지고 있다. 타운 주민들은 도시 거주자들보다 고령에 학력이 낮고 백인인 경향이 있으며, 기득권층으로부터 더 소외되고 포퓰리즘 정치에 더 열성이다. 그 결과로 나타난 정치적 의제는 토머스 제퍼슨이 한 말이라 해도 이상하지 않을 것이다. 경제학자 에드워드 글레이저(Edward Glaeser)의 표현을 빌리면 '도시의 승리'가 도를 넘었고 균형을 되찾아야 할 것 같은 느낌이다.

그러다가 코로나19가 찾아왔고 전 세계의 수많은 사무직 노동자들이 때로는 몇 달씩, 어쩔 수 없이 재택근무를 하며 새로운 역학을 창출했다. 영국에서는 팬데믹 이전 재택근무자를 약 5퍼센트로 추산한 데 비해 2020년 겨울에는 설문 조사 응답자 중 45퍼센트였고, 2021년 3월에는 40퍼센트였다.[4] 신기한 경험이던 화상 회의는 직장 생활의 중심이 되었다. 이 '뉴 노멀'은 다음의 질문으로 이어졌다. 사무실로 돌아오지 않는 사람들이 생기지 않을까? 만일 그렇다면 부유하지만 혼잡한 도시와 낙후 지역의 경제적 문제가 어느 정도 해결되지 않을까?

이 장에서는 무형 자산이 풍부한 경제에서 사람들의 일터와 삶터를 관장하는 제도를 살펴보고자 한다. 우리는 도시의 중요성과 함께 코로나19가 이를 영영 바꿔놓았는지(스포일러: 아마 아닐 것이다)를 살펴보며 출발한다. 다음으로 번화한 도시와 낙후 지역들이 직면한 문제점, 그리고 이를 해결하는 데 필요한 제도적 변화를 살펴본다. 끝으로 우리는 코로나19가 강제한 원격근무의 결과이자 일부 노동자가 목격한 변화를 어떻게 최대한 활용할지 탐색한다.

무형 자산의 증가와 도시의 부상

지난 30년간 어떤 도시들의 경제적 발흥은 놀라웠다. 경제학자 엔리코 모레티의 신조어를 빌리면 이 '대발산' 동안 가장 역동적인 장소들이 가장 정체한 장소들을 여러모로, 특히 고학력 노동자 클러스터 구축이란 측면에서 앞질렀다.

무형 자본이 더 중요해지는 세상에서 이런 결과는 예상할 수 있었다. 경제학자 질 뒤랑통(Gilles Duranton)과 디에고 푸가(Diego Puga)는 '집적 효과'—도시 규모와 경제 성장의 연관성—를 분석하며 세 원인을 찾았고 이를 연결 효과, 학습 효과, 공유 시설이라 불렀다.[5] 대도시에 있으면 직원과 일자리, 고객과 서비스, (사업·사교·로맨스의) 파트너들을 서로 **연결**하기가 더 쉬워진다. 다른 직원·기업으로부터 **학습**하는 것도 마찬가지다. 그리고 사람들은 값비싼 자원을 **공유**할 수 있다. 연결 및 학습 기능은 시너지와 스필오버가 더 풍부한 경제에서 더 중요해진다. 경제학자 에드워드 글레이저는 1990년 이후 도시의 부상을 "인적 자본 집약 서비스업"[6]이 촉발했다고 말한다. 이 서비스업은 무형 자본 집약적이기도 하다고 우리는 덧붙이겠다. 또한 성공한 도시들은 전통적으로 숙박업이나 외식 서비스 같은 부문에서 미숙련 노동자들의 일자리를 만들었다. 이런 일자리는 오랫동안 임금 프리미엄을 누리기도 했다. 도시의 무형 집약적 기업들에서 나오는 수익에는 어느 정도 낙수 효과가 있었다.

저렴한 비행기부터 보편화한 전자통신까지 교통과 과학 기술의 향상으로, 연구개발 같은 무형 자산 스필오버를 원거리에서 이용하기가 쉬워졌음에도 도시는 성장했다. 예를 들면 경제학자 매트 클랜시(Matt Clancy)는 특허 등록 발명가들의 평균 거리가 1975년과 2015년 사이 두 배가 됐다고 지적한다.[7] 지역에서 지식 스필오버의 위력은 경제학자들이 1993년 처음 정량적으로 측정한 이래 약해진 듯하다.[8] 그러나 과학 기술로 원거리 협력이 더 용이해지는 동안에도 정반대로 작용하는 힘이 존재하고, 그로 인해 도시는 더 매력적이고 생산적인 곳이 된다. 특허의 새로운 결합—일할 때의 시너지—으로 측정할 수 있듯, 도시는 초보 기업들이 신선한 기술 결합을 실현하기에 특히 좋은 곳이다.[9] 스필오버는 과거에 비하면 멀리서도 잘 작동하지만 대부분은 여전히 대면할 때 일어난다. 그리고 자본 스톡에서 무형 자산이 차지하는 비중이 커짐에 따라 이 장점은 점점 더 중요해진다.

그러나 전 세계 메가시티(인구 1000만 명이 넘는 거대 도시—옮긴이)들의 전진은 사무직 노동자들이 코로나19 때문에 어쩔 수 없이 재택근무를 하기 한참 전부터 넘칫했다. 특히 주거비 상승은 대도시의 이점인 생산성을 갉아먹는다.[10] 그 결과 기업이 번화한 도시에서 누리는 생산성 상승을 수익 증대나 노동자들의 가처분 소득 증가로 해석할 가능성이 낮아졌다. 주거비가 이 차액을 소진할 정도로 오르기 때문이다. 이는 **자연적** 한계가 아님을 강조해야겠다. 런던에서 샌프란시스코·상하이까지, 전 세계의 슈퍼스타 도시에는 넓은 공간이 있으니 더 밀집할 수 있을 것이다. 주거비 상승은 오히려 형편없는 제도, 특히 도시 계획과 토지 사용에 대한 구식 규칙들의 작용인데, 이런 규칙은 집적 효과의 극대화가 아니라 사람들을 준(準)교외의 새로운 정착지로 이주시켜 새로운 도시 개발을 막기 위해 고안했다. 무형 자산이 얼마 없는 세상에서는 틀림없이 이런 토지 사용 관행의 비용이 더 적을 것이다.

경제학자 윌리엄 피셸(William Fischel)은 주택 소유자들의 경제적 이익이 정치에 미치는 영향을 지적한 최초의 학자였다. 그는 저서 《유주택 유권자 투표 성향 가설(The Homevoter Hypothesis)》에서 그가 유주택 유권자(homevoter)라 부른 사람들은 자기가 소유한 회사가 잘되길 바라는 투자자와 같다고 기술한다. 주택을 소유한 유권자들은 지역 사회의 성공에 금전적 이해관계가 있다는 것이다.[11] 우리의 도시를 제지하는 제도는 다양한 빈부 연합의 지지를 누린다. 주택이나 아파트를 소유한, 운 좋은 사람들은 신규 개발을 가로막는다. 교통 혼잡과 불편을 초래하거나 희소가치를 하락시켜 자기 집값이 떨어질 수 있기 때문이다. 가난한 도시 거주자들도 신규 개발을 가로막는다. 가격을 낮출 만큼 충분히 주택 공급을 늘리지 않으면서 값싸고 오래된 주택을 더 감당하기 어려운 신규 상품('명품 아파트')으로 대체하고, 가난한 거주민들을 몰아내고, 기존 공동체를 파괴하는 일—간단히 말해 젠트리피케이션—이 흔히 일어나기 때문이다. 너나 할 것 없이 정부가 늘어난 인구의 필요에 부합하는 인프라와 서비스를 제공할 거라는 데 회의적이다. 이론상으로는 인구가 늘어나면 그 비용을 감당할 수 있어야 하는데도 말이다.[12]

그러나 무형 자산이 풍부한 경제에서 번성하는 도시의 문제점은 무형 자본이 거의 없는 작은 타운이나 쇠퇴하는 도시의 문제점과 비교하면 무색해진다. 그중 하나는 제 기능을 하지 않는 도시는 살고 일하기에 불유쾌한 장소라는 것이다. 번성하는 도시의 주민들에게 긍정적 외부 효과가 있는 만큼 쇠퇴하는 도시에는 부정적 외부 효과가 있다. 범죄와 형편없는 서비스 때문에 사람들은 여기서 살고 싶어 하지 않고, 한 업체가 이곳을 떠날 때마다 남은 업체들에 대한 스필오버 효과는 감소한다. 이 효과는 스필오버를 발생시키는 다른 기업들에 의존하는 기업이 많을수록 극명하다.

영국의 많은 소도시는 추가적 문제에 봉착한다. 여기에는 우수한 교통 인프라가 없는데 이는 실제보다 훨씬 더 작은 도시처럼 작동한다는 뜻이다. 경제학자 톰 포스는 이 주제에 대해 많은 글을 썼다.[13] 만일 지하철역이 없어 도시로 출퇴근하는 데 두 시간씩 걸린다면 노동자와 새로운 일자리의 연결이 어렵고, 회의하러 너무 오래 이동해야 한다면 다른 기업들로부터 배우는 게 힘들다. 그 결과는 악순환이다. (영국에서 이런 결정을 통제하는) 중앙 정부는 쇠퇴한다고 판단한 도시의 교통에 투자할 마음이 없고, 이 도시들은 형편없는 교통망 때문에 집적 효과를 볼 수 없어 더 쇠퇴한다.

시너지가 점점 더 중요해지는 시대에 소도시에는 또 다른 문제가 있다. 폴 크루그먼은 뉴욕주의 로체스터 같은 곳에서 한 생산성 높은 산업이 시간이 지나며 또 다른 산업을 낳곤 했다고 언급했다.[14] 존 제이컵 바슈(John Jacob Bausch)는 1853년 로체스터에 (레이밴을 발명한) 바슈롬 사의 전신인 안경원을 열었다. 이런 렌즈 제작 전문 지식은 1888년에 설립한 이스트먼 코닥 사와 1906년에 설립한 제록스 사로 스필오버 효과를 일으켰다(이 회사는 제2차 세계대전 이후에야 제로그래피를 개발했다). 이렇게 생산성 높은 기업들의 승계로 로체스터는 오랫동안 부유한 지역이었다. 그러나 결국 운이 다하고 말았다. 제록스는 쇠퇴했고 그 공백을 메울 새로운 지역의 영웅은 나타나지 않았다. 크루그먼의 지적처럼 우리는 일부 도시가 불운의 결과로 쇠퇴할 것을 예상할 수 있다. 그리고 이런 불운은 베팅을 더 많이 하는 대도시보다 생산성 높은 기업이 극소수인 소도시에서 더 자주 일어난다. 크루그먼은 이 상황을 '도박꾼의 파산'에 비유했다. 즉 카드 게임에 건 돈이 적은 도박꾼은 재력이 든든한 도박꾼보다 불운을 극복하기 어렵다는 것이다. 이 문제가 스필오버와 시너지가 중요한 경제에서 더 골칫거리가 될 것을 예측할 수 있다.

더욱이 우리는 마태 효과를 고려해야 한다. 즉 번성하며 성장세인 도시일수록 더 잘되고 커지는 반면 무형 자산이 부족한 도시는 갈수록 나빠진다. 무형 자산이 많다면 소도시나 타운—가령 영국의 케임브리지(인구 12만 5000명) 같은 대학 도시나, 더비(인구 25만 5000명)의 롤스로이스처럼 생산성 높은 대기업이 있는 타운—도 집적의 힘을 무시할 수 있지만, 보통 작다는 것은 약점이 되는 경향이 있다. 그러나 만일 대기업의 스필오버 효과가 어떤 지역을 부유하게 한다면 이곳은 도박꾼의 파산에 취약하다. 모든 타운에 세계 최고의 대학이 있는 것은 아니다.

지역 간 격차 확대가 미치는 한 영향은 정치적 역기능이다. 엔리코 모레티는 저서 《직업의 지리학》에서 정치 과정에서의 이탈을 보고했는데, 이 책이 나온 후 물밀듯 쏟아져 나온 전 세계의 정치 장사꾼들은 이탈한 유권자들의 마음을 사로잡을 비결을 내놓았다. 잃어버린 세상을 사회적·경제적으로 되찾아주겠다는 공약과 결부한 포퓰리즘이었다.[15]

과학 기술이 풍요롭지만 숨 막히는 도시와 불만을 품은 쇠락한 타운이라는 이중 구속에서 우리를 구원할 것이며, 코로나19 재택근무 혁명으로 이 변화가 가속할 것이라 기대할 수도 있다. 1968년 컴퓨터 과학자 더글러스 엥겔바트(Douglas Engelbart)는 화상 회의와 문서 동시 공동 편집을 시연했다.[16] 30년 후 언론인 프랜시스 카이른크로스(Frances Cairncross)는 이런 기술이 경제를 공간적 제약에서 해방할 세상을 설명하며 '거리의 소멸'이라는 신조어를 만들었다.[17] 2020년 초 공간은 여전히, 적어도 예전만큼 중요하다. 사람들은 거리의 소멸을 날아다니는 자동차, 종이 없는 사무실, 역사의 종말과 함께 순진한 낙관주의의 예로 거론했다.

코로나19는 원격근무에 대한 새 희망을 줬다. 많은 나라에서 전체 노동자 거의 절반이 어쩔 수 없이 재택근무를 하게 됐고 회사들은 강제 실험에 직면했다. 노동자 다수와 고용주 일부는 원격근무가 생각보다 나쁘지 않다는 것을 알았다. 출퇴근을 그리워하는 사람은 거의 없었고, 사람들은 화상 회의 및 공동 작업 소프트웨어 사용법을 익혔으

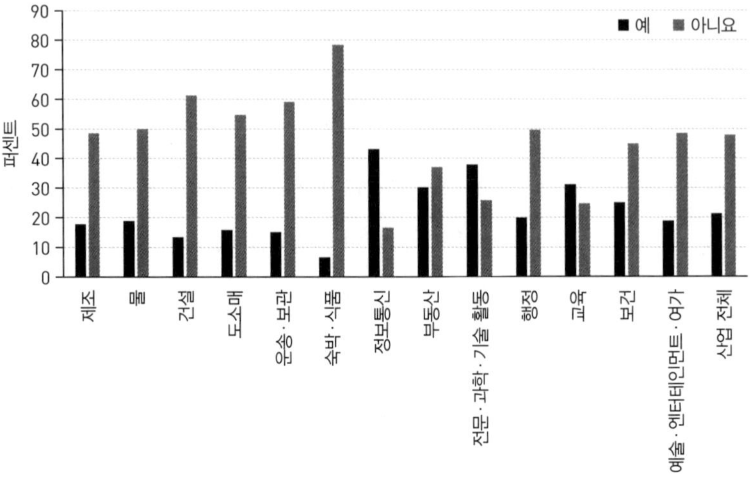

그림 6.1 재택근무 확대를 지속적 사업 모델로 활용할 의향이 있는 비율. 주: 14차(2020년 9월 21일~10월 4일), 16차(2020년 10월 19일~11월 1일), 18차(2020년 11월 16~29일), 20차(2020년 12월 14~23일), 22차(2021년 1월 11~24일), 24차(2021년 2월 8~21일) 조사의 평균. '기타 서비스업'은 표본에서 제외했다. 질문: "귀사에서 재택근무 확대를 향후 지속적 사업 모델로 활용하실 의향이 있습니까?" 데이터는 고용률에 가중치를 뒀다. 출처: Haskel(2021)에서 보고한 ONS Business Insights and Conditions Survey의 데이터.

며, 대대적 원격근무를 한 번도 고려하지 않았을 많은 기업이 사무실에 전 직원이 나오지 않아도 업무가 가능함을 알았다.

그러나 재택근무 경험은 코로나19 봉쇄가 끝나고 원격근무가 늘어날 테지만 사무실은 아직 죽지 않았음을 말해준다. 영국 국립통계청(Office for National Statistics)이 실시한 대규모 기업 설문 조사에 따르면 극소수의 기업만이 재택근무를 지속적으로 늘릴 전망인 것으로 드러났다(그림 6.1). 게다가 이 설문 조사에서 기업들이 재택근무로 생산성이 감소하기보다 증가했다고 여긴 부문은 정보통신 부문 단 하나였다

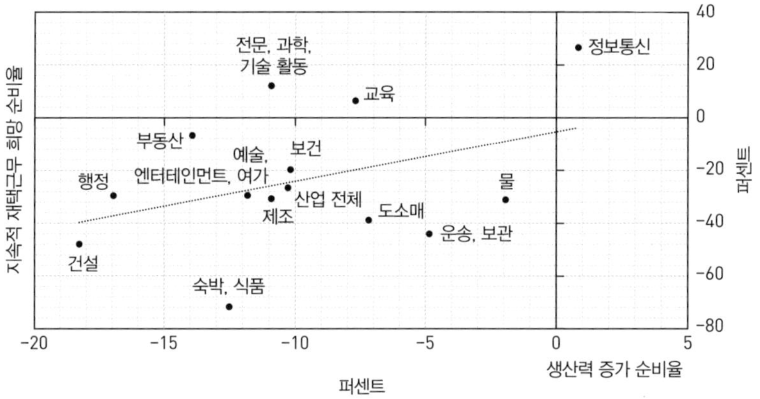

그림 6.2 재택근무의 지속적 확대를 희망하는 순비율(총비율과 특정 부문 비율의 차이—옮긴이) 대 재택근무로 인한 생산성 증가를 보고한 순비율(총생산력 비율과 순생산력 비율의 차이—옮긴이). 주: 그림 6.1과 같음. 질문: "재택근무 확대가 귀사 노동력의 생산성에 어떤 영향을 미쳤습니까?" 데이터는 고용률에 가중치를 뒀다. 출처: 그림 6.1과 같음.

(그림 6.2). 이 부문의 재택근무를 확대할 의향이 있다고 한 기업의 비율이 가장 높은 것은 놀랍지 않다. 재택근무를 늘리겠다고 한 기업의 비율이 두 번째와 세 번째로 높았던 부문(전문·과학·기술 활동, 교육)은 재택근무의 결과로 순생산력(純生産力: 여기서는 총생산력에서 생산에 든 비용을 제외한 생산력을 가리킴—옮긴이)이 떨어졌다고 보고했다.

이상은 모두 코로나19의 결과로 재택근무가 확대해, 붐비는 도시의 부담이 줄어드는 동시에 더 조용한 거주지의 매력이 증대할 가능성이 있음을 보여준다. 그러나 이는 진화이지 혁명이 아니며, 도시와 집적의 근본적 중요성은 사라지지 않을 것이다.

테크노크라트 대 정치인

원격근무는 도시를 쓸모없게 만들거나 혼잡 및 주택 부족 문제를 해결하지는 않을 듯하다. 이제 도시 생활의 늘어가는 수요에 대처할 두 가지 방안으로 넘어가보자. 바로 테크노크라트식 해법과 정치인식 해법이다.

테크노크라트(막대한 권력을 행사하는 과학 기술 분야 전문가—옮긴이)는 심호흡을 한 번 하고 증거에 기반한 사실에서 출발한다. 도시들이 크도록 내버려두면 경제는 성장하겠지만 타운은 승산이 없다. 그렇다면 타운이 클 수 있도록 도시 계획의 규칙을 바꿔보자. 영국 공공 정책에서 테크노크라트들의 성배(聖杯)는 무분별한 도시 확장과 띠상 개발을 막기 위해 1947년 도시농촌계획법(Town and Country Planning Act)에 따라 처음 정한, 도시·타운 주변 미개발 보호지와 160만 헥타르의 그린벨트를 축소하거나 없애는 것이다. 그들은 목가적 전원이 아니라 매력 없는 관목 숲이나 집약 농지가 대부분인, 엄청난 넓이의 런던 지하철역 인근 그린벨트를 지목할 터이다. 폴 체셔(Paul Cheshire)와 보야나 부유클리바(Boyana Buyuklieva)는 도심과 45분 이내 거리인 경전철역 800미터 내에 4만 6867헥타르의 건축 가능 토지가 있고, 그중 2만 9722헥타르는 그린벨트인 것으로 추정한다. 이는 주택 보유량을 7~8.8퍼센트, 즉 지난 15년간 영국 전역에 건설한 주택 수만큼 늘리기에 충분한 땅이다.[18] 또한 테크노크라트들은 옥스퍼드와 케임브리지처럼 생산적인 지역의 인구를 소수로 유지하며, 이곳의 납세자들로부터 자금을 지원받는 연구개발의 경제적 이익과 스필오버를 지역에 한정하는, 제한적 도시 계획 규정도 거론할 것이다. 미국의 테크노크라트라면 제한적 도시지역지구제법, 신규 개발 시 과도한 주차 공간이나 저밀도를 의무화하는 법규의 문제점을 지적할 터이다. 이들은 도시 계획과 지역 지구제를 결정할 때 지역이기주의자(주택 건설에 반대하는 시민들. 이들이 반복하는 문구인 '내 뒷마당에는 안 된다(not in my back yard)'의 줄임말로 님비(NIMBY)라고도 한다)들이 행사하는 힘에 주목할 것이다.

그들의 비전은 번화한 도시에 더 많은 주택을 건설할 수 있도록 하는, 중앙 정부 주도의 도시계획법 완화다. 주택이 값싸고 풍부해질수록 더 많은 사람이 가난한 지역에서 부유한 지역으로 옮겨갈 수 있고, 그에 따라 그들의 임금이 올라갈 수 있다는 것이다. 2008년 정책서 《시티즈 언리미티드(Cities Unlimited)》에서 이런 구상의 극단적 형태를 제시해 영국 매체에서 악평을 받았다.[19] 일부는 몇몇 선정적 보도 덕분에, 《시티즈 언리미티드》는 미들즈브러(Middlesbrough)와 선덜랜드(Sunderland) 같은 탈공업화 도시는 폐쇄해야 하고, 옥스퍼드와 케임브리지처럼 무형 자산이 풍부한 장소는 대규모로 팽창할 수 있도록 인구가 이동해야 한다는 주장으로 치부됐다. 이 제안서에서 뻔하지 않은 것은 주거비가 내려 더 많은 저숙련 노동자가 대도시로 이주할 수 있다면, 이주가 초고도 숙련자들에게만 가치 있는 선택지인 지금보다 타운에 잔류하는 인구의 평균 숙련도가 높아질 것이라는 대목이다. 아마 테크노크라트 대부분이 《시티즈 언리미티드》가 제안하는 정도까지는 가지 않겠지만, 우리는 이런 정책을 완화한 변형을 많이 볼 수 있다. 영국 정부가 도시 계획 권한을 지방 정부에서 개발 공단으로 넘긴 2020년 제안서와 같은 주거 계획, 미국의 일부 주에서 지역 지구제 권한을 시(市) 정부에서 지역이기주의에 굴복할 가능성이 더 낮을 주(州) 정부로 이양하는 조치가 그것이다.

정치인들은 실행이 곤란한 이런 제안에 몸서리친다. 지역이기주의는 흔하다. 부유한 유주택 유권자들은 동네가 과도한 개발로 망가지는 것을 보고 싶지 않다. 그리고 집은 이들에게 종종 가장 소중한 자산이고 은퇴 계획일 수도 있기 때문에 위험을 감수하고 싶지 않다. 가난한 임차인 유권자들은 동네가 젠트리피케이션으로 몰라보게 달라지는 것을 보고 싶지 않다. 이로 인해 집값이 올라 시장에서 내쫓길 위험이 있을 때는 특히 그렇다. 개발 저지와 도시 계획 적용 차단은 지역 정치의 일용할 양식이다. 빈곤한 도시들의 쇠퇴 관리 전략은 한술 더 뜬다. 대부분의 나라에서는 정치인들이 자기를 선출해준 지역구에 보답하길 기대한다. "도시로 이사 가면 더 잘살게 될 겁니다"라는 말은 용납되지 않는다. 유권자들은 쇠퇴하는 지역이 예전의 영광을 되찾을 방안을 요구하며, 당신이 비전을 제시하지 못한다면 그렇게 할 다른 사람을 찍을 것이다.

테크노크라트와 정치인들은 거리의 소멸이 일어날 가능성이 아무 도움이 되지 않는다는 데 동의할 터이다. 테크노크라트들은 아직 그런 일은 일어나지 않았고 그럴 징후도 없다고 지적할 것이다. 정치인들은 사람들이 이를 바란다는 증거가 없다고 할 것이다(그리고 코로나19의 여파 속에 원격근무가 업무의 해외 위탁부터 지역 경제의 몰락까지 온갖 경제적 악영향을 끼칠 수 있다고 위협할 것이다). 결론은 미적지근한 도시 계획 개혁 시도와 설익은 낙후 지역 지원 시도의 불행한 타협이다.

도시 계획·개혁안은 일반적으로 실행 과정에서 흐지부지되고 만다.

한 예가 최근 영국의 지역 토지 경매 안으로, 주택 개발을 위해 토지 제한을 더 많이 풀어주는 한편 지방 정부가 그 이익의 일부를 가져갈 수 있도록 하자는, 경제적으로는 흠잡을 데 없는 발상이다. 이는 로비와 정치적 회의주의가 뒤섞이며 실패로 돌아갔다. 아니면 중앙 정부와 지방 정부가 협상하는 동안 주택은 거의 건설하지 못하고 몇 년째 교착 상태에 빠진, 영국 정부의 지역 주택 거래를 생각해보자. 시스템이 복잡하다 보니 건설 회사에게 왜곡된 인센티브를 창출해, 초점이 주택 건설에서 토지 투기와 건축 허가를 따내려는 로비 활동으로 옮겨갔다. 한편 낙후 지역에 "뭔가 해야 한다"는 정치적 강박은 결국 수사만 번지르르하고 구체적 계획은 없는 지경을 초래한다.

정치가 똑똑하면 제도가 좋아진다

기존 해결책의 단점은 대부분 정치적 문제를 경제의 실상과 무관하게, 혹은 경제적 문제를 정치의 실상과 무관하게 고민하는 것이다. 그러나 더 나은 길이 있다. 이는 경제적 효과가 있는 동시에 정치에도 도움이 되는 새 제도를 확립하는 데 기초한다. 성장하는 도시뿐만 아니라 낙후 지역에도 도움이 될 방안을 생각해보자.

주택 건설

도시가 직면한 가장 큰 고충은 더 많은 주택을 건설하는 것이다. 도시에서 거주하고 일하려는 수요는 증가하는데 공급은 이보다 훨씬 더뎌 임대료 상승을 유발한다. 집값도 오르고 있다. 사실 저금리 때문에 임대료보다 더 빨리 오르는 중이지만 우리의 진짜 관심사는 임대료다. 이 높은 수요는 이론상 밀집도가 별로 높지 않은 부동산(예를 들면 한쪽 벽이 옆집과 붙은 이층집) 소유자가 이를 밀집도가 더 높게(4층짜리 다세대 주택) 개발할 누군가에게 팔아, 큰 이익을 내거나 심지어 팔자를 고치는 횡재를 할 수도 있음을 뜻한다. 어떤 사람은 이 횡재가 집을 팔고 이사를 하는 번거로움을 정당화하기에 충분치 않다고 느낄지도 모르지만, 우리가 파운드나 달러로 여섯 자리 숫자의 이익을 얘기하고 있음을 고려한다면, 어떤 사람은 분명 충분하다고 느낄 터이다.

물론 도시 대부분에서 재개발을 위해 자기 땅을 팔려는 사람들은 지방법이 재개발을 가로막는다는 것을 알게 된다. 이런 제약은 이웃이 자기 집을 변화를 초래하고 동네 다른 집들의 가치를 낮출 가능성이 있는 아파트로 개발하는 게 아무에게도 이익이 안 되기 때문에 고착한다. 이런 법은 시 또는 지방 당국 차원에서 설정해 변경이 거의 불가능하다. 참여할 투표자는 그야말로 너무 많고 대다수는 유주택자가 아닐 터이다. 경제학자라면 이 상황을 조정 실패로 인식할 것이다. 소유자 개개인은 자기 땅을 재개발할 동기가 강하지만 이웃이 일방적으로 그러는 것은 바라지 않아, 이들 전부가 재개발할 수 있도록 법을 바꾸지 못한다는 것이다.

런던 임비(YIMBY: “Yes In My Back-Yard”의 줄임말로 님비의 반대 개념—옮긴이) 운동의 존 마이어스가 지적하듯[20] 정치학자들은 이런 문제를 곰곰이 생각했다. 엘리너 오스트럼은 지역 사회가 어장과 목초지 같은 소위 집합재를 어떻게 운영하는지 연구했다. 그는 이런 하의상달식 자원 관리가 왜 정부의 상의하달식 통제보다 효과가 나은지 살펴봤다—사람들이 이 자원을 관리할 수 있도록 해주는 좋은 제도와 규범이 존재하기만 한다면 말이다.[21] 도시 공간과 공유 도시 환경은 집합재의 현대판 사례다.

거리 투표와 **블록 단위 지역 지구제**라는 두 가지 흥미로운 제안이 들어오는 곳이 이 지점이다. 거리 투표는 런던 임비 운동이 내세우는 제안이다. 블록 단위 지역 지구제는 미국의 도시학자 로버트 엘릭슨(Robert Ellickson)이 1990년대에 처음 제시했다.[22] 이 제안들은 도시 계획 및 지역 지구제 결정에 대한 승인을 기본적으로 지역의 당사자들에게 넘기는 것을 포함한다. 도시 계획 결정을 시나 지방 당국이 아니라 각 거리나 블록의 부동산 소유자들이 하는 것이다. 주민들이 합의한다면 허용하는 한계까지, 즉 19세기 도시에서 많이 볼 수 있는 맨션 블록(mansion block)을 따라 4~5층 건물까지 지을 수 있을 터이다. 이런 권력 이양의 장점은 더 많은 개발을 위한 조정 작업이 용이해진다는 것이다. 많은 거리나 블록이 개발하지 않는 쪽을 선택할 수 있다. 누군가에게는 원래 집에 머무는 쪽이 일확천금의 가능성보다 더 가치 있을지도 모른다. 그러나 평균의 법칙에 따르면 **일부**는 개발을 선택할 테고 주민들이 실제 선택한 주거 공간은 늘어나게 되어 있다.

런던 임비 운동[23]은 인기 없는 결과를 피하게 해줄 방책을 많이 제시했다. 예를 들면 투표는 지역 주민 일정 수 이상이 제안하고 지지하는 경우에만 실시할 수 있다. 지역 유주택자의 3분의 2라는 압도적 다수, 한 지역에서 5년 이상 부동산을 소유한 사람 중 대다수, 또는 둘 다를 요구할 수도 있다. 목표는 원치 않는 이들에게 밀집을 강요하는 게 아니라, 주민들이 생활 편의 시설 증대와 밀집도에 동반하는 토지 가치 상승을 진정 원하는 지역을 찾아내는 것이다. 연관 개념인 '지역 사회 경계 확장'은 마을 같이 작은 지역 사회가 주변의 그린벨트 규모를 줄여 더 많은 개발을 허용하고 이익을 나눠 가질 수 있도록 하는 것이다.

이상의 제안에서 두 가지 특징이 두드러진다. 첫째, 많은 계획·개혁과 다른 방식으로 인센티브를 조정한다. 주택 증설—집적 효과가 큰 시대에 많은 사회적 혜택을 제공한다—에 찬성표를 던지는 가구는 금전적 이득을 얻는다. 반대표를 던진 거리나 블록은 이런 보상을 받지 못한다. 둘째, 이런 제안은 지역의 힘과 역량을 줄이는 게 아니라 키운다.

이런 제안이 인기 있다는 징후가 있다. 로버트 엘릭슨은 지역이기주의에 대한 각성이 일기 시작한 1998년에 일종의 거리 투표를 제안했다. 미국의 지역 지구제 전문가인 로버트 넬슨(Robert Nelson)도 1999년에 비슷한 제안을 했다. 좀더 최근에는 영국의 왕립도시계획연구소(Royal Town Planning Institute)가 2020년 정책 자료에서 이런 '미시민주주의'를 지지했다. 세간의 이목을 끈 영국 정부의 건축환경위원회는 거리 및 블록 투표를 추천했다.[24]

시 차원의 반대를 피하기 위해 도시 계획 결정을 국가나 중앙 정부에 넘기는 것은 이론적 관점에서 보면 설득력이 있다. 이론상 큰 정부는 조정 문제를 해결할 수 있어야 하니 말이다. 그러나 실제로는 로비 활동의 희생물이 되어 예전 영국의 주택 개혁 시도를 특징짓는 부류의 교착 상태와 미봉책으로 이어질 가능성이 크다. 이 논의는 3장에서 다룬 몇 가지 원칙을 잘 보여준다. 지역 유주택자들의 재산권은 집합 행위 문제에 도움이 된다. 중앙 집중화한 의사 결정은 스필오버에는 도움이 되겠지만 소모적 영향력 활동을 불러일으킨다.

인프라 구축

번화한 도시가 직면하는 또 다른 문제는 인프라와 서비스, 특히 교통이다. 질 낮은 교통과 혼잡은 도시를 인구로 알 수 있는 규모보다 사실상 축소한다. 그리고 인구와 더불어 수송 역량도 커진다는 생각이 들지 않으면 주민들은 신규 개발에 반대할 공산이 크다.

테크노크라트들 나름대로 제시하는 해결책이 있다. 그중 가장 단도직입적인 것은 자금을 빌려 대중교통을 신설하고, 시간이 지나 더 북적대는 도시의 늘어난 경제 활동에서 들어오는 세수로 빚을 갚는 것이다. 좀더 야심 차게 도시의 대표자들이 무료이던 곳에 혼잡 통행료나 주차비를 도입할 수도 있다. 두 경우 모두 운전자들이 전에 무제한으로 소비하던 집합재에 돈을 지불하기 때문에 도로와 대중교통 개선에 쓸 수 있는 수입원이 생긴다. 에드워드 글레이저의 최근 논문 〈도시화 속의 불만(Urbanization and Its Discontents)〉은 도시의 여러 제도(수송·교통 관리부터 치안과 학교까지)가 직면한 과제들을 못 따라가고, 갈수록 큰 경제적 문제를 초래한다고 주장한다.[25] 최근 영국에서는 놀랍게도 자동차 자선 단체인 RAC재단[26]과 우파 싱크 탱크 적어도 한 곳을 비롯한 목소리들이 도로 이용 요금 부과를 지지한다.[27]

여기서 난관은 최적의 정책을 선택하는 것뿐만 아니라—지역이기주의의 경우가 그렇듯—정치와 특수한 이해관계를 극복하는 것이다. 운전자들은 요금 내기를 싫어하고, 길게 보면 혼잡 완화나 대중교통 체계 개선으로 혜택받을 더 큰 집단보다 반발에 더 능숙하다. 경찰노조는 책무나 지역 사회 치안을 위한 방안에 반기를 든다. 교원노조는 새로운 교과 과정에 저항한다.

해결책에는 정치적 선택도 들어간다. 정치인들은 정치적 자본을 투입하거나 자발적으로는 생기기 어려운 대항 연합을 동원해 기득권을 어느 정도 극복할 수 있다. 이는 그들의 일에서 큰 비중을 차지한다. 그래서 가령 2019년 출범한 영국 정부는 대중교통 체계가 부족해 집적의 혜택이 줄었을, 런던 이외의 영국 대도시들에 대한 투자를 앞당기겠다고 했다. 정부가 이 공약을 지킬지는 두고 볼 일이지만, 분명 이전보다 더 많은 정치적 자본을 투입하기로 결심한 듯하다. 마찬가지로 2020년 미국에서 경찰노조의 힘과 일부 경찰력이 누리는 법적 비호를 만천하에 알린 '흑인의 생명도 소중하다' 시위는 그런 특권을 축소하기에 충분한 반대 세력을 움직이는 효과가 있을 수 있다. 도시 관련 제도를 개선하자는 여론이 강해지면 정치인들은 정치적 자본을 더 적극적으로 투입할 수 있다.

도시 계획의 경우처럼 우수한 정책 설계는 정치를 더 손쉽게 만들 수 있다. 무료 주차와 최소 주차 요건이 미국 도시들에 미친 악영향(로스앤젤레스 카운티에서는 주차 공간이 카운티에 편입한 토지 면적의 14퍼센트로 도로 면적보다 1.4배 더 넓다)을 20년간 연구한 경제학자 도널드 셔프(Donald Shoup)는 주차 요금 부과를 정당화하는 한 방안은 세수를 지역별로 지출하도록 보장하는 것이라고 주장했다.[28] 도로 신탁은 사람들이 이용하는 도로에 이용 요금의 일부를 투자할 것이다. 이상의 해법은 지역사회에 집합재를 관리할 권한을 이양하는 엘리너 오스트럼의 해결책을 떠올리게 한다. 이는 대표자들이 도시를 가로막는 제도적 문제를 해결할 매력적 방안이다.[29]

낙후 지역

번화한 도시에는 의도는 좋으나 정치적 효과가 없는 테크노크라트식 해결책이 넘친다. 낙후 지역은 정반대의 문제에 직면한다. 선의가 있는 정치인들은 (그리고 의도가 썩 좋지 않은 정치인들도) 찬란한 과거를 복원하겠다는 공약을 재빨리 내걸지만, 이는 경제 현실과 동떨어져 있기 일쑤다.

2016년 도널드 트럼프의 당선은 한때는 잘나가던 제조업 도시에서 그의 인기와, 미국 제조업을 회복시키겠다는 공약 덕이었다. 마찬가지로 중북부의 타운에서 전통적으로 노동당이 차지하던 의석 다수를 보수당이 따낸 2019년 영국 총선이 끝나자, 영국 우파 일부는 "타운을 다시 위대하게"로 요약할 수 있는 새로운 욕망을 드러냈다. 보수당의 권위자 데이비드 스켈턴(David Skelton)은 "탈공업화한 타운을 혁신의 엔진으로 부활시켜 번영의 거점을 창조할 것"이라며 "잊혀진 타운들의 재공업화"를 제창했고 지방세 우대 조치, 직업 훈련 투자, 정부 부처 이전, 지역에 대한 연구개발 자금 지원을 요구했다.[30] 후기 자유주의 싱크 탱크인 온워드(Onward)는 정부에 "재생 에너지와 첨단 제조업처럼 떠오르는 부문의 세계적 회사들을 〔보수당의〕 새 중심지들로 끌어들이려면 과학과 연구개발과 직업 훈련의 비용"을 지출해야 한다고 했다. 여기에는 "낙수 효과를 통한 성장이라는 보수당의 전통적 전술에서 탈피해 타운들에 목적을 되찾아주는 것"이 들어간다.[31]

이런 정책이 반드시 나쁜 것은 아니다. 그러나 집적의 세상에서 더 작고 가난한 도시와 타운은 매우 불리한 상태에서 출발한다. 이들은 선두를 따라잡기 위해 강한 조류를 거슬러 헤엄쳐야 한다. 그리고 어떤 정책 도구가 효과가 있는지 명확히 입증하지 못했다. 타운을 돕겠다고 약속하는 정치인들은 지속적 투자와 정치적 헌신이 얼마나 필요한지를 이해하지 못한다. 게다가 이들이 요구하는 정책—광범위한 산업 정책, 지방세 감면, 직업 훈련 투자—이 더 작고 가난한 지역에 도움이 된다는 분명한 증거도 없다.

타운을 위해 아무것도 할 수 없다는 게 아니다. 그러나 좀더 세심한 접근은 필요하다. 낙후한 도시들의 유형과 차이점을 인식하고, 필요한 실험을 허용하는 그런 접근 말이다.

적절하고 구체적으로 투자한다면 고전하는 일부 지역도 집적 효과로 이익을 볼 수 있다. 앞서 살펴봤듯 영국의 일부 중규모 도시—예를 들면 버밍엄·리즈·맨체스터—는 규모로 볼 때 당연한 수준보다 생산성이 한참 떨어진다. 교통 체증과 형편없는 대중교통이 합해져 기능면에서 실제보다 작기 때문이다. 영국 정부의 자금 할당 방식 왜곡으로 인해 이 도시들의 공공 연구개발 투자는 기업 연구개발 수준을 놓고 봤을 때 예상보다 훨씬 낮다. 이런 도시에는 비교적 직접적인 투자 프로그램이 도움이 될 것이다.

마찬가지로 일부 고전하는 타운은 번화한 도시로 통근할 수 있는 거리에 있지만 연결성이 좋지 않다. 영국의 싱크 탱크인 도시연구소(Center for Cities)[32] 조사에 따르면 도시와 타운을 잇는 교통망 개선으로 많은 타운이 이익을 얻을 수 있다. 한편 다른 경제학자들은 매우 가난한 일부 타운은 이미 도시와 잘 연결되어 있지만, 통근 시간 30분을 초과하면 집적 효과가 극도로 약해진다고 지적한다. 그러나 적어도 정치인들이 경제적 지원이 필요한 곳이라고 자주 말하는 영국 타운 일부는 기존 도시권 안에 있고〔가령 맨체스터시 권역의 위건(Wigan)과 올덤(Oldham)처럼〕 도시 정책을 개선하면 확실히 혜택을 볼 것이다. 이를 현실화하기 위해서는 반드시 교통망을 마련해야 한다.

이상의 선택지가 모든 도시에서 효과적이지는 않을 것이다. 집적 효과가 있기에는 너무 작고 무형 자산에 별로 투자하지 않는 타운의 경우, 정책 수립자들이 다른 선택지를 고려해야 한다. 한 가지 가능성은 어떻게 일으킬지 모르는 생산성의 기적을 약속하기보다, 타운을 더 살기 좋은 곳으로 만드는 데 초점을 두는 것이다. 윌리엄 커와 프레데릭 로베르니쿠(Frédéric Robert-Nicoud)가 지적하듯 사람들은 지극히 평범한 이유 때문에 한 타운에서 다른 타운으로 이사한다. "반도체와 트랜지스터 연구로 노벨물리학상을 공동 수상한 윌리엄 쇼클리(William Shockley)는 병든 어머니 가까이 있으려고 샌프란시스코로 이주했다. 이후 그의 회사 쇼클리 반도체의 파생 기업으로 인텔과 AMD가 있었다. 마찬가지로 …… 빌 게이츠와 폴 앨런(Paul Allen)은 마이크로소프트를 앨버커키에서 자신들의 고향인 시애틀로 옮겼다. ……가족들과의 근접성이 승리했다."[33] 이상의 사례는 낮은 범죄율, 공원, 출산이 가능한 병원과 같은 강력한 집합재와 가족 친화적 생활 편의 시설 공급의 중요성을 나타낸다.

타운의 생산성을 촉진하고 싶지만 명확한 효과적 모델이 없는 상태에서, 우리는 에스파냐의 바스크자치구처럼 좀더 잠정적·실험적 접근법을 취할 필요가 있다.

어떤 지역에서 무형 경제가 번영했나

바스크자치구가 번영과 성장을 이루는 데는 은행·상점·제조업체를 소유하고 7만 명 이상의 직원을 고용하는, 60년 된 노동자 및 기업 연합인 몬드라곤협동조합의 노력이 일조했다. 가톨릭 신부가 창립한 몬드라곤협동조합은 비단 바스크자치구에만 있지 않은 슈퍼마켓을 포함해 다양한 산업에서 활발하게 경쟁하는, 어느 모로 보나 왕성한 자본주의 사업체이지만 좌파에게 전범이 되었다. 이들의 성공은 무형 자산에 중점을 두기 때문에 놀랍다. 기술 교육과 연구개발에 막대한 투자를 하며 심지어 학교와 직원 개발 센터까지 운영한다. 몬드라곤 전체를 지배하는 구조가 이런 투자의 스필오버를 내부화하고 대도시가 누리는 것과 같은 집적 효과를 북돋우는 듯하다.

몬드라곤 모델은 60년에 걸쳐 발전했고, 바스크자치구는 에스파냐에서 19세기 말 이래 생산성 높고 번영하는 지역이었다. 바스크자치구의 경험은 다른 정책 수립자들이 모방할 수 있는 전술을 알려준다. 특히 무형 자산들 사이에 큰 시너지 효과가 있다면, 공공 자금 조달을 통해 무형 자산 투자를 점진적으로 뒷받침하는 정책이 생산성 증가로 이어질 수 있다.

또 하나의 가능성은 **지역 사회의 부 축적**으로 지방 정부의 조달과 지역 은행, 협동조합, 주택조합 같은 지역 공공 기관 및 사회적 기관을 통해 지역 경제 발전을 도모하는 것이다. '지역 사회의 부 축적'은 공공 주택 유지·보수처럼 지역의 많은 용역과 연계하는 '지역 상품 구매'도 포함한다. 영국에서는 이를 채택해 민주적 사회주의 경제 정책의 본보기가 된 북부의 타운 이름을 딴 프레스턴 모델로도 유명하다. 미국에서는 오하이오주 클리블랜드의 데모크라시컬래버레이티브(Democracy Collaborative: 소득 불평등과 지속 가능성 등 사회적 의제를 연구하는 미국의 비영리 기관—옮긴이)가 한 역할과 이어진다. 지역 상품 구매의 지지자들은 이런 행동이 임금을 올리고 불평등을 줄이고 부당한 폭리를 막는다고 주장하며 윤리적·분배적 근거를 들어 옹호한다. 이를 비판하는 이들은 보호주의적 성격에 초점을 맞춘다. 더 질 좋고 저렴한 납품업체가 다른 데 있다면 지역 상품 구매는 돈 낭비이고 가치를 파괴한다는 것이다.

우리는 지역 사회의 부 축적이 효과가 있는지, 언제 그런지에 관해 경험에 의거한 견해가 전혀 없다. 그러나 생산성의 관점에서 왜 효과가 있는지 생각해보는 것은 흥미롭다. 프레스턴 모델에서 한 가지 주목할 측면은 무형 자산 투자를 촉진하는 방식이다. 가장 확실한 사례는 훈련이다—가령 도제식 또는 전문 기술 훈련을 제공할 때 공공 부문 계약을 한다. 지역 사회의 부 축적에 중점을 둔 싱크 탱크인 지역경제전략연구소[34]는 사회적 돌봄 제공을 더 효과적인 모델로 개편한

(조직 개발에 대한 무형 자산 투자) 영국의 한 지방 정부를 비롯해 여러 사례를 제시한다. 지역 사회의 조직은 가치를 창출하는 무형 자산에 대한 보완적 투자를 촉진하는 데 도움이 될 것이다. 무형 자산의 시각에서 지역은 사람들이 무형 자산의 시너지 문제를 해결하기 위해 지역 차원에서 효과적으로 조정할 수 있기 때문에 중요하다.

이상의 모델은 가난한 지역의 생산성을 높일 방법으로 더 많은 평가와 실험을 거쳐야 한다. 동시에 한결같거나 믿을 만한 성공 비법은 없으므로 정치인들은 지역의 성장을 예측할 때 현실을 직시해야 한다.

거리의 소멸 앞당기기

앞서 우리는 코로나19로 인한 원격근무 증가가 공간의 문제를 없애지는 못해도 이를 다루는 데 도움이 될 수 있다는 점을 살펴봤다. 일부 직원이 원격근무로 전환한다고 도시의 승리를 뒤집을 순 없겠지만, 원격근무자들에게 매력적인 대안을 제시할 수 있다면 이를 완화하고 낙후 지역이 따라잡을 기회가 생길 것이다. 그러나 재택근무가 제대로 되게 하려다 보면 제도적 의문을 제기하게 되는데, 이것이 이제부터 살펴볼 주제다.

기술 변화에 오랜 시간이 걸린다는 좋은 예는 원천 기술을 발명한 지 몇십 년 후에야 일어난 산업의 전력화다. 비즈니스 관행과 공장 설계가 변화의 새로운 가능성을 따라잡아야 했다. 아마라의 법칙(Amara's law)에 따르면 신기술의 영향은 단기적으로는 과대평가받고 장기적으로는 과소평가받는다.

마찬가지로 '거리의 소멸'은 도시의 우위에 도전장을 던지고, 어쩌면 출퇴근과 일터에서의 유대에 더 깊은 문화적 영향을 미치는 중요한 전환점이 될 수 있다. 이 책을 집필하고 있는 시점에 우리는 그런 심오한 변화의 한 가지, 즉 재택근무라는 예기치 못한 거대한 실험 한가운데 놓였다. 모두가 재택근무를 할 수 있는 것은 아니지만 추정컨대 2020년 여름 영국 노동력의 47퍼센트가 코로나19 팬데믹으로 인해 원격근무를 하고 있다. 갈수록 무형 자산에 의존하는 경제에 재택근무는 어떤 영향을 미칠까?

재택근무 대 사무실 근무

적어도 일부 직원들은 재택근무를 더 좋아한다.[35] 출퇴근을 면하고, 돌봄의 책임을 다하고, 동료 직원들의 방해를 최소화하고, 사회적 거리두기를 유지하고, 어쩌면 자유 시간을 더 많이 누리기까지 할 테니 말이다. 직원들이 재택근무하는 많은 기업의 고용주들은 이렇게 자문할 터이다. 텅 빈 다른 회사 사무실로 둘러싸인 텅 빈 사무실의 혜택을 보자고 천정부지의 임대료를 내는 게 무슨 소용일까?

그럼에도 사무실 근무는 꽤 가치가 있다. 첫째, 아마 동료들로부터 많이 배울 것이다. 사내 직무 훈련은 경력을 막 시작한 젊은 직원들한테 특히 도움이 된다. 둘째, 재택근무는 직원들을 특수한 위험에 노출시킨다. 일반적으로 직원이 집에서 일하면 고용주가 실적을 살펴보기가 더 어렵다. 믿음직한 직원들이 어떻게 하면 해변에서 쉬는 게 아니라 열심히 일하고 있다는 확신을 줄 수 있을까? 실적에 기반한 계약서에 서명하겠다고 할 수도 있다. 그러나 이는 복잡하고 거슬리고 어쩌면 불가능할 수도 있다. 인지 부하를 줄이는 더 간단한 해결책은 그냥 사무실에 가는 것이다. 고용주는 직원들에게 직장에 나오라고 요구함으로써 이들이 일해야 할 시간에 동영상을 보거나 해변에 가지 않는다는 것을 확실히 할 수 있다. 2013년 마리사 메이어(Marissa Mayer)는 재택근무를 확대하려던 이전의 움직임을 뒤집어 직원들에게 출근하지 않으려면 회사를 그만두라고 요구하며, 야후(Yahoo) CEO 임기를 재택근무 **금지**로 시작했고, 2021년 여름 애플의 CEO 팀 쿡(Tim Cook)이 재택근무하는 직원들이 가을에는 사무실로 복귀하길 원한다고 발표한 것도 유명하다.

이저벨 소힐(Isabel Sawhill)과 카트린 기요(Katherine Guyot)의 설문 조사[36] 결과 재택근무의 생산성 효과가 확실히 혼재한다는 것은 놀랍지 않을 듯하다. 실험에서 한 중국 대형 여행사의 콜센터 직원들은 임의로 재택근무를 배정받았다. 재택근무자들의 실적은 13퍼센트 올랐는데 부분적으로는 분당 콜 수가 더 많은 덕이었지만, 주된 원인은 휴식 시간과 휴가를 덜 쓴 것이었다. 하지만 집에서 일한 직원들은 실험이 끝난 후 승진할 가능성이 더 낮았다.[37] 지식 집약적 IT 서비스 컨설팅 회사에 관한 다른 연구에서 코로나19 기간 중 재택근무는 생산성을 감소시켰다.[38] 이상의 사례는 다양한 부문에서 직종별 생산성이 얼마나 다른지 보여준다. 전화를 받는 일처럼 어느 정도 일정한 업무는 집에서도 생산적으로 수행할 공산이 크지만, 타인과의 상호 작용이 필요한 복잡한 업무는 그만큼 생산적이지 않을 수 있다.

2020년 실험으로 얻은 확실한 교훈 하나는 재택근무에 도구·기술·규범이 필요하다는 것이다. 이 중 일부는 봉쇄의 첫 몇 주 동안 명확해졌다. 직원들이 뭐라도 하려면 컴퓨터와 광대역 연결이 필요했다. 소프트웨어[2020년 봄에 줌(Zoom)이 전 세계 수백만 건의 비즈니스 미팅에 쓰기 안전한지를 놓고 벌인 국제적 논쟁을 기억하는가?]도 필요했다. 게다가 의자·책상·공간도 필요했다(그리고 모두가 사무실에 있을 때는 명확하지 않던 생활 조건의 불평등이 드러났다).

그러나 그 외의 문제가 더 해결하기 어렵다. 원격근무 중인 직원들은 어떻게 정보를 효과적으로 교환할까? 회사 탕비실이나 정수기 앞의 일상적 대화는 어떻게 대체할까? 하급 사원들이 받는 훈련 중 경험이 풍부한 직원들이 주변에 실제로 있어야 하는 부분은 얼마나 될까? 만일 일부 기업처럼 직원들이 일주일에 며칠만 사무실에 나온다면, 어떻게 일이 돌아가게 할 것이며 어떤 규칙과 규범이 필요할까? 원격근무에 익숙해진 기업 소수는 이미 이런 규범을 개발했으나 이는 널리 확산하지 않았고, 흔히 특정 기업의 특정 활동(특히 작업 흐름과 결과를 원격으로 공유하기 쉬운 소프트웨어 개발)에 맞춰져 있다. 그러나 대부분의 부문·산업은 장기적 발견 과정의 초기에 있다.

우리가 전통적 직장이라고 생각하는 공장과 사무실 같은 곳은 옛날에 낯설었다. 기업들은 이곳을 어떻게 효율적으로 운영할지 몰랐고 직원들은 여기서 어떻게 행동해야 할지 몰랐다. 그러나 시간 기록계, 조립 라인, 사무 의자부터 직원 식당, 카페테리아에 이르기까지 한 무더기의 실용적 혁신과 더불어 규범과 규칙이 발전했다. 다가올 미래는 원격근무자들에게 같은 종류의 제도적 혁신을 요구할 것이다. 이런 일이 일어나지 않는다면 실망스럽게도 95퍼센트의 업무를 사무실에서 처리하는 세상으로 되돌아갈 수도 있다.

이 모든 것을 위해 회사는 직원 모니터링과 신규 채용 적격 심사 같은 과정에 무형 자산 투자를 늘려야 할 것이다. 그리고 믿음과 신뢰성 같은 '소프트 스킬(soft skill)'에 대한 보상을 높일 가능성이 크다. 경제학자 데이비드 데밍(David Deming)은 지난 40년간 노동 시장에서 사회적 기술을 비롯한 비인지적 기술의 가치가 얼마나 커졌는지 기록했다. 사실 학력 외에 IQ 검사 같은 인지 기술의 가치는 만일 있다고 해도 세기가 바뀐 이래 감소했다.[39] 원격근무를 향한 움직임은 소프트 스킬을 한층 더 중요하게 만들 것이다.

요약

갈수록 무형 경제가 되면서 도시는 더 중요해졌다. 스필오버와 시너지 효과의 중요성이 커지며 사람들은 도시에서 떠나는 것이 아니라 도시로 옮겨갔다. 그러나 유주택 유권자들은 추가 개발에 자물쇠를 채울 것이다. 지방에 더 많은 권한을 이양하면 생활 편의 시설을 더 효과적으로 개선할 수 있다. 하지만 도시의 근본적 매력은 여기서 제공하는 연결의 가능성이다. 그 강력한 군집화의 힘을 상쇄하기에는 아직 거리가 충분히 소멸하지 않았다.

7

역기능적 경쟁 줄이기

경제학자와 정책 수립자들은 기업 간 경쟁이 줄어든다고 우려하며 1960년대와 1970년대의 보다 공격적인 경쟁 정책으로 돌아갈 것과, 테크 플랫폼 같은 대기업의 분산이나 국영화를 요구한다. 우리는 이를 잘못된 접근으로 본다. 왜냐하면 회사 간 경쟁의 변동은 정책 변화 때문이 아니라 무형 자산의 중요성이 커진 데서 비롯했기 때문이다. 그리고 이 경쟁에서 간과한 측면은 개인들 간의 다분히 소모적인 무한 경쟁이다. 이 치열한 생존 경쟁의 완화야말로 교육자들과 정부의 우선 과제가 돼야 할 것이다.

우리는 독점의 시대에 살고 있다는 얘기를 듣는다. 스탠더드오일이나 US스틸이 경제를 지휘하고 자기들 마음대로 운영한 시대는 오래전에 갔는지도 모른다. 그러나 당신의 스마트폰을 열면 보이는 반짝이는 아이콘들은 어느 모로 보나 강하고 견고한, 일군의 독점 기업을 나타낸다고 비평가들은 말한다. 그리고 1조 달러의 테크 플랫폼들만 문제인 것은 아니다. 가장 수익이 높은 생산적 기업들과 후발 기업들 사이에 벌어지는 격차는 대부분의 나라와 부문에서 마찬가지이고, 이는 많은 경제학자와 정책 수립자들을 고민에 빠트린다.

지난 10년 동안 기업 간 경쟁 감소라는 문제를 다루는 데 필요한 제도적 해법을 둘러싸고 의견이 물밀듯 쏟아졌다. 그 중심에는 두 가지 생각이 있다. 첫째는 경쟁 정책이 40년간 잘못된 방향으로 왔고 현재의 문제는 자업자득이라는 것이다. 둘째는 테크 기업들이 경쟁적 시장에서 특히 위험한, 새로운 위협이라는 것이다.

실패로 규정한 경쟁 정책에 대해 가장 많이 제안한 구제책은 1960년대와 1970년대 반독점 원칙으로의 복귀, 특히 어떤 기업의 시장 점유율이 아주 높을 때 개입하려는 의지다. 이런 견해의 지지자들은 20세기 초 독점에 맞선 대법원 판사 루이스 브랜다이스(Louis Brandeis)의 이름을 따 신브랜다이스주의자라고 자칭한다. 이들을 비판하는 사람들은 이 복고풍을 띤 운동을 '힙스터 반독점(hipster antitrust)'이라 부른다.

반독점이 특히 디지털 영역에서 실패하고 있다는 견해는 폭넓게 지지받는다. 2019년 미국 하원 법사위원회(House Judiciary Committee)의 디지털 시장 조사가 대표적 사례다.[1] 이들은 지배적 플랫폼 해체, 데이터 이동 요건 강화, 협상력 남용 금지를 포함해 더 강력한 독점 금지를 요구한다. 조 바이든(Joe Biden) 미국 대통령은 이 조사에서 자문을 담당한 법학자 리나 칸(Lina Khan)을 연방거래위원회(Federal Trade Commission) 위원장으로 지명했다. 영국은 2019년 미국인 경제학자 제이슨 퍼먼이 주도하는 디지털 경쟁 특별 심의를 자체적으로 수행했다. 유럽연합도 디지털 경쟁에 관해 이런 우려를 나타내는데, 대표적 예가 대형 인터넷 플랫폼들과 관련이 깊으며 이들의 시장 형성 능력을 규제·제한하려는 디지털시장법(Digital Markets Act)이다. 유럽연합 집행위원 마르그레테 베스타게르(Margrethe Vestager)는 2020년 10월 연설에서 디지털 플랫폼에 대해 "우리 삶에 엄청난 힘을 발휘하는 문지기들이다. 위험한 제품과 해로운 콘텐츠를 널리 퍼트리든 신속히 제거하든, 이들은 우리의 안전에 영향을 미칠 수 있다. 또한 시장이 우리의 필요에 대응하든 플랫폼의 이익을 위해서만 작동하든, 이들은 우리의 기회에 영향을 미칠 수 있다. 이들은 심지어 우리의 정치적 논쟁을 이끌고 민주주의를 보호할—또는 약화시킬—힘마저 갖고 있다"라고 했다.[2]

이 장에서는 무형 자산이 경제적 성과를 주도하는 세상에서 다양한 제도적 개혁이 필요하다고 말하고자 한다. 우리의 주장은 세 부분으로 나눌 수 있다. 첫째, 무형 자산의 중요성 확대를 참작하지 않고는 기업들 사이의 현저한 경쟁 감소를 제대로 이해할 수 없다. 무형 자산의 효과를 고려하면 마크업 증가와 일부 시장에서 나타난 국가 수준의 집중도 상승처럼, 시장 지배력 확대의 징후 같은 것들이 환상이었음이 드러난다. 진짜 징후도 있지만 이는 규제의 철학적 기초만큼이나 자본의 성격도 달라진 덕분이다. 둘째, '힙스터 반독점' 옹호자들 다수가 지지할 주장인데, 무형 자산이 풍부한 기업들은 규제 기관의 전문성을 좀더 요구하는 새로운 도전 과제를 창출한다. 셋째, 반독점은 보통 기업들의 경쟁 감소에 집중하지만, 우리는 노동자들 사이의 경쟁, 즉 학교·직장·지위를 위한 경쟁의 심화를 고려해야 한다고 생각한다.

우리는 이런 경쟁의 원인이 대부분 무형 자산의 중요성이 커졌기 때문이라고 본다. 특히 이는 불필요한 학위와 무의미한 자격증에 투자할 위험을 높여 노동자들 사이에서 제로섬 경쟁의 위험을 증대한다. 현재 우리의 제도는 이 추세에 대한 면역성이 거의 없으며 이를 해결하는 게 우선 과제다.

경쟁 감소에 대한 사회적 통념

우선 기업 간 경쟁이라는 문제와 관련해 일반적 주장을 검토해보자. 이는 경제학자 토마 필리퐁의 중요한 연구에서 명확히 정리했다. 그림 7.1은 2002년 이후 여러 국가에 걸친 증거를 나타낸다. **집중도**(상위 기업들의 비중)는 전 세계 경쟁 관련 기관이 사용하는 표준 척도다. 시장에서 경쟁하는 기업들의 숫자가 적으면 경제학자 대부분은 걱정하기 시작한다. 흔히 이 상황은 가격과 다양한 제품을 두고 벌이는 경쟁이 줄고 혁신의 인센티브가 약해진 것과 결부한다.

관련 현상은 제품 생산의 한계 비용과 제품 판매가의 차이, 즉 경제학자들이 말하는 **마크업**의 증가다. 얀 드 로커(Jan De Loecker)와 얀 에크하우트(Jan Eeckhout)[3]의 영향력 있는 연구는 1980년 이래 미국과 유럽에서 마크업이 꾸준히 증가했음을 시사한다(전 세계의 이런 추세를 요약한 그림 1.5 참조). 이는 경제학자들한테는 또 다른 경고 신호다. 경쟁 시장이라면 소비자들이 경쟁사 제품을 더 낮은 가격에 구입하는 쪽으로 옮겨갈 것이므로, 마크업이 계속 증가할 것으로 예상하지 않기 때문

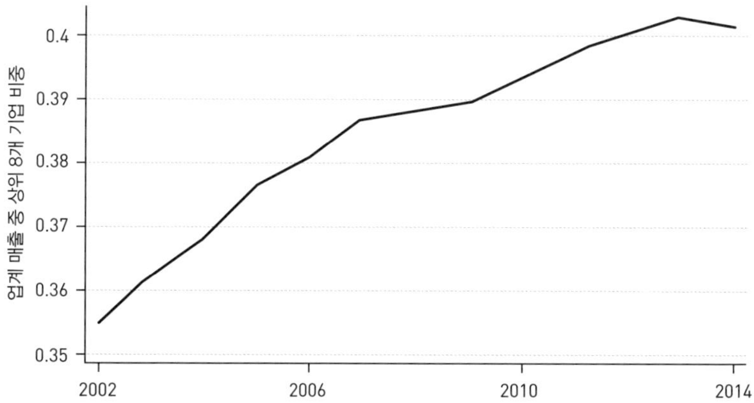

그림 7.1 2002년 이후 상위 8개 기업 집중도: 선진 13개국의 업계 매출 상위 8개 기업이 차지하는 비중. 주: 대상 국가는 벨기에, 덴마크, 핀란드, 프랑스, 독일, 그리스, 이탈리아, 일본, 포르투갈, 에스파냐, 스웨덴, 영국, 미국이다. 산업은 표준산업분류에서 제조업과 비금융 시장 서비스를 포함한다. 집중도는 각국의 산업별 매출에서 상위 8개 기업이 차지하는 비중으로 측정했다. 그림은 전체 국가-산업 쌍에 걸쳐 (비가중) 평균 집중도에 변화가 있음을 보여준다. 출처: Bajgar, Criscuolo, and Timmis 2020.

이다.

그 밖에 경쟁 부족의 징후로 무엇이 있을까? 많은 경제학자들이 특히 미국 경제에서 이윤의 비중이 증가했다고 말했다. 또한 그림 1.4에서 봤듯 OECD 키아라 크리스쿠올로 팀의 영향력 있는 연구에서는, 업계의 선두 기업과 후발 기업 간 격차가 2001년 이후 계속 증가세임을 발견했다.[4]

선두 기업과 후발 기업의 지속적 격차는 많은 경제학자들에게 경쟁이 뭔가 잘못됐다는 또 다른 상징처럼 보인다. 경쟁의 특별한 장점은 최고의 제품을 만드는 기업만이 시장에서 성공하는 것이다. 그러나 최고의 제품이란 끊임없이 바뀌기 마련이고 이것이 경제학자 조지프 슘

페터(Joseph Schumpeter)가 말한 **창조적 파괴**다. "이 창조적 파괴 과정이야말로 자본주의에 관한 근본적 사실이다."[5] 우리는 제대로 기능하는 시장이라면 후발 기업들이 퇴장하거나, 제품을 개선해 선두 기업들을 대체할 것이라고 예상한다.

어떤 사람들은 현대 경제에서 경쟁의 또 다른 골치 아픈 측면은 일부 새로운 회사들의 압도적인 복합 기업 성격이라고 본다. 아마존은 도서 판매업으로 출발했다. 지금은 영화를 제작하고 웹 호스팅을 판다. 구글은 검색 엔진에서 온라인 광고, 이메일 서비스, 무인 자동차로 옮겨갔다. 갈수록 복합 기업이 늘어나는 경제의 성격은 거대 복합 기업들이 여러 업계를 지배하던 1960년대의 산업 구조를 상기시킨다. 그 이야기는 끝이 좋지 않았다. 복합 기업들은 나태하고 생산성이 떨어졌으며, 결국 대부분 시장의 힘으로 인해 무너졌다.

요약하면 많은 이가 집중도 상승, 선두 기업과 후발 기업의 격차 증대, 복합 기업화 추세를 경쟁 부족의 지표로 본다. 그리고 이들은 경쟁 부족이 경제를 여러 가지로 악화시킨다고 주장한다. 즉 저조한 혁신, 형편없는 경영·고용 관행, 지대 추구, 달리 갈 곳이 없는 불만 가득한 소비자 등이다.

기업 간 경쟁에 무형 자산이 미치는 영향

우리는 무형 자산 증가가 경쟁에 일어난 사태에 관해 대안적 설명을 제시한다고 본다.

먼저 집중도 상승을 생각해보자. 여기서 국내 시장 집중도와 지역 시장 집중도의 차이를 고려하는 게 중요하다. 많은 제품의 국내 집중도가 지역 집중도보다 훨씬 덜 중요하다. 두 나라를 떠올려보자. 첫 번째 나라에는 슈퍼마켓 체인이 없고, 지역마다 유일한 독립 슈퍼마켓이 있다. 두 번째 나라에는 두 개의 슈퍼마켓 체인이 있고 지역마다 각 체인이 소유한 매장이 하나씩 있다. 주중에 장을 보려고 다른 지역으로 이동할 사람은 거의 없을 것이므로 첫 번째 나라에서 각 독립 슈퍼마켓은 지역의 독점 기업처럼 행동할 수 있다. 국가 집중도를 측정하면 두 번째 나라가 더 높겠지만, 모든 소비자에게 선택할 수 있는 매장이 두 개 있고 가격과 다양성을 놓고 더 경쟁할 것이므로 소비자들은 이를 선호할 터이다.

셰창타이(謝長泰, Chang-Tai Hsieh)와 에스테반 로시한스버그(Esteban Rossi-Hansberg)는 1977년 이후 미국의 지역 집중도와 국가 집중도 차이를 조사했다. 이들은 국가 집중도는 높아지고 지역 집중도는 떨어졌다고 결론지었다. 러니어 벤카드(Lanier Benkard), 알리 유루코글루(Ali Yurukoglu), 앤서니 리 장(張翼東, Anthony Lee Zhang)도 같은 현상을 발견한다.[6] 셰와 로시한스버그가 찾아낸 것은 대단히 무형적인 이유다. "정보통신 기술과 새로운 경영 관행으로 마침내 제조업 외의 기업들이 생산을 여러 곳으로 확장할 수 있게 됐다."[7] 달리 말해 무형 자산은 확장 가능성이 있으므로 가치가 큰 무형 자산(유명 브랜드, 강한 경영 관행, 차별화한 제품 공급 등)이 있는 서비스 기업은 여러 지역의 시장에 퍼질 수 있다. 이 말이 추상적으로 들린다면 브랜딩, 소프트웨어(재고 관리용, 고객 충성도 제고 프로그램용, 전자 상거래용), 공급업체와의 관계('패스트 패션'

의 비법), 신제품 개발에 막대한 투자—모두 무형 자산 투자다—를 하는 전국적·세계적 소매 체인을 생각해보자. 펍 체인인 제이디 웨더스푼(JD Wetherspoons), 성공한 자영업 식당에서 시작해 급성장하며 중산층을 겨냥하는 체인점들, 자라와 이케아를 떠올리자. 이렇게 독립 점포 대부분과 달리 무형 자산에 의존하는 사업 모델의 체인점이 많은 세상에서는, 국가 단위 통계에 나타나지 않는 지역 경쟁이 더 심할 가능성이 크다.

이런 생각은 집중도 변화와 무형 자산 강도의 상관관계를 조사한 OECD 마티아 바이가르(Matěj Bajgar), 키아라 크리스쿠올로, 조너선 티미스(Jonathan Timmis)의 연구에서도 입증되었다.[8] 2장에서 살펴봤듯 집중도 상승은 무형 집약적 산업 대부분에서 일어났다. 마크업과 수익으로 넘어가면 우리가 1장과 2장에서 언급한 것처럼, 기업 자본 중 무형 자산 비율을 고려하면 미국 기업들의 마크업과 총수익률은 거의 달라지지 않았다. 기업들의 수익성 폭주 중 적어도 일부는 잘못된 분모로 계산한 허상으로, 기업들이 투자하는 자본 스톡에서 갈수록 중요해지는 부분을 누락했다.

이윤을 들여다보면 비슷한 점이 보인다. 이 측정에는 어려움이 많다. 이윤은 자본에 대한 수익의 측정값이므로, 임금·연봉(노동에 대한 수익)과 이윤을 측정하는 국가 회계에 의지하는 것이 자연스러울 것 같다. 각 그래프 제목에 대한 수치를 보여주는 그림 7.2에서는 국내 총생산에서 이윤이 차지하는 비중을 '미조정'으로 나타냈다. 이 그림은 미국을 비롯해 모든 나라에서 이윤의 비중이 증가했음을 나타낸다.

헤르만 구티에레스(Germán Gutiérrez)와 소피 피턴은 이 데이터를 파

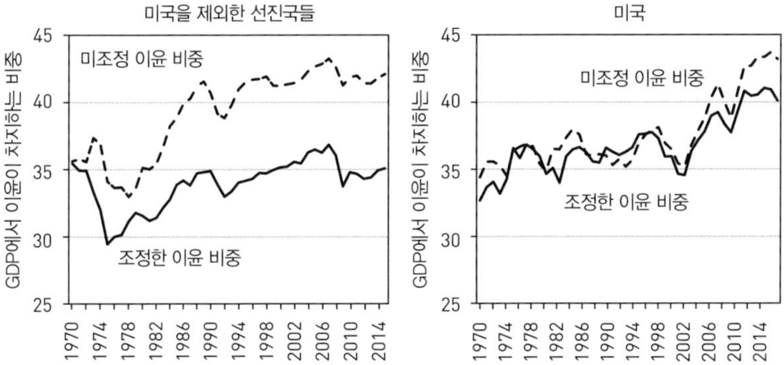

그림 7.2 미국 안팎의 이윤 비중. 주: 미조정한 선에는 기업 소유의 주택이 포함된다. 조정한 선에서는 이를 제외했다. 출처: Gutiérez and Piton 2019a.

고들어 다른 그림을 찾아냈다.[9] 국가 회계는 국내 총생산을 임금, 이윤, 자영업자의 수입(임금과 이윤의 혼합)으로 나눈다. 이윤은 기업들의 납세 신고로 측정한다. 따라서 이윤은 적어도 두 가지 이유로 달라질 것이다. 첫째, 법인으로서 자영업자의 숫자 또는 회계 처리가 달라진다면 이윤은 바뀔 것이다. 둘째, 건물은 자본 서비스의 지속적 공급원이기 때문에, 예상할 수 있듯 국가 회계는 건물을 자본으로 처리한다. 건물은 상업용 건물과 주거용 건물인 주택으로 나눈다. 영국에서 주택은 총 자본 스톡의 40퍼센트다. 하지만 많은 기업이 주택을 소유한 것으로 드러났다. 그리고 영리 법인이 주택을 다수 소유하는 경우 거기서 나오는 수익은 상업적 이윤의 일부가 된다. 구티에레스와 피턴이 발견했듯 미국 외의 국가에서 많은 주택은 '법인'으로 분류한다. 사실 유럽에서는 비금융 법인 자본 스톡의 거의 20퍼센트가 주택이다(미국의 1퍼센트와 대비된다). 우리가 기업 간 경쟁의 척도로 '이윤'을 얘기할 때 이런 측면은 분명 제거하고 싶어 한다. 그림 7.2의 '조정한' 선은 미국에서는 미조정한 선과 별반 차이가 없다. 임금의 비중은 떨어졌고 따라서 이윤은 올라갔다. 그러나 미국 밖에서는 이윤의 비중에 큰 변화가 없었다.

끝으로 대기업들의 확장 및 시너지 발휘 능력이 선두 기업과 후발 기업 사이의 격차 확대를 설명할 수 있을까? 그림 2.4에서 살펴봤듯 캐럴 코라도와 동료들은 이와 일치하는 증거를 찾았다.[10] 다른 많은 요인을 통제할 때, 더 무형 집약적인 산업의 생산성은 갈수록 분산하며, 이는 무형 자산이 생산성 분산의 주된 동인임을 시사한다. 이는 샘 펠츠먼(Sam Peltzman)의 견해와 일맥상통한다.[11]

이상의 논의가 함축하는 바는, 기업 간 경쟁의 위기를 무형 자산을 통해 세 측면에서 이해할 수 있다는 것이다. 첫째, 시장 지배력의 일부 척도(가령 마크업)에 무형 자산을 포함하면, 그렇지 않은 경우 우리가 데이터에서 보는 시장 지배력의 명백한 확대가 감소하거나 사라진다. 둘째, 무형 자산의 중요성 증대는 무형 자산이 풍부한 전국 체인들이 지방에 새로 개점하며 지역 내 경쟁이 심화하고 국가 내 경쟁이 감소하는 현상을 뒷받침한다. 셋째, 집중도가 상승한 만큼 무형 집약적 부문 대부분에서 이런 현상이 일어났을 것으로 보이며, 이는 경쟁 정책이라는 외부 요인이 아니라 승자 독식이란 무형 자본의 특성 탓임을 시사한다.

무형 자산에 따르는 새로운 경쟁에 대한 우려

지금까지 기업 간 경쟁에 관해 우리가 주장한 바는 무형 자산이 낙관주의, 그리고 힙스터 반독점의 우려를 거부하는 이유라는 것이다. 안타깝게도 상황은 그리 간단하지 않다. 무형 경제는 규제하기 더 어려우며 경쟁 정책을 시행하는 기관들에는 변화가 필요하다.

무형 자산이 풍부한 경제에서 경쟁은 물가에 어떤 영향을 미칠까? 디지털 경제는 무형 자산의 중요성 증가와 함께 나아간다(무형 자산에 소프트웨어와 데이터베이스가 들어감을 상기하라). 온라인에서는 경쟁이 다르게 작동할지도 모른다는 의혹은 수그러들지 않는다. 결국 인터넷이 현재 소비자들에게 제공하는 정보란 똑똑하고 요령 있는 일부에게만 혜택을 주는 게 아닌가? 경쟁이 가져다주는 공급의 다양성을 추구하는 이들이 승자가 될 것이다. 이런 협상을 추구할 능력이나 수단이 없는 이들은 밀려날 것이다.

이 논리는 면밀히 파악해야 한다. 기초 경제학 교재에서는 정반대로 설명한다. 그 세상에서는 똑똑하고 요령 있는 소비자들이 염가품 사냥의 혜택을 다른 모든 사람에게 퍼뜨린다. 이런 일이 어떻게 일어나는지 이해하기 위해 동네 슈퍼마켓의 우윳값을 생각해보자. 당신이 사람들에게 우윳값이 얼마인지 묻는다면, 대부분은 확신하지 못할 것이다. 사실 정치인을 인터뷰할 때 그들을 당황하게 하려고 우윳값을 물어볼 때가 많기 때문에, 정치인들은 인터뷰 장소에 가기 전 거기에 대한 설명을 듣는다. (영국에서는 우유 1파인트가 약 1파운드, 미국에서는 갤런당 약 3.59달러이다). 우윳값에 대한 인식이 일반적으로 부족하다면 소비자들이 그 차이를 알아채지 못할 것이므로, 슈퍼마켓에서 그냥 우윳값을 인상해도 된다는 뜻일까? 반드시 그렇지는 않다. 그 차이를 **정확히** 아는 소비자들이 있다고 치자. 만일 슈퍼마켓이 우윳값을 올린다면 이 소비자들은 걷거나 컴퓨터 화면의 버튼을 클릭함으로써 그냥 다른 점포에 갈 것이다. 그리고 슈퍼마켓은 이런 사람이 많을 경우 우윳값을 올리면 손해를 볼 것을 안다. 얼마나 손해인지는 가격에 대한 수요의 민감도에 달렸다. 슈퍼마켓들이 이런 가격 인상으로 이윤을 내지 못하게 만드는 데는 '한계 소비자'가 그렇게 많이 필요치 않은 것으로 드러났다. 예를 들어 변동 원가에 대한 일반적 마크업이 50퍼센트라고 가정해보자. 5퍼센트 가격 인상 이후 85퍼센트의 소비자들이 남는다 해도 이윤은 내지 못한다.

이 시장 행동의 결과는 중요하다. 겨우 15퍼센트의 소비자들만 반응해도 우윳값은 낮게 유지된다. 이렇게 해서 우윳값을 모르거나 관심 없는 85퍼센트의 소비자들이 그 15퍼센트를 통해 이득을 보며, 경쟁의 이점은 요령 있는 소비자들을 넘어 폭포 효과를 낸다. 소수의 행동이 모든 사람에게 낮은 가격을 유지하고, 이는 경쟁의 이점이 널리 퍼진다는 교재의 예측을 뒷받침한다.

또 다른 사례는 호텔 미니바다.[12] 매우 고가인 이 미니바는 목마르고 배고픈 소비자들(또는 아마 자기 통제력이 부족한 사람들)을 노리는 주요 사례로 보인다. 그러나 호텔은 모든 사람에게 미니바를 제공한다는 것을 기억해야 한다. 호텔이 만일 투숙객 중 적어도 일부는 미니바의 제품을 구매할 거라 믿는다면 더 많은 소비자를 끌어들이고자 호텔 객실의 기준 가격을 인하할 것이다. 따라서 결국 호텔은 모든 사람에게 가격을 인하하게 되고, 미니바의 음료를 마시지 않는 사람들은 유혹에 넘어가는 사람들(어쨌든 자기 객실에서 마시는 시원한 음료에 프리미엄을 지불한다는 합당한 이유가 있는 사람들)의 도움을 받는다. 공항에서 짐을 부치는 비용도 비슷한 원칙으로 작동한다. 이런 비용을 지출하지 않는 요령 있는 소비자들은 돈을 내는 사람들에게 보조금을 받는 셈이다.

하지만 모두가 다른 가격을 치른다면 상황은 달라진다. 만일 슈퍼마켓이 가격에 민감한 고객들한테는 값을 낮게 유지하고 가격에 둔감한 고객들한테는 인상하는 식으로 가격 변동을 조작할 수 있다면, 경쟁에 직면해도 가격을 올리는 데 성공할 수 있을 터이다. 하지만 이런 전략은 성사하기 어렵다. 첫째, 슈퍼마켓은 누가 가격에 민감하고 누가 둔감한지 알아야 한다. 이는 우윳값뿐만 아니라 슈퍼마켓에서 비축하는 고기·빵을 비롯해 수천 가지 제품의 값에 대해서도 마찬가지다. 둘째, 슈퍼마켓은 시장을 세분화하고 반응이 더 민감한 고객들한테만 낮은 가격을 유지하는 방안을 모색해야 한다. 인터넷 이전에는 쿠폰을 이런 목적으로 사용했다. 가격에 민감한 고객들은 쿠폰을 오려 다른 고객들은 받지 못하는 가격 인하를 받았고, 슈퍼마켓들이 시장을 세분화할 수 있게 해줬다. 그러나 쿠폰은 부정확한 세분화 방법이었고, 쿠폰 보유 고객이 민감한 고객임이 드러나긴 했지만 보통 쿠폰이 이들의 구매 이력을 보여주진 않았다.

인터넷 시대인 요즘에는 시장 세분화를 훨씬 쉽게 달성할 수 있다. 매장, 특히 온라인 매장은 개개인, 그들의 쇼핑 습관, 가격에 대한 민감도, 기타 계약상 세부 사항에 관한—온라인 계정이나 매장 구매 고객이 작성하는 카드를 통해—상세한 정보가 있다. 따라서 시장 세분화 전략에 필수인 정보의 비용은 감소한 듯하며, 여기서 흥미로운 가설을 제기하게 된다. 아마 개인별 가격 책정과 시장 세분화가 덜 됐던 예전에는, 정보에 어두운 소비자 대다수가 정보에 밝은 소비자들의 행동으로 자기도 모르게 이득을 봤을 것이다. 가격에 관한 한 우리는 모두 한배를 탔었다. 그런데 인터넷과 경제 정보 증대의 시대로 넘어가며 상황이 완전히 달라진 것 같다. 매장들은 특정 고객들을 대상으로 가격을 제시할 수 있다. 이제 소비자들은 디지털 경제가 그들의 주의력에 가하는 공격에 직면하고, 정보에 어두운 소비자들은 정보에 밝은 소비자들로부터 어떤 혜택도 얻지 못한다. 따라서 이 디지털 시장에서는 결코 우리 모두 한배를 탄 게 아니다.

'개인별' 가격 책정의 광범위한 증거를 찾기는 생각보다 어렵다. 눈에 띄는 영역은 인터넷 데이팅 서비스다. 2016년 독일의 소비자 단체 WISO가 주관한 미스터리 쇼핑(암행 평가) 활동으로 데이팅 포털이 가격을 개인화하는 것—즉 고객마다 다른 가격을 제시하는 것—이 드러났다. 2001년 이래 5만 5000건의 만남을 성사시켰다고 자부하는 독일의 대규모 온라인 데이팅 서비스 업체 파십(Parship)은 신규 고객의 월 회원료를 결정하는 데 상세한 설문지를 활용한다. 이 요금은 여러 특성 가운데서도 연봉에 따라 달랐다. 가상의 연 소득이 10만 파운드인 한 여성 참여자는 매달 44.93파운드를 내라고 요구받은 데 반해, 가상의 연 소득이 그보다 적은 1만 5000파운드이던 다른 참여자는 월 30.02파운드의 회원료를 제시받았다. 소득이 낮은 한 남성 참여자에게는 여성 사용자보다 더 낮은 요금—월 26.45파운드—을 제안했다.

파십은 개인별 가격을 부과하기 위해 개인 정보를 폭넓게 활용하지만, 일반적 전략은 이보다 덜 정교하다. 경제학자 아니코 하낙(Aniko Hannak)과 동료들[13]은 회사들이 구매자가 사용하는 컴퓨터를 통해 지불 능력이 있는지를 유추하는 사례를 여럿 기록했다. 예를 들어 연구자들은 미국 온라인 예약 포털 오비츠에서 맥(Mac) 사용자들이 다른 개인용 컴퓨터 사용자들보다 똑같은 객실에 대해서 30퍼센트까지 더 많은 금액을 쓴다는 것을 알아냈다. 다른 사례로 미국의 대형 사무용품 체인 스테이플스는 온라인 구매자들의 위치를 기반으로 다른 가격을 책정했다. 검색에 들이는 노력도 차이를 만들 수 있다. 예를 들어 구글 플라이트를 이용해 더 집중적으로 항공권을 검색하는 사용자들은 돈을 덜 냈다.

개인별 가격 책정의 사촌 격인 **가격 조정**(price steering)은 고객이 이전에 방문한 사이트에 관해 소매업체가 이미 아는 정보를 바탕으로 검색 결과의 순서를 바꿔 제시하는 것이다. 넷플릭스가 사용자들에게 콘텐츠를 제시하는 방식이 적절한 예가 될 수 있다. 방문을 거듭할수록 넷플릭스는 사용자의 취향을 학습해 더 맞춤형인 콘텐츠를 제안할 수 있게 된다.

이런 관행이 흔하든 아니든 이 시장에 개입하는 근거 및 효과는 매우 복잡하다. 경쟁을 높이려는 조치는 보통 모든 고객한테 도움이 된다. 그러나 이 시장에 제안하는 많은 개입—가령 미니바 가격 규제—은 가격을 전부 바꾸는 게 아니라 그 구조를 바꾸는 것이다. 미니바 가격 한도 설정은 음료나 과자를 원하는 고객들에게는 도움이 될지 모르지만, 미니바에서 나오는 이윤의 손실을 만회하기 위해 기준 가격이 올라간다면 다른 고객들한테 손해를 끼칠 터이다. 마이클 그럽

(Michael Grubb)과 매슈 오즈번(Matthew Osborne)은 2013년 미국 연방 통신위원회의 '빌쇼크(지나치게 비싼 통신 요금 청구서에 이용자들이 충격을 받는 현상—옮긴이)' 규제 도입을 검토했다.[14] 배정받은 사용량을 넘겨 요금 폭탄을 맞은 휴대폰 사용자들을 위해, 이들이 문자나 통화 한도를 '초과'하기 직전에 이동 통신 사업자들이 경고 문자를 전송할 것을 요구하는 법안이 통과됐다. 이 법이 초과 요금을 무는 소비자 수를 줄인 게 사실이다. 그러나 시뮬레이션에 따르면 시장의 다른 영역에서 경쟁하던 사업자들은 모든 소비자의 기본 요금을 높여 이윤을 회복한 것으로 나타났다. 전체적으로 소비자들의 상황은 더 나빠졌다. 우리는 어떤 결론을 내려야 할까? 결국 가격 **구조**를 바꿔버리는 개입은 문제가 한둘이 아니고 신중히 숙고해야 한다는 것이다.

그런가 하면 차별화한 가격 책정이 기업과 소비자 모두의 상황을 개선하는 경우가 있다. 특히 제품 가격은 고정되어 있지만 한계 비용이 없다시피 한 소프트웨어, 데이터, 음악, 비디오 게임 같은 일부 무형 집약적 기업이 그렇다. 이런 기업의 가격 책정은 쉽지 않다. 고정 비용을 뽑을 방안을 모색해야 한다. 한 가지 방법은 기업이 소비자마다 (가령 줌의 무료와 유료처럼 다른 형태에 대해) 다른 가격을 부과할 수 있게 하는 것이다. 기업이 할인, 특가, 묶음 판매 등으로 여러 부류의 고객들(특히 기꺼이 기다릴 의향이 있는 사람들과 없는 사람들)에게 다른 가격을 책정할 가능성이 있는 비디오 게임 시장을 생각해보자. 다양한 가격을 부과하면, 기업들이 고정 비용을 충당할 만큼 높은 단일 가격을 책정하는 경우와 비교해 아마 게임 매출이 오를 것이며, 이는 기꺼이 지불하고 싶은 가격으로 게임을 구매하는 소비자들이 더 많아진다는 뜻이다.

또 다른 쟁점은 어떻게 **기업 활력**을 촉진할지와 이어진다. 경쟁 정책이 단순한 집중도 척도 모니터링에서 탈피해 신규 기업의 시장 진입을 보장하는 방향으로 나아가는 반가운 추세가 나타났다. 무형 자산이 풍부한 기존 대기업들에 대한 자극은 흔히 새로 합류하는 업체들에서 오는 만큼, 신규 기업의 진입은 무형 자산의 중요성이 커짐에 따라 특히 중요해진다. 그러나 무형 집약적 기업들의 세계에서는 용이한 시장 진입을 보장하기가 더 힘들다. 2장에서 살펴봤듯 무형 자본은 불균일한 경향이 있다. 일반적으로 한 가지 개념, 브랜드, 운영 프로세스는 다른 것과 같지 않다. 이 불균일성의 결과는 무형 자산이 풍부한 기업들이 경쟁 우위를 유지하려고 써먹는 전술—워런 버핏이라면 이들의 비즈니스 모델을 둘러싼 '해자'라고 부를 터이다—도 대단히 다양하고 맞춤형 분석이 필요한 경향이 있는 것이다.

필자 중 한 명이 영국 정부의 지식 재산권 정책 수립에 참여했을 때 논란이 된 쟁점은, 온라인 플랫폼과 뮤직비디오와 스포츠 중계권 같은 콘텐츠 소유자들 사이의 경쟁이었다. 이는 광범위한 의미에서 경쟁과 시장 지배에 대한 쟁점이었다. 그러나 구체적 내용은 정말 구체적이었다. 예를 들어 유튜브 같은 콘텐츠 플랫폼은 불법 복제 콘텐츠를 얼마나 빨리 차단해야 할까? (이 질문에 대한 답은 중요하다. 왜냐하면 플랫폼에 요구해 문제의 콘텐츠를 더 빨리 제거할수록 사용자들이 볼 수 있는 불법 콘텐츠라는 영원한 '예비군'을 둘 가능성이 더 작아지고, 그 결과 콘텐츠 조회수가 올라갈 때마다 콘텐츠 소유자들에게 얼마를 줄지 협상할 교섭력이 약해지기 때문이다.) 이 쟁점을 전시 규제 과정이 아니라 두 정부 부처의 하이터치(공감을 이끌어내는 능력—옮긴이) 식 협상으로 다룬 것도 놀랍지 않다.

또 다른 쟁점은 합병이다. 비평가들은 페이스북의 왓츠앱 인수를 두고 향후 경쟁을 막은 것일지도 모른다는 근거로 매도한다. 그러나 다른 회사가 인수할 것이라는 예측은 애초에 무형 집약적인 신생 기업이 창업할 유일한 길일 수도 있다. 특히 전통적 경로로 자금을 조달하는 데 애를 먹는다면 말이다(5장 참조).

이상의 사례는 규제 기관들이 무형 집약적 기업들을 위해 해결해달라고 요청받을, 무한할 정도로 다채로운 시장 지배 문제의 일부일 뿐이다. 문제 하나하나에서 고유한 기술적 도전이 나타나며, 오프라인 자산이 좌우하는 개별 산업의 시장 지배를 평가하던 규제 절차로는 해결하기 어렵다. 결정적으로 이런 정책 문제는 보통 경쟁 및 반독점 정책의 영역으로 여기지 않는다. 수많은 규제 문제 전체가 기업 활력에 영향을 미치므로, 만일 기업 활력이 경쟁 정책에 더 중요한 지렛대가 된다면 이를 불어넣는 정부의 폭넓은 역량이 필요할 것이다.

무형 경제에서 경쟁을 위한 제도

무형 경제에서 여러 유형의 시장 지배 문제, 그리고 온라인 플랫폼들이 한계 소비자가 가격 책정에 미치는 효과를 변화시키는 방식 모두가 우리가 경쟁을 규제하는 방법에 영향을 준다. 여전히 우리의 지침은 소비자의 복지여야 하고, 시장에서 경합이 가능하도록 보장하는 것은 소비자를 보호하는 중요한 수단이어야 한다. 하지만 규제 기관들이 엄청나게 다양한 신규 비즈니스 모델, 시장 접근과 관련한 역학 관계,

디지털 기술이 가격 책정에 미치는 영향을 이해하려면 상당한 지식이 필요하다.

경제학자 존 핑글턴은 두 가지 흥미로운 제안을 했다. 우선[15] 'n+1' 규제 기관이 기존의 법률이나 규제가 수용하지 못하는, 신생 회사들의 혁신적 사업 아이디어를 경제의 전 부문에 걸쳐 지원하는 것이다. 'n+1'이란 명칭은 규제 기관이 업계에 자리 잡은 틀에 안착하지 못하는, 근본적으로 새로운 사업 모델에 책임을 진다는 의미다. 'n+1' 규제 기관이 검토할 법한 최근의 사례로는 둘 다 규제와 관련해 어려움에 직면한 P2P 금융 기업이나 텔레마틱 자동차(자동차와 무선 인터넷을 결합한 서비스—옮긴이) 보험이 있다. 규제 기관이 기존 규제와 충돌하는 신생 회사의 사업 모델—예를 들어 차세대 우버—에 5년짜리 허가를 내주고, 그동안 기존 법령에 저촉하든 아니든 운영할 수 있게 해주는 것이다. 회사들은 책임 보험을 들어야 할 것이고, 만일 민간 부문이 혁신 기업을 보증해주지 않으려 한다면 규제 기관이 (대금을 받고) 보험을 제공할 수도 있다.

이런 접근법이 보건 분야에는 이미 존재하는데, 규제에 따라 승인받지 않은 치료법을 특정 상황에 허용하는 것이다. 이는 핀테크[fintech: 금융(finance)과 기술(technology)이 교차하는 공간의 혁신]에도 어느 정도 존재한다. 여기서 규제 기관은 두 가지 책임을 질 것이다. (1) 규제에 가로막히는 혁신적 회사들을 시장에서 허용하고 (2) 이 신생 회사들이 계속 운영할 수 있도록 부문별 규제 기관들과 협상해 규칙을 변경할 책임이다. 이 접근법은 앞서 말한 틀과 들어맞는다. 즉 제도적 개혁을 통해 집합 행위 문제—많은 회사들이 규제(가령 낡은 기업의 시장 진입을 막는 규제)를 변경하고 싶어 하겠지만, 거기에 들이는 노력으로 이득을 보는 회사는 한 곳도 없다—를 해결하는 것이다.[16]

다음으로 핑글턴은 부문별 규제 기관들이 산업보다는 활동—예를 들어 컴퓨터 프로그램별 접속 요금보다는 모든 프로그램 접속 자체에 대한 요금—을 다루도록 규제를 개정하자고 제안한다. 이는 산업에 특화한 규제 기관들이 규제하는 업계에 사로잡힐지 모른다는 우려를 불식할 것이다. 또한 음식 배달업체 같은 무형 집약적 플랫폼 기업들을 규제하는 방안에 대해 생각해볼 장도 마련할 것이다. 공용 네트워크에 오픈 액세스(누구나 비용 등의 장벽 없이 학술 정보에 접속해 읽고 쓸 수 있는 서비스—옮긴이)를 강요하는 것이 타당한지 판단하는 데 필요한 전문 지식은 딜리버루(Deliveroo)나 우버이츠 같은 네트워크에도 적용할 수 있을 것이다.

무형 경제, 특히 디지털 경제의 광범위한 경쟁 문제로 넘어가면 우리는 조심스워진다. 어떨 때는 규제 기관들이 시장에 개입해 경쟁을 촉진함으로써 시장의 전반적 기능을 향상하고 진입을 돕는다. 그런가 하면 (흔히 정치인들의 로비 활동에 뒤이어) 시장의 일부에만 개입할 때도 있다. 전반적 시장 기능이 아니라 가격 **구조**를 둘러싼 개입이 예상치 못한 결과를 가져오기도 한다. 빌쇼크 사례에서 보듯 이런 노력은 역효과를 불러올 수 있다.

나아가서 우리는 무형 자산이라는 렌즈가 어떤 정책 문제를 더 잘 평가하는 데 일조한다고 생각한다. 디지털 경제에 풍부한 대기업들의 확장성과 시너지 효과가 광범위한 네트워크를 제공하거나, 진입 기업들의 합병 가능성을 간접적으로 높이는 식으로 소비자에게 이득을 준다면 틀림없이 좋을 것이다. 아마존 같은 회사를 해체한다면 시너지와 확장성이 사라질 테고, 해체된 회사가 이를 활용할 수 없다면 결국 소비자들에게도 절대적 손실이 될 수 있다. 그러면 디지털 공간에서는 아무것도 하지 말아야 하는 걸까?

반드시 그렇지는 않다. 첫째, 대형 검색 엔진들이 디지털 광고 시장을 지배한다면 피해가 있을 텐데, 이 경우 그 특정 시장에 대한 조치를 하면 된다(그렇다 하더라도 경제에 비싼 광고가 미치는 '피해'는 측정해야 할 것이다). 둘째, 경쟁 규제 당국은 무형 자산을 오차가 아니라 하나의 특성으로 취급해야 한다. 널리 사용하는 온라인 가격 비교 사이트가 명확한 사례로, 영국 경쟁시장국(Competition and Markets Authority)에 따르면 인터넷에 접속하는 영국 소비자의 85퍼센트가 사용했고, 주택 보험과 자동차 보험 판매에서는 각각 40퍼센트와 60퍼센트를 차지했다.[17] 또한 경쟁시장국의 디지털 경쟁 수단 조사 결과 소비자의 64퍼센트가 쇼핑할 때 여러 비교 수단을 활용한 것으로 드러났다. 이 사이트들 간의 경쟁이 활발하도록 보장하는 게 제한된 규제 시간을 잘 활용하는 일일 터이다. 끝으로 경쟁 규제 기관들은 개인 정보 보호와 같은 디지털 경제의 조치가 의도치 않은 경쟁을 유발하는 것은 아닌지 주시해야 한다.[18]

이상의 제도적 변화는 많은 이들이 옹호하는 반독점법의 공격적 개정에 비해 극적이지 않다. 사실 이런 제안이 너무 식상하다고 할 사람들도 있다. 제도적 변화는 규제 기관들의 기술과 역량에 대한 투자를 포함하는데, 이는 정치적 논쟁을 불러일으키지 않기 때문이다. 경쟁 규제 당국과는 거의 무관한 경우도 많다. 그러나 핵심은 강력한 규모의 경제인 데다 시장 지배력을 일시적으로 확보할 때가 많은, 무형 집약적 기업들의 세계에서 최상의 무기는 신생 기업이라는 점이다. 신생 혁신 기업들이 시장에 들어가 현재의 독점 기업들을 권좌에서 몰아낼 공평한 기회를 보장하는 것이 전통적 반독점 지표 및 수단보다 더 효과적이다.

무형 자산과 무한 경쟁

이제 지금의 경제에서 경쟁의 또 다른 역기능적 측면, 즉 노동자들 간의 경쟁 심화로 넘어가자. 이 추세는 경제에서 무형 자산의 중요도가 높아지며 가속화했고, 그 자체가 제도적 도전을 야기한다. 그러나 이 문제는 기업 간 경쟁 문제와 달리 정치적 관심을 상대적으로 덜 받았다.

법학자 대니얼 마코비츠의 말을 빌리면 "오늘날 엘리트 직장은 극한의 숙련도와 노력을 과도하게 숭배한다. 이런 숙련도(그리고 이를 제공하고 지시하는 학력과 학위)는 고소득과 고지위 보장뿐만 아니라 저소득과 저지위 회피에도 갈수록 중요해지고 있다."[19] 무한 경쟁은 엘리트들한테만 영향을 미치는 게 아니다. 저임금 서비스 직종의 많은 노동자가 갈수록 감시, 근무 기강 강요, 나태함에 대한 처벌을 당한다. 하지만 고지위, 고숙련, 또는 둘 다에 해당하는 노동자들은 무한 경쟁에서 이기고 불균형한 보상을 요구하기에 더 유리한 위치에 있다.

특히 교육에 무한 경쟁이 얼마나 만연한지에 관한 일화는 넘쳐난다.

2019년 미국 연방수사국(FBI)은 부정 입학 스캔들 수사 결과 월스트리트와 할리우드의 유명인 일당이 관료들에게 줄 뇌물이나 시험 점수 부풀리기에 돈을 대고, 자녀들을 여러 대학에 입학시켰다고 밝혔다.[20] 뉴욕의 부잣집들에서는 어린 자녀들이 나중에 일류 학교에 입학할 가능성을 최대한 높일 일류 유치원에 보내려고 엄청난 금액을 낸다는 보도도 나왔다. 이들은 일류 학교에 들어갈 때 다시 엄청난 금액을 낼 수도 있다.

보다 평범하지만 못지않게 주목할 만한 연구 결과가 있는데, 여러 학업적 관문에서의 실패로 인생의 전망에 큰 차이가 생기며 부모와 자녀들의 스트레스가 확실히 가중하는 것으로 드러났다. 경제학자 스티븐 머친(Stephen Machin), 샌드라 맥널리(Sandra McNally), 제니퍼 루이스발렌수엘라(Jenifer Ruiz-Valenzuela)[21]는 영국의 중등교육학력인정시험(GCSE)에서 영어 C등급을 받는 데 실패했을 때 그 영향을 살펴봤다. GCSE는 영국의 모든 16세 학생들이 치르는 시험이며 외부에서 채점한다. 0~300점의 척도로 평가하며 등급 정보는 A에서 U까지의 문자로 요약한다. 머친, 맥널리, 루이스발렌수엘라는 C등급 경계선 전후 점수대(10점 이내)의 학생들을 비교해 이들의 결과가 엄청나게 달라진 것을 발견했다. C등급을 아슬아슬하게 놓친 학생들이 학업에서 그 이상을 성취할 확률은 훨씬 낮고 중퇴할 확률은 훨씬 높다. 이들이 18세에 자퇴할 가능성은 약 4퍼센트포인트 상승한다. 이는 전국 퇴학률 평균인 약 12퍼센트와 비교하면 큰 수치다.[22] 이 결과를 고용주 설문 조사가 뒷받침한다. 2013년 조사에 따르면 GCSE는 가장 손쉬운 고용 방법이다. 설문에 응답한 고용주 중 43퍼센트는 GCSE의 영어·수학 전

수를 기준으로 삼았다.[23] 매니저를 고용할 때는 지원자의 다른 성취와 상관없이 점수가 C등급 아래면 면접하지도 않았다. 이를 애스모글루가 보고한 1960년대 포드 사의 블루칼라 고용 관행과 대조해보자. 포드 경영자 중 한 명의 말을 빌리면, "결원이 생기면 우리는 공장 대기실 밖에 누가 있나 한 번 내다볼 것이다. 만일 누군가 거기 있는데 사지 멀쩡하고 알코올 중독자가 아닌 것 같으면 그 사람을 고용한다."[24]

무한 경쟁은 어느 정도는 무형 자본 증가의 1차적 결과다. 직장이 아마존 창고든 대형 로펌이든 직원들의 성과를 추적해 고성과자한테는 보상을, 저성과자한테는 처벌을 주는 소프트웨어와 관리 시스템도 무형 자본의 한 하위 집합이다. 무형 자산의 또 다른 측면은 재능 있는 직원들이 눈물 날 만큼 큰 가치를 창출하도록 해주고, 최고의 축구선수나 퀀트 트레이더(수학적 모델을 기반으로 주식 투자 전략을 세우는 중개인—옮긴이)나 산업디자이너가 될 때의 보상을 키워주는 것이다. 그러니 무형 자산 집약적 사회에서 무한 경쟁이 강해지는 것은 당연하다.

무형 자산의 이런 1차적 결과가 초래하는 불평등은 상당하지만 어떻게 보면 익숙하며, 친숙한 정책과 제도로 개입할 수 있다. 재분배 과세, 최저 임금 관련 법, 노동자의 권리에 대한 이론은 끝없이 나오지만 제도적으로 새로울 건 없다. 큰 보상을 추구하는 것이 유용한 기술을 개발할 동기를 부여하는 한 긍정적 효과도 있으며, 시험 합격은 학생의 **어떤 중요한 측면**을 말해주는 게 틀림없다.

그러나 마코비츠의 인용문은 무형 자산이 풍부한 경제의, 덜 확연한 2차적 결과를 드러낸다. 마코비츠가 관찰했듯 현대의 직장에서는 숙련도를 그저 중시하는 게 아니다. 이를 '숭배'한다. 학력과 학위는 숙련도를 부여할 뿐만 아니라 이를 '표시'하기 때문에 중요하다. 바꿔 말하면 무형 경제는 자격증을 따는 행위, 즉 경제학자들이 말하는 **인적 자본 신호**에 본질적 가치가 있어서가 아니라, 직원의 기량을 입증할 믿을 만한 방식이라 생각해 보상을 줄 가능성이 크다.

신호 효과는 고용주들이 숙련 노동자와 비숙련 노동자를 구별하기 어렵기 때문에 중요하다. 대학 학위 같은 엘리트의 자격 요건은 예비 직원이 가치 있는 기술을 배웠을 뿐만 아니라 성실하고 똑똑하다는 믿을 만한 신호이기도 하므로 유익할 수 있다.

믿음직한 신호가 되려면 현금이든 그걸 얻는 데 들어가는 시간과 노력이든 비용이 많이 들어야 한다. 그렇지 않으면 누구나 얻을 수 있을 테니 말이다. 이 조건이 문제가 된다. 유용한 자격 요건을 얻는 데 드는 돈이나 시간은 그걸 얻는 사람에게만 가치를 창출하지 않는다. 그를 더 생산적으로 만듦으로써 경제 전체에도 가치를 창출한다. 이는 포지티브섬이다. 그러나 이득이라곤 신호 효과밖에 없는 자격 요건에 돈이나 시간을 들이는 것은 다른 문제다. 이는 자격 요건을 얻는 사람에게 개인적 보상은 주지만, 가치를 추가로 창출할 숙련도를 담보해 주지는 않는다. 대신 다른 누구라도 얻을 수 있는 일자리를 얻게 해줄 뿐이다. 이는 제로섬 투자이거나 그에 가깝다.

안타깝게도 평범한 학력 거래 참가자 중 진정한 인적 자본 형성과 신호 효과를 구분할 강력한 동기가 있는 사람은 없다. 고용주의 입장에서 보면 학위나 자격증이 있기만 하면 그게 왜 유용한지는 중요치 않다. 존 폴 게티(John Paul Getty)는 고전학 학위가 있는 직원들은 왜 뽑느냐는 질문에 이렇게 답했다. "그들이 석유를 더 많이 파니까요."

그에게 그리스어와 라틴어가 석유 비즈니스에 유용한 것인지, 재능 있는 사람들이 고전학 학위를 따는 것인지는 상관없었다. 마찬가지로 직원들도 자기가 얻는 개인적 보상에만 신경 쓴다. 중고등학교, 대학, 그리고 훈련 기관들마저 동기가 혼재한다. 자기가 가르치는 내용이 반드시 엄격하고 옳은 신념에 기초해야 한다는 그들의 근본적 동기가 강할 수도 있다. 하지만 그들이 제공하는 이익의 본질을 지나치게 깊이 탐구함으로써 스스로를 불필요하게 만들 동기는 거의 없다.

더욱이 교육 기관이 원해도 진정한 인적 자본을 형성하기란 쉽지 않을 수 있다. 고급 기술 인력을 연구하는 정치경제학자 폴 루이스는 영국 하이테크 기업 수십여 곳의 직원들을 인터뷰했다.[25] 그들은 교육 기관의 의도가 좋아도 기술 전문 신입 사원들에게 적절한 기술을 가르치는 데 애를 먹는다고 보고했다. 연구개발 같은 무형 자산과 개인적 기술의 시너지 효과는 실현하기 어려우며, 교육 기관과 고용주 사이의 긴밀한 상호 작용(또는 견습 제도나 직장 내 훈련의 형태로 직원을 통합하는 작업)을 요구한다.

기술에 대한 보상이 크고 증가세지만 그런 재능에 대한 판단력은 불완전하고, 대학이 고용주의 필요를 예측하기 힘든 세상에서 우리는 신호가 횡행할 것을 예상할 수 있다. 그 증거가 있다. 전에는 비대졸자가 수행한 많은 일자리의 선행 요건이 학사 학위가 된 것을 여기저기서 목도할 수 있다. 과거에는 학사 학위가 있는 후보자들을 채용하던 일류 기업들이 이제는 석박사 학위가 있는 사람들을 고르고 있다. 이런 변화는 실질적 기술력 향상을 반영할 수도 있지만 아닐 수도 있다. 특히 미국에서는 전에 아무 조건도 없던 많은 일자리에 대해 지금은 기술력과 안전을 이유로 자격증과 면허를 요구한다.[26] 만일 직원을 채용할 때 학위를 점점 더 많이 요구하고 있다면, 이는 왜 최근 영국 대졸자의 임금 프리미엄이 동일 집단에서 하락했는지 설명하는 데 도움이 될 것이다. 1970년생 대졸자들은 비대졸자에 비해 평균 19퍼센트의 임금 프리미엄을 누렸으나 1990년생 대졸자들의 경우 11퍼센트에 불과하다.

학력의 신호 효과에는 얼마나 많은 증거가 있을까? 브라이언 캐플란(Bryan Caplan)은 미국의 대졸자 임금 프리미엄이 상당 부분 신호 효과와 관련한다는 관점의 강경한 지지자다. 그의 주요 논거는 졸업 1년 전 자퇴하면 큰 임금 불이익이 있지만, 1년 더 다녔다고 그 임금 상승을 정당화할 만큼 생산성이 높아질 공산은 적다는 것이다.[27] 그러니까 대학 졸업은 신호이지 생산성이 아니다. 노아 스미스(Noah Smith)는 시험 합격이 이런 임금 프리미엄을 정당화할 만한, 어려운 관문이라고 말한다. 나아가서 그는 회사가 직원들을 고용할 때 그들의 능력을 알 가능성이 크다고 주장한다. 만일 고학력 직원들이 정말 생산성이 없다면 회사가 직원들의 실제 능력을 파악하면서 학력에 대한 높은 보상은 하락할 것이다. 만일 GCSE에 실패한 학생들의 실적이 장기적으로 더 나빠진다면, 그들의 실패는 틀림없이 생산성에 관한 근본적 정보를 줄 것이다.[28] 캐플란은 고용주들이 대졸 직원들에 대해서는 빨리 탐색하지만 비대졸 직원들에 대해서는 느린 것 같다는 미국의 증거에 반론을 제기한다.[29] 피터 아시디아코노(Peter Arcidiacono), 패트릭 베이어(Patrick Bayer), 오렐 히즈모(Aurel Hizmo)는 미국 고졸자들에 관한 연구에서 고용주들이 12년이 지나도록 이들의 생산성과 관련한 기본적 특

성을 알지 못했다고 말한다.[30]

추정컨대 비인지적 기술이 언제 더 중요한지 고용주들이 알기는 어렵다. 만일 그런 기술이 시험 대비 족집게 강의에 밀려난다면, 고용주들이 학생의 배경을 더 열심히 살펴 쓸데없는 신호 효과의 범위를 넓힐지도 모른다.

한 가지 해결책은 교육시장이 더 잘 돌아가게 만드는 것이다. 학생들이 교육에 자기 돈을 쓴다면 공공이든 민간이든 교육업체들은 실제로 취업 가능성을 향상하고 유용한 뭔가를 제공하는 교육 과정을 내놓으려 경쟁할 터이다. 이런 직관이 지난 30년간 영국 고등 교육 개혁 이면의 요지였고, 영국의 대학 교육은 정부의 완전 지원 시스템(시험 성적이 최고인 학생들을 정원에 맞춰 선발했다)에서 상대적으로 높은 등록금과 정부 지원 대출 시스템으로 바뀌었다. 정부는 다양한 학과별 졸업생들의 향후 급여에 대한 상세한 데이터와 더불어, 이를 유망한 학생들에게 눈에 잘 띄게 제시하는 양식과 순위표를 만든다. 물론 미국 시스템은 이 방식을 더 밀어붙여 학생 대부분이 학비를 내기 위해 큰 액수의 빚을 졌다.

대학 시스템 시장화의 장단점을 놓고 많은 글이 쏟아졌다. 비평가들은 이것이 대졸자의 급여 인상으로 이어지지 않고 교과 과정 및 대학 평가에 사용하는 많은 척도가 통계적으로 건전하지 않은 한, 환원주의적이고 불평등을 심화하며 교육의 가치를 간과하는 것이라고 주장한다. 그러나 누구도 쓸데없는 신호를 어떻게 막을지에 대해서는 뾰족한 답이 없는 듯하다. 시장 개혁이 유망한 학생들에게 보상이 높은 과정만 선택할 강한 동기를 제공한다는 목표를 완수한다 해도, 학생 개개인은 그 보상이 진정한 인적 자본 형성(실제로 유용한 지식과 기술을 배우는 것)에 대한 것인지 아니면 자기가 다른 사람보다 더 똑똑하고 성실하다는 신호로 작용하는 것인지에 무관심하다는 문제가 여전하다.

미미하지만 또 하나의 개선책은 대학 교육에 머물지 않는 보조금 확대다. 2021년 영국 정부는 대출 보조금을 대학 밖의 직업 교육까지 확대할 것이라고 발표했다. 영국 시스템에서 대학의 지배력을 걱정하던 사람들은 이 조치를 크게 환영했다.[31] 미국에서 대학을 비판하는 사람들은 람다 스쿨(Lambda School)과 같이 코딩을 가르치는 단기 직업 학교를 미래의 모델로 들먹이며, 더 많은 청년이 이런 고등 교육 과정을 밟는다면 좋을 것이라고 내비친다.

그러나 여기에도 위험은 있다. 영국 학생들이 저렴한 융자에 접근할 수 있는, 더 자유로운 교육 시장에 대한 역사적 경험은 고무적이지 않다. 2000년 9월 영국 정부는 19세 이상의 성인들이 교육에 쓸 수 있는 총액을 정하는 개인 학습 계좌 계획(Individual Learning Accounts scheme)을 도입했다. 교육업체들은 학생을 등록하고 계좌 번호를 만든 다음 정부에 학생의 공제액을 요청할 수 있었다. 정부는 새로운 교육업체들의 가입을 장려하기 위해 학생들이 어떤 기관이든 등록할 수 있게 했다. 많은 신규 '공급업체'들이 학생들을 등록하고 보조금을 따냈다. 그러나 이 계획은 겨우 15개월 뒤 가짜 업체들이 돈을 꿀꺽할 것을 염려해 철회했다. 나중에 보고가 부족했던 것은 단 13곳의 업체가 1만 개 이상의 계좌를 등록한 것을 정부가 몰랐기 때문이었음이 밝혀졌다.[32]

여기서 진짜 문제는 교육과 훈련을 관장하는 제도에 학벌주의와 신호 효과에 대항할 보호 장치가 상대적으로 적다는 점이다. 대개 정부

정책이라는 게 교육은 많이 하면 할수록 좋다고 여기지만 신호 효과를 어떻게 할지는 고민하지 않는다. 교육 기관, 고용주, 학생들이 교육이 유용하다고 확신할 강한 인센티브가 있다고 여긴다. 그러나 앞서 살펴봤듯 누구에게도 진정한 인적 자본 형성을 신호 효과보다 선호할 인센티브는 없다. 게다가 이 문제에 관한 정책 수립은 어렵다. 정부는 실제 기술로 이어지는 학위·자격증과 신호 효과만 있는 것을 구분하기 유리한 위치에 있지 않다. 기껏해야 과학·수학 학위를 촉진하려는, 지극히 단순한 시도—더 많은 인적 자본 형성이 가능하지만 그만큼 신호 효과도 동반할 수 있다—를 하거나, 학생의 소득에 초점을 맞출 수 있는데 이것 역시 신호 효과의 결과일 수 있다.

우리는 정책 수립자들이 이 문제를 연구하는 데 시간과 돈을 투자할 필요가 있다고 본다. 데이터를 더 많이 수집하고 분석한다면 우리는 고등 교육과, 어떤 면허가 신호 효과가 아닌 진정한 가치를 생산하는지에 대해 알 수 있을 것이다. 우리의 바람은 이런 정보를 아는 정부가 신호 효과가 영향을 미친, 쓸데없는 경쟁을 보다 심각하게 받아들이고 이를 막을 교육 시스템을 설계하는 것이다. 어떻게 보면 교육 개혁은 우리가 4장에서 논의한, 과학에 대한 공공 자금 지원의 양 대 질 문제와 유사하다. 양적 관점은 점점 더 많은 학생을 고등 교육의 깔때기로 밀어 넣으면 기술 인력 문제를 해결하기에 충분하다는 것이지만, 해결책은 단순한 숫자가 아닌 진정 유용한 기술의 다양성을 확대하는 것(질)으로 보인다.

요약

경제에서 커지는 선두 기업과 후발 기업의 격차는 경쟁 규제를 왜곡하는 기업들보다 무형 자산의 중요성 증대에 기인할 가능성이 다분하다. 경쟁을 극대화하려면 일부가 제안한 새로운 반독점 정책에 착수할 게 아니라, 활력을 높이고 도전하는 기업들에게 기존 기업들을 몰아낼 최고의 기회를 제공해야 한다. 무형 자산의 중요성 확대는 노동자 간 경쟁을 심화했고, 교육 분야에서 쓸데없이 고비용을 초래하고 스트레스를 주는 신호 효과를 부추기기도 했다. 정책 수립자들은 이를 감소시키는 것은 둘째 치고 이해하기 위해 한 일도 거의 없다. 달라져야 한다.

결론: 다시 시작하는 미래

경제 성장에는 약속·집합 행위·정보를 제공하고, 영향력 활동을 제한할 제도가 필요하다. 마지막 장에서는 이 책에서 우리가 권고한 제도적 개혁과 관련해 공통 주제를 정리하고자 한다. 바로 투자의 양과 질에서 적절한 균형을 이루는 시스템 설계, 정부 역량 구축, 영향력 활동 거부, 인지 부하를 낮추고 신뢰를 회복하기 위한 문화적 변화다.

우리는 21세기 선진국 경제에 영향을 미친 문제점을 기술하며 이 책을 시작했다. 세계 금융 위기와 코로나19 팬데믹 같은 특수한 재난이 경제에 영향을 끼쳤지만 우리가 말하는 경제 문제는 장기적이고 뿌리가 깊다. 이는 급성 국소 질환이 아니라 만성 전신 질환이다.

우리는 이 문제가 다면적이며 다섯 가지 징후, 즉 경기 침체, 불평등, 경쟁 감소와 증가의 결합, 취약성, 비진정성이 나타난다고 했다. 이런 징후가 드러나는 방식이 흔히 당혹스럽거나 모순적이라고도 말했다. 경기 침체는 저금리, 높은 사업 이윤, 우리가 아찔한 기술적 진보의 시대에 살고 있다는 통념과 공존한다. 물질적 불평등의 확대는 둔화했지만 그 영향과 후유증—존경의 불평등, 정치적 양극화, 지리적 분열, 절망사—은 계속 커진다. 신생 기업이 적어지고 선두 기업과 후발 기업 사이의 실적 격차가 더 공고해지며, 기업 경쟁은 감소한 듯하지만 관리자나 노동자 모두 직장 생활이 "뚱뚱하고 멍청하고 행복하다"고 느끼지 않으며, 오히려 이전보다 정신없이 바쁘고 경쟁은 더욱 치열해졌다.

최종 결과는 거의 20년간 실적이 형편없던—양적으로뿐만 아니라 질적으로도—경제다. 우리 중 다수는 현대의 경제 성장이 꾸준했다고 생각하곤 한다. 1950년과 2000년 사이에 전 세계가 엄청나게 달라지긴 했지만, 어쨌든 그 시기 미국 경제의 1인당 연간 국내 총생산은 2.3퍼센트의 평균 성장률을 유지했다.[1] 부자 나라들이 산업 혁명 이후 경험한 종류의 경제 성장이 '뉴 노멀'이니 비관주의자들을 믿지 말라고들 한다. 그러나 더 장기적인 경제사는 집약적 성장의 시기가 불안정해지다 끝났음을 말해준다.

3장에서 우리는 지나친 성장이라는 맬서스의 덫에서 잠시 빠져나왔다가 황금시대가 끝나자 빈곤 상태로 되돌아간 중세 이탈리아 도시국가들을 거론했다. 경제사가 잭 골드스톤(Jack Goldstone)은 이렇게 단명한 경제적 번영이 드물지 않았다고 지적한다. 그는 이런 시기를 '개화'라 부르면서, 우리는 이를 위기의 정반대, 모든 상황이 스스로를 강화하는 방식으로 잘 돌아가는 한정적 시기로 봐야 한다고 주장했다. 경제사가들은 이런 '개화'가 중국 송나라, 아바스 왕조의 메소포타미아, 고대 그리스, 네덜란드 황금시대를 포함해 역사에 걸쳐 반복적으

로 일어난 듯하다고 말한다.[2]

또 다른 경제사가 조엘 모키르는 왜 개화가 지속하지 않는지에 대한 이론을 제시했다.[3] 그는 어느 나라도 과학 기술의 선두에 장기간 머물지 않는다고 지적한 과학사가의 이름을 따, 이 이론을 카드웰의 법칙(Cardwell's law)이라 명명했다. 모키르의 공헌은 카드웰의 법칙이 **왜** 나타나는지 설명한 것이다. 그는 흔히 기득권을 불편하게 하는 중요한 신기술에는 이것이 제대로 작동하게 해줄 새로운 제도가 필요하다고 주장한다. 한 시대의 기술적 풍경 속에서 번영하기 적절한 제도가 있던 사회는 다음 기술 시대에는 번영하기에 유리한 입장이 아닐 수도 있다. 사실 이 사회의 역사적 성공이 제도로 하여금 변화를 거부하도록 할지도 모른다. 바스 반바벨은 이 쟁점을 그의 책 《보이지 않는 손?》에서 논의한다.[4]

이 분석은 우리의 현재 상황과 연관 있는 것으로 보인다. 2장에서 우리는 경제 문제의 다섯 가지 징후가 선진국의 자본 스톡에서 일어난 대규모의 점진적 변화에 기원한다고 밝혔다. 구체적으로 말하면 우리는 물리적 유형 자본에서, 지식·관계·콘텐츠로 이뤄지고 경제적 관점에서 볼 때 양상이 다른 무형 자본으로의 전환을 살펴봤다. 여기에는 주요 특성이 두 가지 있다. 전환은 이미 대부분 일어났고, 그 결과 기업 투자는 유형보다 무형이 더 많다. 그리고 무형 자산의 증가는 더뎌지기 시작했고, 그 결과 경제 성장이 둔화했다.

이상의 서사는 현재 우리의 경제 상태에 대한 다른 설명들과 질적으로 다르다. 어떤 설명은 우리가 과거의 특별한 사회적 미덕을 잃어버렸다고 주장한다. 마크 앤드리슨(Marc Andreessen)한테 그것은 건설

욕구다. 토마 피케티에게 그것은 평등 의식이다. 토마 필리퐁에게 그것은 독점에 대한 불관용이다. 로스 다우서트 같은 사람들은 우리가 특별한 미덕이 아니라 전반적 미덕을 잃었으며, 벗어던져야 할 타락에 사로잡혔다고 주장한다. 또 다른 설명은 경제 문제를 외부에서 발생했으나 피해갈 수 없는 것으로 취급한다. 에릭 브리뇰프슨, 대니얼 록, 채드 시버슨은 보다 낙관적인 관점을 취한다. 오늘날의 무기력한 경제는 일시적이며 곧 신기술이 잠재력을 완전히 발휘해 상황이 호전한다는 것이다. 비관적 외부설은 우리의 과거 경제 성장이 다시는 일어나지 않을 기술적 풍요에 의존했다는 로버트 고든의 주장으로 요약할 수 있다. 브리뇰프슨과 고든 사이 어딘가에 성장 둔화는 그저 서비스업 기반의 선진국에 일어나는 자연스러운 현상일 뿐이라는 디트리히 볼래스가 있다.

우리의 설명은 두 측면에서 위의 설명들과 다르다. 첫째, 과거에 풍부하던 어떤 미덕이 사라졌다는 생각에 기초하지 않는다. 오히려 사회에서 1인당 국내 총생산의 2퍼센트 정도 성장이 발생하고 무형 자본 스톡이 4퍼센트 증가할 때는, 이 수치가 각각 0.5퍼센트와 2퍼센트일 때와 다른 도전에 직면한다는 생각에 기반한다. 둘째, 우리의 설명은 외부의 변화—특히 사회가 부유해지며 일어나는 자본 스톡의 변화—에 근거하지만, 그 효과가 불변한다고 상정하지 않는다. 우리는 이 변화와 경제적 문제 사이의 연결 고리는 **제도적**인 것이라고 본다. 4~7장에서 우리는 중요한 제도들이 무형 자산 기반 경제에 들어맞지 않는 네 측면을 살펴봤다.

제도들이 무형 경제와 어울리지 않는다는 생각은 당혹스러운 가능성으로 이어진다. 어쩌면 선진국의 장기 성장이 우리가 생각하는 것보다 골드스톤의 '개화'와 공통점이 많을지도 모른다는 것이다. 오랫동안 우리의 제도적 과제는 일반적으로 성장을 가로막는 네 문제, 즉 약속 부재, 집합 행위 부족, 제한적 정보, 영향력 활동을 극복하는 것이었다. 그러나 자본 스톡이 변하며 우리의 제도로 대처하기 어려운 다른 문제들을 마주하게 됐다.

이런 경제적 문제를 초래한 원인을 해결하는 데 큰 차이를 가져올 제도적 개혁을 4~7장에서 제시했다. 바로 도시를 바로잡는 것, 경쟁 및 규제 개선, 투자 촉진에서 공공의 역할 수용, 금융 구조 변경이다. 이런 변화를 알맞게 실행하려면 한편으로 거리 투표나 자동 안정화 장치 같은 효과적 정책을 설계해야 한다. 그러나 제도적 변화를 이루려면 정책을 열심히 만드는 것 이상이 필요하다. 정부 역량을 구축하고, 투자의 양과 질 사이에서 균형을 잡는 시스템을 설계하고, 영향력 활동(또는 지대 추구)을 거부하고, 문화적 변화를 끌어낼 필요도 있다.

틀: 트레이드오프와 제도적 설계

두 개의 핵심 그래프가 정부 역량 향상의 영향력, 지대 추구 거부의 중요성, 그리고 무형 자산의 양 대 질이 왜 중요한지를 이해하는 데 도움이 될 수 있다.

집합재와 영향력 및 정보 비용 사이의 트레이드오프

그림 C.1은 경제가 직면한 핵심적 제약 조건의 트레이드오프를 정리한다.[5] 수직 축의 위로 갈수록 경제는 지출 단위당 중앙 집중화한 집합재를 더 많이 공급할 수 있다. 공공 부문의 맥락에서 이 집합재는 보안, 과학 관련 예산, 비용/세금 증액분 단위당 통화 안정성이 될 수 있다. 민간 부문의 맥락에서 이 재화는 대기업 내부의 중앙 집중화한 조정 활동—예를 들면 활동을 조정하고 지휘하는 본사의 능력—일 수 있다.

중앙 집중화한 재화 공급은 적어도 두 가지 비용을 포함한다. 첫째, 폴 밀그롬과 존 로버츠[6]가 썼듯 중앙 집중화한 조달은 소모적 영향력 활동—예를 들면 로비 활동에 막대한 시간을 쏟아붓거나 내부 정보를 잘못 전달하는 것(가령 프로젝트에 대해 호언장담하는 과학자)—을 부추길 수 있다. 둘째, 중앙 집중화한 조달 행위 자체가 정보의 부족을 유발할 것이다. 시장의 실험, 그리고 이것이 가져다주는 가치와 유용성이 없으면 정보가 부족해질 수 있다. 소련의 경제 계획자들이 영향력 활동 지출로 인한 낭비투성이 시스템과 더불어 직면한 것이 이런 정보 부족이었다.

이렇게 그림의 수평 축에 정보 부족 및 영향력 활동 비용을 놓으면 우리는 진한 선으로 표시한 경제의 제약 조건을 그릴 수 있다. 한 사회가 고도로 중앙 집중화한 집합재를 생산하고자 한다면, 영향력 활동과 정보 부족으로 인한 고비용에 부딪힐 우려가 있다. 이런 구조에서는 어떤 사회든 트레이드오프를 어느 지점으로 정할지, 이를 전환할

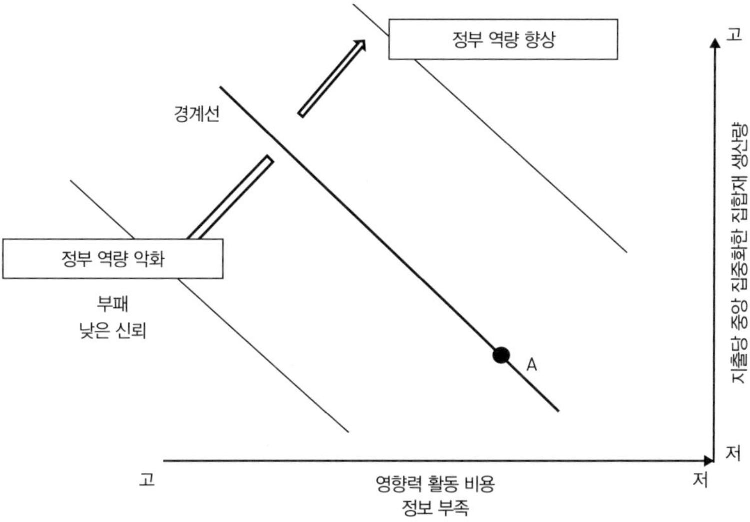

그림 C.1 중앙 집중화한 재화 공급: 제약 조건.

수 있을지, 또는 둘 다에 대한 선택에 직면한다.

트레이드오프를 어느 지점으로 정할지(점 A)는 비용과 사회적 선호도에 달려 있다. 사회는 집합재 조달 비용이 너무 커지면(예를 들어 지리적으로 매우 분산한 인구에 보건이나 통신 서비스를 제공하는 경우) 수준 낮은 집합재를 선택할 것이다. 아니면 집합재 공급을 그냥 싫어할 수도 있다. 이런 혐오의 한 가지 원인이 귀인 편향인지도 모른다. 흔히 개개인은 성공에 대한 자기의 공헌을 과대평가하고 공동의 기여를 과소평가한다고들 한다—예를 들어 은행가들은 성공이 시장의 전반적 오름세보다 자신의 주식 선별 능력 덕이라고 믿는다. 만일 이런 인지적 편향이 만연하다면, 자연히 집합재를 선호하지 않는 경향이 생길 수 있다.

트레이드오프가 얼마나 가파른가

경계선으로 넘어가자. 그 경사도와 위치를 결정짓는 것은 무엇이며, 무형 자산은 이를 어떻게 변화시키는가? 먼저 경사도부터 대규모 과학 프로젝트 사례를 통해 살펴보자. 어떤 이들은 이 경사가 가파르다고 생각한다. 과학에서 중앙 집중화한 지휘는 프로젝트가 뭔지와 무관하게 더 많은 집합재 조달을 의미할 터이다. 또한 어떤 프로젝트든 중앙 집중화에서 비롯하는 정보의 희생을 줄이기 위해 예상치 못한 사회적 이득을 포기할 공산이 클 것이다. 나아가서 과학자들의 비금전적 목표는 소모적 영향력 활동으로 인한 희생이 적음을 뜻한다. 한편 어떤 사람들은 중앙 집중화 자체가 공동의 목표를 도모하게 하기 때문에 경사는 가파르다고 말할 것이다. 그런가 하면 매트 리들리[7] 같은 사람들은 선이 평평하다고 주장한다. 중앙 집중화한 재화의 비용은 어마어마하다. 중앙 집중화는 소모적 영향력 활동에 따르는 지출을 부추기고, 중앙의 지휘라는 행위 자체가 가치 있는 정보를 희생시켜 성과는 극히 적어진다.

트레이드오프는 어느 지점에 있는가

선의 위치로 넘어가면, 우리는 '정부 역량'이 이를 결정한다고 본다. 진한 선 왼쪽에 있는 선을 생각해보자. 이런 경제는 고비용의 영향력 활동(그리고 엄청난 정보 부족)이 있어야만 (자원당) 같은 수의 중앙 집중화한 집합재를 공급할 수 있다. 그러니까 왼쪽 선에 해당하는 정부는 영향력 활동이 만연한 탓에 부패해 중앙 집중화한 집합재를 공급하지 못한다. 다시 말해 이 정부는 역량이 낮다.

이 선을 바꾸는 방법은 두 가지다. 중앙 당국이 나아지든지 기존 설계를 변경해 위임을 허가하든지 하는 것이다. 당국이 '나아지는 것'이 '정부 역량 구축'이라고 볼 수 있다. 즉 중앙 당국이 더 신뢰받고 더 많은 정보를 제공하는 상태다. 위임의 사례는 통화 및 경쟁 정책의 지렛대를 독립 기관들에 이양하는 것이다. 또 다른 예가 공공재 조달의 성공적 위탁일 터이다. 가령 영국에서 지역 쓰레기 수거 계약을 경매를 통해 경쟁에 부치자, 정보(새 공급업체 모집)는 공개됐고 영향력 활동은 아마 줄었을 것이며 경계선은 오른쪽으로 옮겨갔다. 하지만 만일 규제 기관들이 규제하는 업계와 친해진다면 이 선은 왼쪽으로 이동할 것이다.

보다 극단적인 위임 정책의 사례가 헌장 도시(charter city)다. 경제학자 폴 로머(Paul Romer)는 국가가 어떤 도시의 행정과 권한을 다른 국가에 위임해, 본국의 통제 없이 자체적 법률과 정책을 만들게 하자고 제안한 바 있다.[8] 다른 예로는 여러 국가가 특정 국가 범위를 넘어서는 분쟁 해결 절차를 공동 합의하는 무역 협정이 있다. 가령 스톡홀름 상공회의소는 스웨덴 외부의 분쟁, 예를 들어 특정 당사국의 외국계 회사 투자금 횡령 혐의에 관한 분쟁을 해결하는 대표적 중재 기관이다.

하지만 위임에는 큰 비용이 들 수 있다. 가령 직원의 승진을 연공서열로 정하는 회사가 이 결정을 동떨어진 위원회에 위임한다면, 결정에 영향을 미치려고 들이는 시간과 비용을 줄이는 데는 도움이 된다고 해도, 그 위원회가 고비용의 잘못된 결정을 내릴 수도 있다. 예를 들어 과학 정책을 기존 위원회에 위임하면 영향력 활동이 이 위원회에 대한 로비 활동으로 바뀔 수 있다는 사람도 있다. 그리고 이런 위원회의 유연성이 학제 간 시너지의 기회를 활용하기에는 너무 떨어질 수도 있다.[9]

무형 경제와 트레이드오프

무형 경제로의 전환은 그림 C.2에서 왼쪽의 좀더 완만한 선이 보여주듯 중요한 두 측면에서 트레이드오프를 악화시킨다. 첫째, 시너지가 클수록 선은 더 편평해진다. 성공적 재화가 여러 무형 자산의 결합을 더 요구할수록 정보 부족의 비용은 더 커진다. 이 관계가 선을 편평하게 만든다. 즉 선상의 모든 점에서 사회가 얻는 중앙 집중화한 재화는 더 적어진다. 둘째, 무형 경제는 성장하면 할수록 소득과 부와 존경에 따라 더 분열된다. 이런 분열의 심화가 정부 역량을 감소시켜―가령 신뢰도를 손상시켜―선이 왼쪽으로 이동한다. 사회 분열이 확대하면 위임의 효과가 약해져 선이 왼쪽으로 갈 수도 있다. 위임을 통해 영향력 활동을 중단시킨다 해도 중요한 시너지 효과를 가능케 하기에는 유연성이 떨어질 수 있기 때문이다.

그림 C.2가 나타내듯 무형 자산 증가는 경제의 제약 조건들을 악화시켰다. 당신이 수평인 선(이 생산량 수준이 최적은 아니겠지만 여기서는 설명을 위해 사용한다)처럼 집합재 생산량을 어느 정도 고정적인 수준으로 유지하고 싶다면, 선이 왼쪽으로 이동하는 것은 사회가 더 많은 영향력 활동과 더 적은 정보를 감내해야 한다는 뜻이다.

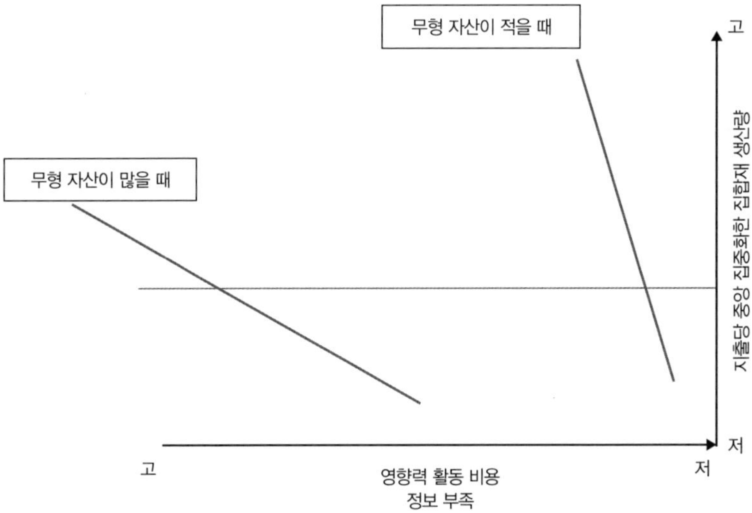

그림 C.2 무형 자산이 트레이드오프에 영향을 미치는 방식.

중앙 집중화 트레이드오프의 개선

위의 틀을 다양한 문제에 적용해볼 수 있다.

정부 역량

정부가 무형 투자를 촉진하고 그 결과에 대처하는 것을 가로막는 반복적 제약 조건은 **불충분한 정부 역량**이며, 그림 C.2에서 선이 왼쪽으로 크게 이동한다고 생각할 수 있다.

정부 역량의 개념은 정치학과 사회학에서 나왔고, 정치경제학자와 개발경제학자들 사이에서 최대의 관심사가 되었다. 그러나 현대의 선진국에 적용한 경우는 덜 일반적이었기에 그 의미를 풀어보고자 한다. 경제사가 노엘 존슨(Noel Johnson)과 마크 코야마의 최근 논문은 정부 역량을 "세금을 징수하고 법질서를 이행하고 집합재를 공급하는 정부의 능력"이라고 정의한다.[10] 그러니까 만일 우리가 2022년의 영국이 1022년의 앵글로·색슨 잉글랜드보다 정부 역량이 더 크다고 한다면, 이는 정부가 생산량의 더 큰 비중을 세금으로 걷고 지출하며, 법령을 통해 훨씬 큰 통제력을 행사하고, 크누트왕의 백성들이라면 꿈도 꾸지 못했을 풍부한 집합재를 공급한다는 뜻이다.

이 대목에서 자유지상주의에 대한 신념을 가진 독자라면 안절부절 못하고 있을지도 모른다. 정부 역량 증대를 요구한다는 게 혹시 큰 정부를 요구하는 것인가? 그렇지 않다. 정부 역량이란 정부의 크기로 정하는 게 아니기 때문이다. 더글러스 노스와 배리 와인가스트의 유명한 논문은 명예혁명 이후 영국 정부의 성공을 조숙한 정부 역량이라는 틀에서 보았다—그러나 그들은 이 성공의 중요한 측면이 정부의 효과적 자제력이었고, 이는 투자를 촉진하고 정부의 차입에 도움이 되었다고 썼다. 국민들이 돈을 돌려받지 못할까 겁내는 일이 적었기 때문이다.[11] 또한 정부 역량은 정부가 일을 효과적으로 하는 능력이라는 의미를 내포하기도 하며 이는 정부 크기와 직교한다. 존슨과 코야마는 효과적으로 운영하는 정부는 "기득권을 더 잘 극복할 수 있다"고 지적한다.[12]

개발경제학자나 경제사가가 볼 때 오늘날 선진국 대부분은 정부 역량이 전반적으로 높다. 예를 들어 현대의 프랑스와 일본은 현대의 남수단이나 메로빙거 왕조 시기의 프랑스보다 서로와 더 비슷하고 이 차이는 양적 측정이 가능하다.[13] 그러나 보다 세밀한 접근법을 택하면 그 차이가 역사적 비교보다 적고, 논란의 여지가 클지라도 현대 선진국들의 정부 역량 차이를 알아낼 수 있다. 가령 20세기 말 한국·싱가포르·대만에는 하나같이 고부가가치 산업의 부흥을 뒷받침한, 매우 효과적인 '발전 국가'가 있던 것으로 보인다. 다른 많은 나라가 이런 산업을 지원하려다 실패한 만큼, 이는 단지 정책의 문제만이 아니라 역량의 문제이기도 한 것 같다.

선진국들의 코로나19 팬데믹 대응에서 정부 역량의 차이는 더 극명히 드러났다. 지리적·문화적 차이를 감안하더라도 어떤 정부들은 새로운 돌봄·추적·봉쇄 절차를 설계·시행하고, 전략을 채택해 고수하고, 이를 시민들이 따르도록 설득하는 능력이 더 나았다. 예를 들어 영국은 정부와 생명과학 분야의 긴밀한 협조를 바탕으로 백신을 신속하게 조달했다.

4~7장에서 우리는 무형 자본에 기반한 경제를 효율적으로 관리하는 데 필요한 제도의 예를 몇 가지 살펴봤다. 이런 제도는 정부 역량에 의존할 때가 빈번한데 이는 부재할 때가 많다. 가령 특허청이 질 낮은 특허를 걸러내지 못한다. 시 정부가 도시 계획을 개편하거나 교통 혼잡을 관리하지 못한다. 연구 자금 지원 기관이 경직된 시스템에 의존한다. 규제 기관에 자신들이 규제하는 산업의 역동을 이해하는 데 필요한 시간이나 데이터가 부족하다. 공공 데이터 생산, 기술 훈련 투자, 전통적 시장에 진입하는 신생 혁신 기업에 관한 이해처럼 중요한 몇몇 분야에서 현재 많은 정부는 역량이 전무하다시피 하다.

어떻게 보면 이 문제들은 다르지만 그 핵심은 같다. 무형 투자를 촉진하고(예를 들어 스필오버 문제 해결) 그 결과(예를 들어 도시의 번영이나 플랫폼 기업들의 성장)에 대처하려면 더 나은 판단, 더 큰 재량권, 정부가 돌아가게 하는 관료들의 더 좋은 분석력, 그들이 봉사하는 사람들에 대한 정치인들의 더 넓은 포용력이 필요하다.

이는 좌우 진영 모두한테 유행에 심히 뒤떨어지는 정책 의제다. 보수파의 입맛에는 필시 안 맞을 것이다. 늦어도 로널드 레이건(Ronald Reagon)과 마가릿 대처(Margaret Thatcher)의 시대 이후로 우파 진영의 많은 이들은 정부의 크기뿐만 아니라 그 재량권과 심지어 지식까지도 축소하려고 해왔으니 말이다. 20세기 홍콩의 경제 성공을 설계했으며 자유방임 경제의 영웅인 제임스 카우퍼스웨이트(James Cowperthwait)는 부유해지고 싶은 나라들은 "국가통계청을 폐지"해야 한다고 했다.[14] 미국의 보수주의 운동가인 그로버 노퀴스트(Grover Norquist)가 "욕조에서 익사시킬" 수 있는 정부를 바란다—크기가 작을 뿐만 아니라 약하기도 해야 한다는 요구—고 한 말은 유명하다. 1980년대와 1990년대에 영국에서 시행한 정부 개혁 일부를 가리키는 용어인 신공공관리(New Public Management)는 관리주의(管理主義), 보다 명확한 규칙, 재량권 축소를 골자로 했다. 즉 정부가 기관은 만들었으나 독립적 재량권은 축소한 것이다. 정부 역량을 키우는 것은 마치 펜대만 굴리는 사람과 관료들을 위한 헌장처럼 보인다.

2019년 경제학자 타일러 카우언은 우파 정치인들이 더 이상 약한 정부가 자기들에게 이익이 되지 않는다고 인식하는 새로운 추세를 기술하기 위해, **정부 역량 자유지상주의**(state capacity libertarianism)라는 신조어를 만들었다. 우리는 정부 역량을 향상할 경제적 근거는 확실하다고 본다. 우리가 살펴볼 것처럼 정치적 근거에 대해서는 여전히 논쟁 중이다.

좌파 진영은 일반적 의미의 정부 역량 향상을 잘 받아들이지만, 보다 어려운 것은 정부 역량과 민간 부문의 상호 작용에서 세부 사항이다. 이런 도전을 이해하기 위해 중요한 제도 개혁의 주제를 또 하나 생각해보자. 바로 무형 자산의 양 개선과 질 개선 사이의 트레이드오프다.

무형 자산의 질적 이론과 양적 이론

정부 역량 증대는 더 많은, 그리고 더 나은 무형 투자를 촉진하는 데 틀림없이 도움이 될 터이다. 그러나 양과 질 중 무엇이 더 우선일까? 5장에서 우리는 무형 자산의 **양**을 늘리려는 시도와 **질**을 높이려는 시도 사이의 갈등을 개괄했다. 무형 자산에 대한 보조금 지원—예를 들면 세금 우대, 공공 자금 지원, 훈련이나 연구개발에 대한 정부의 직접 투자—은 스필오버로 인한 과소 투자의 **양**적 문제를 해결하는 데 일조하며, 공공 기관의 연구개발 자금 조달이나 정책의 세부 사항(관대함, 범위 등) 결정 등에서 보통 중앙 집중화를 수반한다. 그러나 이 정책은 결국 저질 연구나 도박을 부추김으로써, 혹은 자금 제공의 규칙이 최신 관행과 과학 기술을 따라가지 못해 투자의 **질**을 낮출 수 있다. 우리는 이 이득과 손실의 상대적 중요도를 사회에 가파른 선(중앙 집중화는 좋다)을 제공하느냐 아니면 평평한 선(중앙 집중화는 비용이 든다)을 제공하느냐로 생각해볼 수 있다.

이런 가능성은 정부 역량 증대가 왜 알고 보면 좌파에게 정치적 도전인지 설명해준다. 무형 투자 보조금(가령 연구개발이나 학자금 대출)을 관대하게 제공할 수 있는 정부만으로는 **생산적** 투자를 촉진하기에 충분치 않을 수 있다. 생산적 투자에는 다양성 그리고 당신이 적절한 결합을 이뤄냈을 때 발생하는, 가치 있는 시너지 효과를 창출하는 활발한 기업 생태계도 필요하기 때문이다. 이 모델은 정부 역할을 혁신의 목표를 찾는 것으로 보는 창업가형 국가 모델과는 약간 다르다. 정부 역량 증대 모델에서는 기업과 소비자들이 이 역할을 널리 분담할 것으로 추정한다. 이는 강한 정부와 강한 기업이 공존할 수 있다는 생각에 입각한다.

영향력 활동과 지대 추구의 거부

제도 설계에서 기득권이 더 능력 있는, 새로운 정부를 이용하지 못하게 막는 방안은 중요한 요소다. 기득권을 막는 전통적 방식에는 규칙, 위임, 비정치화가 있다. 이 고전적 신공공관리 모델 이면의 근거는 단순하다. 통화 정책, 지식 재산 관리, 지리 공간 정보 수집 같은 정부 기능을 정치와 무관한 독립적 기관에 맡기고 명확한 규칙과 과정이 있는 돛대에 묶으면, 로비스트라는 세이렌들이 유혹의 노래를 불러도 끄떡없을 것이라는 생각이다. (성공적 위임은 그림 C.2에서 선을 오른쪽으로 이동시킬 것이다.)

앞서 살펴봤듯 이 전술은 규칙이 명확할 때, 이것이 환경과 잘 연결될 때, 로비 활동의 여지가 거의 없을 때는 잘 **먹혀들 수 있다**. 그러나 상황이 달라지거나 로비스트들이 진입 지점을 찾아낸다면, 규칙과 독립이라는 전술이 역효과를 일으켜 특수 이익을 취할 무한한 재량권을 제공할 수 있다. 사실 로비스트들은 지식 재산, 무형 자산의 공공 자금 조달 같은 분야에서 영향력이 강하다.

영향력 활동을 거부할 다른 방안은 설계의 관점에서 보면 덜 우아하지만, 변화하는 요건에 직면해서는 더 유연하다. 구체적으로 말하면 정부는 논의 중인 사안의 우선순위를 정하는 데 정치적 자본을 쏟을 수 있다. 정부가 지대 추구자들에게 번번이 굴복한다는 비난을 받음에도 불구하고, 정치인들의 주요 활동은 이와 정반대다. 바로 자신들이 중요하게 여기는 일을 하기 위해 연합을 구성하고 정치적 자본을 얻어내는 것이다. 그러니까 역량이 큰 새 정부는 더 정치적일 필요가 있을 것이다. 이념적 당파성이 있어야 한다는 의미가 아니라 정부가 임무에 맞게 사용할 정치력을 쥘 필요가 있다는 말이다.

우리의 제도 개혁 메뉴에는 정부 역량 높이기(이념적으로 어렵다고 입증될 수도 있는 방식으로), 좌파와 우파 활동가들 모두가 성가셔할 법한, 기업과 정부 사이에서 균형 잡기, 정치적 자본을 동원해 지대 추구를 거부할 정부의 의지 키우기가 들어간다. 이 구절을 읽는 정치인들이 의제가 매력적이지 않고 이행하기 힘들다고 생각한대도 용서받을 것이다. 그러나 이를 정치적으로 작동하게 만들, 아니면 적어도 그 가능성을 더 높일 방법이 있으며, 일반적으로 제도 변화는 정치적 도전임을 감안할 때 정치를 제대로 이해하는 것이 이 계획의 본질이다.

한 예를 생각해보자. 바로 자동 안정화 장치다. 정치인들이 통화 정책을 운영할 때—다시 말해 통화 정책이 중앙 집중화되어 있을 때—

선거철이 다가오면 불안한 의원들이 저금리를 위해 로비를 하므로, 정치인들이 로비 활동 문제의 대상이 된다. 통화 정책 위임은 이런 로비 활동을 줄이는 데 도움이 된다. 그리고 또 하나의 수확이 있다. 만일 정치인들이 이런 활동에 영향받지 않겠다는 약속을 지킬 수 있다면 그렇게 하면 된다. 그러나 그들은 이 약속을 좀처럼 지키지 못하기 때문에 중앙은행에 정책을 위임하는 경향이 있다.[15] 그러니까 우리는 그림 C.2의 수평 축이 약속 비용을 수반한다고도 생각할 수 있다. 따라서 위임은 선을 오른쪽으로 이동시키지만, 만일 이자율이 하한선에 가까워진다면 쓸모없어지고 선은 다시 왼쪽으로 옮겨간다. 자동 안정화 장치는 정치인들이 경제를 살리는 데 전념하게 하고, 그래서 선은 다시 오른쪽으로 옮겨간다.

정치적 해결

정부가 힘든 정치적 개혁에 직면했을 때 보통 몇 가지 선택지가 있다. 그들은 개혁이 유권자들의 구미에 맞도록 약간 변경하거나, 마음을 돌리기 위해 설득하거나, 유권자들이 관심 있는 긍정적인 것과 개혁을 연결하거나, 정치적 자본을 다른 곳에 축적했다가—이상적으로는 큰 소란을 떨지 않고—개혁을 밀어붙이는 데 쓸 수 있다.

이 모든 선택지가 담당하는 역할이 있을 터이다. 6장에서 정리한 거리 및 블록 투표처럼, 일부 도시 개혁의 요지는 무형 투자에 도움이 되는 제도로 이득을 보는 연합을 만드는 것이다.

도덕적 권고는 테크노필리아(technophilia: 첨단 기술이 인류의 삶을 윤택하게 만들 것이라는 낙관주의—옮긴이)를 옹호하는 프랑스 앙 마르슈(En Marche: 마크롱 대통령이 창당한 정당의 별명—옮긴이) 정부(2017년 당선)가 초창기에 선호하던 전술이다. 과학 기술 투자는 그들이 보내는 메시지에서 큰 몫을 차지했다. '노란 조끼' 시위(원래 유류세에 반대했으나 나중에는 더 넓은 포퓰리즘 운동으로 번졌다) 이후 기술낙관주의는 이 정부의 발언에서 우선순위가 낮아진 듯하다. 그러나 야심찬 친기술 정책은 계속 발전시키고 있다. 좀더 은밀해졌을 뿐이다.

외부 초점이 강한(흔히 '공격적인 이웃 국가'를 말하는 정중한 방법), 작은 나라들은 어떻게 제도 개혁을 유권자들이 좋아하는 것과 연계할 수 있는지 그 한 가지 사례를 보여준다. 4장에서 봤듯 마크 재커리 테일러는 외부 초점이 강한 나라들(이스라엘·한국·핀란드처럼)이 역사적으로 무형 자산과 관련해 효과적 제도를 발전시킨 것으로 보인다고 지적한다. 핀란드의 테케스부터 한국 정부가 케이팝의 국제적 성장에 한 역할에 이르기까지, 공신력 있는 공공 기관들의 뒷받침 아래 세계 최고의 테크 부문들을 지원한 세 국가의 능력이 이 점을 여실히 보여준다.[16] 거대한 외부의 적은 이미 존재하지 않는 한 발명하기 힘들지만, 우리가 보기에 명확한 외부 목표가 있는 나라들이 성공한 진짜 이유는 임무 지향적 혁신의 설득력에 있는 것 같다. 정치인들은 사람들이 흥분을 느끼고 관심을 갖는, 진정 흡인력 있는 임무 선정에 이따금 성공을 거뒀다. 그 원형이 미국의 아폴로 우주 탐사 계획이다. 그러나 이런 임무는 설계하기 힘들다. 영국에서 테리사 메이(Theresa May) 정부가 설계한 4대 목표(the four Grand Challenges)는 정부 밖에서는 거의 관심을 얻지 못했다. 많은 도전이 너무 포괄적·**보수주의적**이어서 먹혀들지 않는다. 최근에는 아마 그린 뉴딜이 가장 흡인력 있는 임무인 듯하지만, 지금까지는 첫 단추를 끼우는 데 실패했다. 제도 개혁을 흡인력 있는 임무와 연계하는 또 다른 방안은, 지역에 정치적 정당성이 있는 경우 이를 활용하는 것이다. 좋은 예가 6장에서 거론한 바스크자치구의 제도적 성공인데, 물론 모든 지역에 강한 지역적 정체성과 의존할 만한 사회적 자본이 있는 것은 아니다. 게다가 이런 요소가 실제 이상으로 있다고 우기는 지역이 많다.

이렇게 되면 다른 곳에서 정치적 정당성을 얻어 이를 제도 개혁에 쓰는 선택지가 남는다. 어떻게 보면 이는 현재 프랑스에서 앙 마르슈 정당이 채택한 모델이다. 이 모델의 더 거창한 형태, 즉 로렌초 카스텔라니(Lorenzo Castellani)와 롤런드 맨소프(Rowland Manthorpe)가 말한 **테크노포퓰리즘**(technopopulism)도 있다.[17] 카스텔라니는 이탈리아의 오성운동(이탈리아의 정당—옮긴이)에서 나타나는 이상한 양상을 기술하려고 이 말을 만들었다. 그는 로마를 비롯한 지역에서 비르지니아 라지(Virginia Raggi) 같은 포퓰리즘 정치인들을 생각이 비슷한 과격주의자들이 아니라 "공무원·치안판사·학자를 비롯한 전문가들처럼 오성운동 모임에서는 절대 못 만날 것 같은 사람들"이 둘러싼 광경을 본 것이다. 영국 독자들은 이 얘기가 브렉시트 국민 투표와 보리스 존슨(Boris Johnson) 영국 총리의 2019년 선거 승리가 공무원 조직과 연구 자금 조달 기관을 개편하고 공공 연구개발 투자를 대폭 늘리겠다는, 테크노크라트처럼 들리는 움직임으로 이어진 방식과 어딘가 비슷함을 알아챌 터이다. 이런 계획의 배후에 도미닉 커밍스가 있었는데, 그는 보리스 존슨의 최고 고문으로 일했으며 포퓰리즘에 가까운 보트 리브(Vote Leave: 유럽연합 탈퇴에 투표하자는 뜻—옮긴이) 운동과 테크노크라트 또는 테크노필리아에 가까운, 영국의 제도를 개혁하겠다는 욕망과 모두 관련한 인물이다. (그의 왓츠앱 프로필은 "브렉시트 완수, 그다음은 고등연구계획국"이다.) 도널드 트럼프 정부는 테크노크라시에 거의 관심이 없었지만, 가속주의(급진적 사회 변화를 일으키기 위해서는 사회 발전을 가속화해야 한다는 관점—옮긴이)를 지지하는 과학 기술 투자자 피터 틸로부터 지지받은 것은 어쩌면 같은 배경에서 비롯했을 터이다.

만일 제도 변화를 추진하는 데 필요한 정당성을 얻기 위한 이상의 정치 전략 중 효과적인 게 있다면, 그게 무엇일지는 확실치 않다. 그러나 정치인들이 이런 전략을 시도한다는 것—그리고 효과가 있는지 알아내기 위해 평판이 손상될 위험을 기꺼이 무릅쓴다는 것—은 주목할 만하다.

문화, 신뢰, 인지 부하

제도 설계와 정치는 우리가 처한 곤경을 해결하는 데 중요하지만 그것만 가지고는 한계가 있다. 우리가 새로운 경제에 더 잘 맞는 제도를 발전시키고 효율적으로 활용하고자 한다면 문화적 변화도 필요할 것이다.

조엘 모키르와 에브너 그리프 같은 경제사가들은 현대의 번영이 제도와 과학 기술과 자원뿐만 아니라 근본적 문화 변동 때문이기도 했음을 밝힌 바 있다. 17~18세기에 영국과 네덜란드 등에 사는 사람들 일부는 호기심이 많아지고 더 진취적·친사회적으로 바뀌었다—역사학자 안톤 하우스가 말하는 **개선 지향 사고방식**이 바이러스처럼 퍼졌다. 과학 기술과 제도가 이런 사고방식을 강화했지만, 그 사고방식 때문에 과학 기술이 발달하고 제도가 번영할 가능성이 커지기도 했다. 예를 들어 하우스가 쓴 런던의 왕립예술학회 역사를 보면, 문화가 이런 위대한 계몽주의 단체들의 산물인 것만큼이나 이곳들도 문화의 산물일 때가 많았다. 인공 지능 연구자 엘리에제르 유드카우스키(Eliezer Yudkowsky)는 이런 사고방식의 골자를 사회의 "불충분한 평형 상태"—작동은 하지만 기대한 만큼의 효과는 없는 규범과 규칙—를 찾아내려는 욕망과 그것을 해결하려는 대담함으로 보았다.

우리가 새로운 경제가 불러일으킬 새로운 문화의 발현을 예측할 수 있다고는 주장하지 않겠다. 그러나 무형 자본으로의 전환이 가장 많이 이뤄진 지역과 문화에 단서가 있을 수 있다. 구체적으로 말하면 디지털 각축전 속에서 개개인의 인지 부하가 증가한 것 같다. 그러나 시장 자체에서 이런 도전에 대한 해결책이 생겨났다. 여기에는 광고 차단 프로그램, 개인 정보 보호가 가능한 검색 엔진, 가격 비교 사이트가 들어간다. 부채 역시 인지 부하를 낮은 상태로 유지하며(위기가 아닌 시기에), 따라서 무형 자산을 담보로 쓸 수 있게 해주는 금융 혁신에 대한 보상은 도움이 될 것이다.

끝으로 우리는 한 제도가 시대를 불문하고 모든 교환의 차원에 걸쳐 목적에 부합하는 것을 알았다. 바로 신뢰와 호혜성이다. 이 제도가 장기간 건재한 결정적 요인에 대해서는 논쟁이 계속되고 있다. 에를 들어 프랜시스 후쿠야마(Francis Fukuyama)와 로버트 퍼트넘(Robert Putnam)의 연구를 보라.[18] 한편 소프트웨어 업계에서 개발한 도구와 관행과 작업 규범은 아마 이 분야를 가장 원격근무 친화적인 고숙련 직종으로 만들 것 같다. 어쩌면 온라인 비디오 게임을 하거나 스마트폰으로 사람을 사귀고 데이트를 하면서 자란 사람들이 대면 상호 작용의 정서적·심리적 질을 상당 부분 복제한 원격 소통 방식을 발전시켰을 것이다. 오픈소스 소프트웨어 운동은 사람들이 스필오버의 가치와 그것을 다른 사람들을 위해 생산하는 공적을 인정하는 새로운 분야를 만들어냈다. 호혜성과 평판이 다시 인기를 얻는 듯하다.

그렇다면 이 모든 것은 세상을 더 공정하고 번영하게 만드는 데 관심 있는 시민인 우리를 어디로 데려갈까? 우리는 많은 사람이 오늘날 경제에 무슨 일이 벌어지고 있는지 이해하기 위해 써먹는 '잃어버린 황금시대' 이야기로 이 책을 시작했다. 이 서사는 비관적으로 흘러갈 수도, 낙관적으로 흘러갈 수도 있다. 역사적 수준의 경제 성장은 영원히 사라졌으니 이 사실을 받아들여야 하거나, 아니면 우리가 과거에 잃어버린 어떤 미덕을 어찌어찌 재발견해 좋은 시절이 되돌아올 것이다. 한편으로 우리는 낙관주의자들 편이다. 오늘날 실망스러운 경제는 바꿀 수 없는 것이 아니라 경제 성장과 인류 번영을 위해 적절한 제도를 마련하는 데 실패한 것이다.

그러나 꾹 참고 기다리거나 과거의 미덕을 되찾는 것으로는 답을 얻지 못한다. 경제의 성격이 달라졌기 때문에 문제가 발생하는 것이다. 유형에서 무형으로 자본 스톡의 전환은 여전히 일어나고 있는 조용한 혁명이다. 그리고 재정 시스템부터 계획법령까지, 특허법원부터 교육 기관까지 우리의 제도가 이를 따라가지 못했다.

만일 더 높은 성장과 더 공정한 경제를 바란다면 제도를 재건하고 다시 활력을 채울 용기와 투지가 필요하다. 다시 시작하는 미래는 우리 손안에 있다.

요약

국가와 기업 같은 주체가 시민과 직원들에게 혜택을 줄 집합재를 공급하려면 권한과 중앙 집중화한 통제가 필요하다. 그러나 기본적 트레이드오프가 존재한다. 집합재 공급에 더 지출할수록 영향력 활동의 유혹이 강해지고 중요한 정보를 희생시킬 가능성이 커진다. 사실 부패가 극심한 사회에서는 집합재 공급이 거의 불가능하다. 전부 영향력 활동에 흡수되기 때문이다. 예를 들어 2021년 레바논 중앙은행장이 나라가 초인플레이션에 시달리는데도 돈을 횡령했다는 보도가 많았다.

무형 경제는 이 트레이드오프에 두 가지로 영향을 미친다. 첫째, 트레이드오프의 경사도를 악화시킨다. 만일 무형 경제에서 시너지 효과가 더 중요해지면, 복잡성에 직면했을 때 시너지를 희생하는 것이 더 해로워지기 때문에 중앙 집중화한 집합재에 대한 추가 지출의 효율은 떨어진다. 둘째, 무형 경제가 여러 차원에서 불평등을 상승시키는 만큼 일정 수준의 중앙 집중화한 지출을 정치적으로 수용하기가 더 힘들어진다(즉 트레이드오프 선을 왼쪽으로 이동시킨다).

이 장에서는 우리가 위의 문제를 해결하는 데 도움이 될, 적어도 두 가지인 변화 가능성을 검토했다. 첫째는 경제를 뒷받침할 정부 역량을 구축하는 것이고, 둘째는 정치적 자본을 활용하는 것이다. 경제가 침체하고 무형 자산에 대한 지원이 감소하는 악순환이 사회에 해가 되고 있으므로 이런 도전은 더 절실하다.

정부 역량 구축과 정치적 자본 활용은 이 책의 주제를 포괄하는 제안이다. 우리는 경제가 직면한 문제, 즉 경기 침체, 불평등, 역기능적 경쟁, 취약성, 비진정성을 보다 무형 집약적인 경제를 향한 변화를 통해 설명할 수 있음을 기록하고자 했다. 근본적 경제 구조의 변화가 늘 그렇듯 이 변화에는 무형 경제의 문제를 해결할 새로운 제도—예를 들면 집합 행위, 정보, 약속, 쓸데없는 영향력 활동의 중단—가 필요하다.

우리는 연구 지원, 도시, 통화 및 금융 정책, 경쟁에 필요한 제도적 개혁을 강조했다. 제안한 개혁의 세부 사항은 나라마다 다를 것이다. 그러나 우리의 진단과 더 무형적인 경제가 제도에 어떻게 부담을 주는지 이해하기 위한 포괄적 틀이, 세월을 견디고 현대 경제의 도전 과제에 대처할 방안에 관해 새로운 시각을 제시했으면 한다.

주

서론: 이번 세기를 다시 시작할 방안

1. 미국 특허 549,160호는 "Road-engine," Google Patents, https://patents.google.com/patent/US549160A/en에서 찾아볼 수 있다. 2021년 7월 31일 접속.
2. Furman and Summers 2020.
3. Graeber 2018, xviii.
4. Baudrillard 1994.
5. Douthat 2020.
6. Case and Deaton 2020.

1 경제적 대실망

1. Gross and Sampat 2020, 2021.
2. Congressional Budget Office 2007.
3. Schwartz and Leyden 1997.
4. Krugman 1997.
5. Keynes 2010.
6. Wilkinson and Pickett 2009.

7. Piketty 2014.

8. McRae 1995.

9. Moretti 2012.

10. Jennings and Stoker 2016.

11. Case and Deaton 2020.

12. Decker et al. 2018.

13. 이 마크업의 상승과 토빈의 Q 상승은 기업 수익의 증가와 다소 다른 측정값이다. 이 측정값들 사이의 정확한 관계는 Haskel(2019)이 정리했다.

14. Philippon 2019.

15. Cowen 2017, 1.

16. Malcolm Baldrige, "Fat, Dumb, Happy," *New York Times*, October 4, 1981, sec. 3, p. 20, https://www.nytimes.com/1981/10/04/business/fat-dumb-happy.html에서 인용함.

17. Markovits 2019, 158.

18. Kuhn and Lozano 2005.

19. Furman and Summers 2020.

20. De Veirman, Hudders, and Nelson 2019.

21. Shiller 2019.

22. Leamer 2008; Harari 2015; Kay and King 2020.

23. Cowen 2011; Gordon 2016.

24. Vollrath 2020.

25. Brynjolfsson and McAfee 2014.

26. Harvey 2007; Hutton 1995.

27. Cohen and DeLong 2016.

28. Philippon 2019.

29. Sichel 2016.

30. Mokyr 2018. Branstetter and Sichel 2017도 참조.

31. Vollrath(2020)의 48쪽 표 4.1에는 미국의 1인당 물리적 자본 기여도 수치가 약간 다르게 나온다. 2000~2016년 기여도가 0.27퍼센트이다. 1인당 인적 자본의 기여

도도 비슷하게 떨어졌다. 이렇게 다른 물리적 자본 기여도를 가지고 그는 1퍼센트에서 0.8퍼센트로 감소한 총요소 생산성 증가율을 얻는다. 이는 1인당 인적 자본 증가율 하락(그의 데이터에서는 0.7퍼센트)이 그의 데이터에서 1인당 GDP 증가율 1.3퍼센트라는 둔화세의 대부분을 차지한다는 뜻이다. 표 1.1과 볼래스의 산출 수치 사이의 기여도 차이는 볼래스가 자본 스톡을 사용한 데 반해 우리의 계산은 자본 서비스를 사용한다는 사실에서 비롯한다. 볼래스가 언급했듯 자본 서비스를 사용해도 된다. Vollrath(2020) 224쪽의 논의 참조.

32. Byrne, Corrado, and Sichel 2017.
33. Burne and Sichel 2017.
34. Corrado, Haskel, and Jona-Lasinio 2021.
35. Traina 2018.
36. Syverson 2019.
37. Haskel and Westlake 2017.
38. Davis 2018.
39. 기업이 관계를 포함하지 않은 무형 자산을 보유하는 것도 전적으로 가능하다. 표현적 무형 자산은 감성을 자극할 수 있으므로 디자인이나 예술 작품도 페이소스·카타르시스·경외감·흥분 등을 불러일으킬 수 있을 것이다. 차이점이라면 관계적 무형 자산은 미래의 사회적 교류를 약속하거나 내포한다는 것이다. 그러니까 애플의 공급망 관계는 향후 몇 년 동안 특정 제조업체에서 고릴라글래스(IT 기기용 강화유리 브랜드—옮긴이)의 스크린을 구매하고, 대금을 제때 지불하고, 그들을 정직하게 대하겠다는 식의 비공식적 약속에 가깝다.
40. Simon 1995.
41. Benmelech et al. 2021.
42. Scott 1999.
43. Schumacher 1980.
44. McAfee 2019.
45. 《자본 없는 자본주의》에서 우리가 장기간에 걸쳐 GDP 중 무형 자산 투자 비중을 살펴볼 때, 무형 지출의 수준뿐만 아니라 비용이 얼마인지도 살펴보고 있다고 짐작했다. 많은 물리적 자본(가령 선적 컨테이너나 선반)은 제조한 후 시간이 흐르면

값이 떨어지는 데 반해 무형 자본을 생산하는 주요 비용은 사회가 부유해질수록 더 비싸지는 사람의 노동—마케팅 부서나 연구개발 실험실의 급여—인 만큼, 경제학자들이 말하는 보몰의 비용병이라는 현상은 투자 비중의 증가에 어떤 역할을 하는 듯하다.

46. Adler et al. 2017; Duval 2017.

47. Arquié et al. 2019; Demmou, Stefanescu, and Arquié 2019.

48. Wise and Turnbull 2019.

49. 불확실성은 유형 자산 투자에도 영향을 미칠 것이다(Abel et al. 1996; Dixit 1992; Dixit and Pindyck 1995). 그러나 유형 자산 투자는 매각할 수 있다면 돌이키지 못할 확률이 더 낮을 수 있다. 그리고 무형 자산 투자는 확대할 수 있으므로 유형 자본 투자보다 확장성이 높고, 따라서 불확실성의 성격이 조금 다른 각도에서 중요하다. 나쁜 소식을 예상하면 무형·유형 투자가 모두 위축되는데(기업들이 부정적 측면을 우려하기 때문에), 그에 반해 희소식을 예상하면 유형 투자가 증가한다(기업들이 긍정적 측면을 최대한 활용하고 싶어 하기 때문에). 이렇게 나쁜 소식을 예견하는 과도기의 영향은 무형 자본에 치우친다.

50. Bessen et al. 2020.

2 경제 위기는 무형 자산 위기

1. 경제학자 마이클 크레머(Michael Kremer, 1993)는 성공한 우주 왕복선 임무와 실패한 임무 사이의 차이를 기술하며 '오링'이란 용어를 사용했다.

2. Brynjolfsson, Rock, and Syverson 2021.

3. 이때 우리가 신중히 구분해야 할, 매우 다른 두 논지가 있다. 만일 무형 자산이 폭증하는데 측정하지 않고 있다면, 첫 투자 기간에 측정한 총요소 생산성은 이것이 다시 증가하는 시기인 새로운 산출량이 나올 때까지 감소한다. 만일 무형 자산이 감소하고 있다면 그 반대다. 무형 자산이 총요소 생산성 증가율에 스필오버 효과를 미친다면, 총요소 생산성은 오르락내리락하는 형태가 된다.

4. Vollrath 2020.

5. Bajgar, Criscuolo, and Timmis 2020 참조.
6. Corrado et al. 2019.
7. Markovits 2019.
8. Garicano 2000.
9. 21세기에 영국에서 소득 불평등이 더 심화하지 않은 이유는 영국의 보조금 시스템이 이를 어느 정도 억제했기 때문이다. 영국의 세금 공제 전후 소득 불평등의 최신 동향에 관한 훌륭한 요약으로 Francis-Devine 2020 참조.
10. Garicano and Hubbard 2007.
11. Rognlie 2015.
12. Hsieh and Moretti 2019.
13. Department for Business, Energy & Industrial Strategy 2019, table 1.
14. Douthat 2020.

3 무형 자산 위기

1. Daron Acemoglu and James Robinson(2019, 126ff)은 국가가 공공재(공공건물·무게·척도의 관리자들, 선술집들을 감독하고 욕설을 방지한 여섯 명의 '선인')를 공급할 충분한 권력이 있지만, 독재가 될 만큼 지나치지는 않은 제도적 시스템의 예로 이 프레스코화에 주목한다.
2. North 1993.
3. Smith 1904, 1:xxxv.
4. Marx and Engels 2002〔1848〕.
5. Acemoglu, Johnson, and Robinson 2004, 395.
6. Kling and Schultz 2009.
7. North 1993, 97.
8. 교환에 대한 '거래 비용' 접근법은 교환이 주어지는 상황마다 거래 비용에 다르게 영향받는다고 본다. 이 분석은 늘 그런 것은 아니지만 흔히 있는, 양측이 거래하려는 자산이 특수하고, 불확실성이 있고, 교환이 드물다는 문제에 봉착한 상황에 적용

한다(Milgrom and Roberts 2009; Williamson 2009). 우리는 이 접근법에서 한 걸음 물러나 우선 교환 과정에 파트너를 찾는 일을 반드시 포함시키고 싶다. 아울러 Milgrom and Roberts(2009)에 따라 교환을 성사한 거래의 비용이 아니라 분석의 한 단위로 다룰 때, 거래 비용이 무엇인지 더 구체적으로 다룰 수 있다고 생각한다. 자산에 특수성이 있는 불완전 계약 상황에서는 불확실성이 발생하고 교역은 드물게 일어난다. 이런 상황이 높은 협상 비용, 약속 및 정보의 문제 등을 유발하기 때문이다.

9. Milgrom and Roberts 1990.

10. Hart 2017.

11. 이 주장은 Demsetz(1967)에서 정리했다.

12. Hayek 1945.

13. 좀더 근대적인 재산권 사례는 강제 징병이다. 강제 징병이 없는 사회는 잠재적 징집병들에게 자기 노동력에 대한 사유 재산권을 부여한 사회이다. 잠재적 징집병들이 사유 재산권을 갖고 나면 사회는 그들의 노동력 공급, 즉 자발적 병역을 놓고 협상할 수 있다. 따라서 강제 징병에 반대하는 이들한테는 사유 재산권 제도가 해결책이다.

14. 따라서 신뢰와 호혜성은 그 자체로 제도가 아니라, 집단적 의사 결정 메커니즘인 제도의 부분 집합이라고 말하는 사람도 있을 수 있다. 우리는 역사적·인류학적 중요성을 고려해 신뢰와 호혜성에 제도라는 지위를 부여했다.

15. 거래 비용과 관련해 Mançur Olson(1965)에서는 비용은 분산하는 반면 많은 정책의 혜택은 집중된다고 지적했다. 예를 들어 런던의 모든 택시 운전기사는 택시 승차 가격을 높게 책정한 데서 혜택을 본다. 이 혜택은 택시 승객이라는 더 큰 공동체에 분산하는 저가의 혜택과 비교하면 집중되어 있다. 그러나 승객들이 연합해 택시 가격을 낮추라고 밀어붙이려면 비용이 많이 든다. 경제학자들의 표현을 빌리면 그런 낮은 가격에서 혜택을 보는 큰 공동체를 결성할 거래 비용이 너무 높다. 이렇게 제도는 상대적 거래 비용에 따라 진화할 수 있다.

16. Acemoglu, Johnson, and Robinson 2004, 428.

17. Acemoglu, Johnson, and Robinson(2004)은 집행자에 대한 제약을 강조한다.

18. Acemoglu and Robinson 2019.

19. Weingast(1995)는 이렇게 시작한다. "경제 체제의 근본적인 정치적 딜레마는 다음과 같다. 재산권을 보호하고 계약을 강행할 만큼 충분히 강한 정부는 시민들의 부를 몰수할 만큼 강하기도 하다. 번성하는 시장은 적합한 재산권 체제와 계약법뿐만 아니라 국가가 부를 몰수할 능력을 제한하는, 안전한 정치적 토대도 요구한다." 그는 계속한다. "근본적인 정치적 딜레마로 인해, 정치 체제가 우리가 실행할 수 있는 민간 시장 경제를 안정적으로 선택하려면 어떤 형태여야 하는지 질문하지 않을 수 없다. 답은 국가가 시장을 보존하는 데 전념하게 하는 정치 제도 설계에 있다. ……제한적 정부라는 확실한 약속의 핵심 요소는 정부 스스로 이 제한을 지켜야 한다는 것이다. 정부에 대한 제한이 지속하려면 정치 관료들이 이를 준수할 인센티브가 있어야 한다."(1) 그의 답은 한 나라에서 어느 정도의 연방제는 활동을 분산해 정부의 지나친 시장 간섭을 제한할 수 있다는 것이다.

20. 안톤 하우스는 (사적 의사소통에서) 교환에 필요한 추가 조건이 (재산권이나 존중·호혜성 같은 제도에 걸맞는) 재화에 대한 권리 인식이라고 우리에게 말했다. 돈을 내지 않고 지식 재산을 사용하려는 사람의 예시에서, 우리는 권리 인식을 "집합 행위 문제를 해결할 필요성"이나 "약속"의 조건(가령 그 재화는 몰수하지 않겠다)에서 암시한다고 생각한다.

21. Posner and Weyl 2018.

22. 그들의 많은 매력적 제안 중 하나는 재산을 주인이 정한 가치로 신고하게 해 세금을 매길 뿐만 아니라, 이 가치로 매매하게 함으로써 거래가 쉬워지게 하는 것이다. 낮은 가치로 신고한 소유자들은 낮은 세금을 내지만 낮은 가치로 되팔아야 할 것이다. 이 계획의 타당성과 무관하게 표 3.1은 이 계획을 성공시키는 데 필요한 흥정 비용이 낮을 것임을 시사한다.

23. Acemoglu, Johnson, and Robinson 2004.

24. 등대에 관한 Theresa Levitt, David van Zandt, Erik Lindberg의 매력적 연구에 관심을 갖게 한 팀 테일러(Tim Taylor)의 훌륭한 블로그 포스트 "An Update Concerning the Economics of Lighthouses", July 24, 2020, https://conversableeconomist.blogspot.com/2020/07/updates-for-economics-of-lighthhouses.html 참조.

25. 현대의 등대도 이런 서비스를 제공하지만 일반적 항로 표지로는 무선 전송이 빛을

대체했다.

26. 경제학을 공부한 사람이라면 거의 모든 교재에서 등대의 사례를 봤을 것이다. 이 사례는 1948년 폴 새뮤얼슨(Paul Samuelson)의 유명한 경제학 교재에서 처음 사용했다. 경제학자 로널드 코스(Ronald Coase)는 민간에서 등대를 공급했다는 사실을 지적했다. 그럼에도 등대는 많은 교재에 집합재의 사례로 남아 있는 듯하다.

27. Levitt 2020.

28. van Zandt 1993. 경제학자 Kenneth Arrow(1962)는 두 번째 경제적 난관이 있다고 했다. 등대 소유자가 받아들일 만한 가격을 (가령 시간대에 따른 가격을 발표함으로써) 사전에 약속하지 못한다면 선주는 높은 가격을 우려해 그 등대를 전혀 사용하지 않을 수도 있다.

29. Lindberg(2013)에 따르면 국왕 제임스 1세(James I)가 트리니티하우스의 등대 건설 독점권을 인정하지 않았고, 1700년 트리니티하우스는 등대 운영권을 팔기 시작했다.

30. 사실 등대 공공 소유의 동기는 원래 민간 등대들이 요금을 전혀 부과하지 못해서가 아니라 Arrow가 걱정했던 대로 서비스에 비해 지나치게 많이 부과하고 있다는 사실에서 비롯했다. Lindberg(2013)는 민간 등대들이 대단히 수익성이 높았다—사실은 수익성이 너무 높아서 선주들이 국유화 압력을 넣기 시작할 정도였다—고 주장한다.

31. van Zandt(1993)가 썼듯 19세기에 이르자 영국을 제외한 거의 모든 나라가 일반 세수로 등대 서비스를 제공했다. 예를 들어 미국에서는 "의회가 최초의 법률 중 하나로 기존의 모든 등대·표지 시설을 재무장관의 통제하에 뒀다. ……1875년이 되자 프랑스와 러시아도 일제히 정부 기금으로 등대 서비스를 공급했고 사용자 요금은 전혀 부과하지 않았다"(70). 사실 경제학 교재의 공공·민간 등대 공급 논쟁은 영국과 미묘한 차이가 있다. 1836년 이전에는 공공 및 민간 소유권이 혼재했는데, 1836년 민간 소유권이 국영화되면서 공공 부문의 허가를 받은 트리니티하우스의 통제하에 들어갔다. 하지만 등대는 지역 항만료로 자금을 조달했다. 1834년 의회의 특별위원회는 지방의 등대들은 민간이나 트리니티하우스의 통제하에 계속 두고, 해양을 비추는 조명에는 일반 징수로 돈을 댈 것을 권고했다. 결국 의회는 트리니티하우스에 독점 소유권을 부여하고 모든 배가 어디서나 통과하는 해안의 조

명에 요금을 내도록 강제했다(Levitt 2020).

32. Weingast 1995.

33. Mokyr 2002.

34. Howes 2020.

35. De Soto 2000; Hornbeck 2010; van Bavel 2016.

36. Nelson 1994.

37. Ostrom 2005, 12.

38. Liebowitz and Margolis(1990)는 여기에 강력하게 반대한다.

39. Grief 2006.

40. Edgerton 2018.

41. Lerner and Nanda 2020.

42. Johnson 2004.

43. 날개 비틀기는 항공기의 전복을 방지하기 위해 날개를 비트는 케이블과 도르래 장치다. 에일러론(aileron)—'작은 날개'를 가리키는 프랑스어에서 왔다—을 날개 표면에 경첩으로 고정한다. 라이트 형제의 특허권은 글렌 커티스(Glenn Curtiss)의 에일러론 발명을 방해할 만큼 광범위했다.

44. Katznelson and Howells(2015)는 누가 누구를 방해했는지 그 세부 사항에 이의를 제기한다. 그럼에도 이 제도들이 전 생태계를 결정했다는 핵심은 여전히 남는다.

45. Olson 1965.

46. Van Bavel 2016, 21.

47. Broadberry 2013, section 4.4 참조.

48. 스필오버와 시너지의 차이는 무엇인가? 전자는 배타성을 둘러싼 제도의 특성, 후자는 기술의 특성으로 볼 수 있다. 예를 들어 지식 재산권 체계를 완벽하게 강행한다면 스필오버를 막을 것이다. 그러나 가령 영화 시나리오와 애니메이션 제작 소프트웨어가 결합한다면 여전히 시너지 효과가 있을 것이다.

4 "과학과 유용한 기술의 진보"

1. Arrow 1962; Nelson 1959.
2. Mazzucato 2013.
3. David Willetts, 저자들과의 사적 의사소통, 2019.
4. Matt Ridley, "Don't Look for Innovations before Their Time," *Wall Street Journal*, September 14, 2012, Ridley(2020), Syed(2019)도 참조.
5. Lachmann 1956.
6. 라흐만은 자본의 결합이 중요하다는 관찰에서 비롯하는 수많은 문제를 기술했다. 하나는 자본의 어떤 결합이 최상인지 알기가 불가능하다는 관점에서 기업가의 실험하는 역할을 강조한 것이다. 또 하나는 다양한 종류 및 시대의 자본 결합을 측정하는 방법으로, 케임브리지 자본 논쟁(Cambridge Capital Controversy)에서 제기한 문제였다(생생한 토론은 Noah Smith와 Brad DeLong의 팟캐스트 "Hexapodia XII: The Cambridge Capital Controversy," May 5, 2021, https://www.bradford-delong.com/2021/05/podcast-hexapodia-xii-%C3%BEe-cambridge-capital-controversy.html에 있다). 오늘날 여러 나라의 통계청에서 활용하는 이 문제의 해결책은 자본의 종류를 임대료율에 따라 따져보는 것으로, 경제학자 Robert Hall and Dale Jorgenson(1967)이 제안했다. Erwin Diewert(1976)는 이런 해결책을 자본 결합(전통적 소매업에서 매장 건물과 운송용 차량)이나 대체(전자상거래에서 매장 건물을 창고와 배달용 차량으로)에 어떻게 적용할 수 있는지 밝혔다.
7. Goldin and Katz 2008.
8. 예를 들어 Cowen and Southwood(2019)의 논의 참조.
9. Wilsdon et al. 2015.
10. The Augar review, "Independent Panel Report to the Review of Post-18 Education and Funding," May 2019, https://assets.publishing.service.gov.uk/government/uploads/system/uploads/attachment_data/file/805127/Review_of_post_18_education_and_funding.pdf, 31.
11. Campbell 1979; Goodhart 1981.
12. Nielsen 2013.

13. Williamson et al. 2020.

14. Ritchie 2020.

15. Aarts et al. 2015.

16. 예를 들면 Dattani and Bechhofer 2021.

17. Bessen and Meurer 2009.

18. Boldrin and Levine 2013.

19. Justin Tranter, "To Succeed in a Business That Doesn't Really Want Anyone to Succeed, You Have to Be Quite Confident," Music Business Worldwide, May 21, 2020, Dave Roberts와의 인터뷰에서 인용함. https://www.musicbusinessworldwide.com/justin-tranter-to-succeed-in-a-business-that-doesnt-really-want-anyone-to-succeed-you-have-to-be-quite-confident/?fbclid=IwAR3IPUzTde8xVdy8bjZlKOKqHtDcNSlRwNC7fXvZWUJODOIG0z8T4sLV-w.

20. Heller 2008.

21. Khan 2014.

22. Hall et al. 2014.

23. Kleiner(2006) 참조. Forth et al.(2011)은 미국 노동력의 최소 20퍼센트가 인가 대상이라고 추정한다. 미국은 노동력의 6퍼센트, 영국은 14퍼센트가 자격증을 받았다.

24. Phelps 2013; Ridley 2020.

25. Mazzucato 2021.

26. 이 생각은 Mazzucato(2021)에서 한층 더 발전했다.

27. Jeffrey Mervis, "U.S. Lawmakers Unveil Bold $100 Billion Plan to Remake NSF," *Science*, May 26, 2020, https://www.sciencemag.org/news/2020/05/us-lawmakers-unveil-bold-100-billion-plan-remake-nsf에서 다뤘다.

28. Cowen and Southwood 2019.

29. Eghbal 2016.

30. "Good Data: With Ben Goldacre," Digital Health, January 14, 2016, https://www.digitalhealth.net/2016/01/good-data-with-ben-goldacre/에서 인용함.

31. Dan Davies, "Midsummer in Midwinter," Crooked Timber(블로그), March 22, 2015, https://crookedtimber.org/2015/03/22/the-world-is-squared-episode-6-

midsummer-in-midwinter/.

32. Kremer 1998. 백신에 적용한 포상 및 다른 혁신 장려 메커니즘에 대해 더 알고 싶다면 Kremer and Snyder(2020) 참조.

33. Gans 2020.

34. Milgrom and Roberts 1988.

35. Taylor 2016.

36. Johnstone 1999.

5 금융 구조

1. Whitehead 1911, 46.
2. Lowenstein 2001.
3. McLean and Elkind 2005.
4. 여기에는 국가별 차이가 있다. 유럽 회사들이 미국 회사들과 비교했을 때 부채를 채권보다 은행 대출에 훨씬 더 많이 의존하고, 주식에는 훨씬 덜 의존한다(가령 de Fiore and Uhlig 2011 참조). Porta et al.(1997)은 유럽 대륙과 비교할 때 미국과 영국이 주주와 채권자들을 더 보호하는 관습법 전통이 있어 은행 대출보다 주식과 채권을 선호한다고 말한다. De Fiore and Uhlig(2011)도 유럽에는 회사 신용도에 관한 공적 정보가 더 적기에 융자해줄 회사들에 관한 정보를 수집하는 은행의 중요성이 높아진다고 주장한다.
5. Davies 2014.
6. 공식 논의에 관해서는 Holmstrom(2015) 참조. 여기서는 가장 단순한 담보부 채무 계약을 거론한다. 바로 전당포에서 시계를 잡고 돈을 빌려주는 것이다. 전당포 주인은 시계의 가치를 파악한 다음 여기서 채무 불이행에 따르는 비용을 제하고 현금을 빌려줘야 한다. 그러나 그 하한선은 계약의 한쪽 당사자가 정하는 것이므로 반드시 그 시계의 가치라고 할 수는 없다. 이 채무 계약은 당사자 양쪽이 일반 가치나 최대 가치, 또는 그 결과로 주어지는 몫에 합의하라고 요구하지 않는다. 그리고 빚을 전당포에 상환하면 시계는 돌려받는다. 즉 이 시계의 가치가 현재 얼마인지 혹은 얼마

였을지에 대해 합의할 필요가 없다. 따라서 담보부 채무 계약은 정보를 고도로 절약한다. 경기가 안 좋아 돈을 빌려주는 사람이 원금을 상환할 수 없겠다고 생각할 때는 그 구조에서 절감하도록 설계한 바로 그 정보를 요구하기 때문에 실질적 위기가 나타날 수 있다.

7. Cecchetti and Schoenholtz 2018.

8. Drechsel(2021), Greenwald(2019), Lian and Ma(2021)는 소득 비례 대출 약관의 이용 확대를 강조했다. 그리고 Lim, Macias, and Moeller(2020)는 무형 자산을 장부에 기입하는 회계 변경 이후 대출이 늘었다고 밝혔다. 중요한 점은 모든 무형 자산이 아니라 확인한 무형 자산이 증가하고 회계 변경 이후 대출금이 늘었다는 것이다. (자산은 거기에 지불한 가격에 대한 기록으로 확인했고 트레이드마크, 도메인 이름, 채굴권 같은 것들이 들어갔다.) 미확인 무형 자산은 매입한 영업권이었다.

9. Lian and Ma 2021.

10. Dell'Ariccia et al. 2017.

11. Kaoru, Daisuke, and Miho 2017.

12. Lim, Macias, and Moeller 2020.

13. Ampudia, Beck, and Popov 2021.

14. "Box 4, The Supply of Finance for Productive Investment," in Bank of England, Financial Policy Committee 2020.

15. Wyman and British Business Bank 2019, 23.

16. "Patient Capital Review, Industry Panel Response, October 2017," https://assets.publishing.service.gov.uk/government/uploads/system/uploads/attachment_data/file/661397/PCR_Industry_panel_response.pdf.

17. Brazier 2020.

18. Duval 2017; Duval, Ahn and Can 2018.

19. Lakonishok, Shleifer, and Vishny 1994.

20. Daniel Finkelstein, The Fink Tank, https://extras.thetimes.co.uk/web/interactives/7da9de56f480e009b5e9f18b279859d7.html 참조. 2021년 7월 31일 접속.

21. Lev and Gu 2016.

22. Lev and Srivastava 2019, 24.

23. Brav, Jiang, and Ma 2018.

24. 브라브와 동료들이 조심스럽게 지적하듯 헤지 펀드 투자가 이런 효과의 원인이라는 말은 아니다. 헤지 펀드가 그런 변화의 가능성을 실현하기 쉬운 회사들에 투자할 것이기 때문이다.

25. Arora, Belenzon, and Patacconi 2015, 2018; Arora, Belenzon, and Sheer 2021.

26. Arora, Belenzon, and Sheer 2021.

27. Arora, Belenzon, and Sheer 2021, 878.

28. Brav, Jiang, and Ma 2018.

29. Edmans 2009.

30. Kay and King 2020.

31. 소비를 통한 또 하나의 경로가 있다. 금리 변동은 쉽게 빌리고 빌려줄 수 있는 사람들의 저축액을 달라지게 하고, 금리 인하는 사람들이 저축을 덜 하게 해 보통 지출에 일조한다. 쉽게 빌리고 빌려줄 수 없는 사람들에게는 잠재 효과가 훨씬 더 크다. 이들이 이미 받은 대출이든 그 임시변통으로 받아야 할 대출이든 만약 이자율이 인하된다면, 쓸 수 있는 현금을 약간 풀어주기 때문이다. 끝으로 다른 조건이 동등할 때 금리가 낮으면 금리가 더 높은 국가로 돈이 흘러들어가면서 환율을 평가절하하고 한 나라의 경쟁력과 순수출을 증가시킨다.

32. Bean, Larsen, and Nikolov 2002.

33. Gilson and Altman, 2010.

34. 최근 평론으로는 미국의 입장인 Del Negro et al.(2020)과 영국의 입장인 Cunliffe (2017)가 있다. 일부(McLeay and Tenreyro 2020)는 필립스 곡선이 편평해졌다는 데 이의를 제기하지만, 이 쟁점에 대해서는 논의가 많았다.

35. Subir Lall and Li Zeng(2020)은 여러 나라의 무형 자산 투자 증가가 평평해진 총공급 곡선과 연관된다는 것을 발견하고, 이 추세가 평평해진 필립스 곡선과 일치한다고 주장한다.

36. 이 부분은 Haskel(2020a)을 바탕으로 했다.

37. Daly 2016; Rachel and Smith 2015.

38. Kevin Daly, "A Higher Global Risk Premium and the Fall in Equilibrium Real Interest Rates," *VoxEU*, November 18, 2016, https://voxeu.org/article/higher-

global-risk-premium-and-fall-equilibrium-real-interest-rates 참조.

39. 이 주장이 암시하는 바는 금리가 "너무 마이너스"로 간다는 것이다. 즉 제로 아래로 많이 내려가서는 안 된다.

40. Brassell and King 2013.

41. Nanda and Kerr 2015.

42. Lerner and Nanda 2020.

43. NESTA 2016.

44. Davies 2015.

45. Dell'Ariccia et al. 2017.

46. Bahaj et al. 2021.

47. Thais Jensen, Soren Leth-Petersen, and Ramana Nanda(2014)는 주택 자기 자본의 해제를 허용한 덴마크의 주택 담보 대출 개혁에 뒤이어 기업가 정신이 상승했다고 본다.

48. Bank of England, Financial Policy Committee 2020, table D.B.

49. Davies 2015.

50. Bell et al. 2019.

51. Mirrlees and Adam 2011; OECD 2021.

52. Kortum and Lerner 2000.

53. The Investment Association 2020.

54. Wyman and British Business Bank 2019 참조.

55. 그런 변화라면 비유동성 자산 투자를 둘러싼 규제 완화 같은 것일 터이다. Productive Finance Working Group, Minutes of the First Technical Expert Group (TEG) Meeting, 12 February 2021, https://www.bankofengland.co.uk/-/media/boe/files/minutes/2021/productive-working-group-minutes-february-2021.pdf?la=en&hash=1D243F9291E0B92562F762D69787ACBA28798D08 참조.

56. Brazier(2020)는 이렇게 썼다. "연금 자산을 전부 비유동성 주식 자산으로 옮기라는 제안이 아니다. 목표는 자산을 거의 없다시피 한 현재 상태에서 더 늘리고 다각화하는 것이다. 사실 청년층과 노년층은 유동성 선호가 다르다. 자산의 유동성·시녹성·성숙성·부채를 충분히 생각하고 조정하는 한 '불필요한 위험'은 없어야 한다."

57. Ahn, Duval, and Sever 2020.

58. 이 장치와 양적 완화의 차이는 무엇인가? 양적 완화는 중앙은행이 은행 금리를 지급하는 이자부 중앙은행 준비금을 발행하고 이자부 (장기) 정부채를 사들인다는 의미다. 그러니까 중앙은행의 자산은 장기 채권, 부채는 중앙은행 준비금이 된다. 현재는 이런 장기 채권의 금리가 은행 금리보다 높아 중앙은행은 재무부에 송금하고 있다. 만일 은행 금리가 오른다면 중앙은행은 이자를 내기 위해 재무부나 다른 출처로부터 돈을 얻어야 할 것이다. 그 결과는 잠재적 손실이지만 시중 은행에 대한 보조금이 된다는 의미에서 명백한 손실은 아니다.

59. Blanchard, Dell'Ariccia, and Mauro 2010; Smith et al. 2019.

60. Feyrer and Sacerdote 2013.

61. Blanchard, Dell'Ariccia, and Mauro 2010.

62. 지출 프로그램에 대한 경제의 대응성은 수혜자인 시민들이 더 많이 지출하고 투자할 때 높아진다. 경제가 어려운 상황에서 저소득 직종의 소비자들은 일반적으로 끌어올 자원이 거의 없거나 융자를 받기 어렵다고 느낀다. 일시적 감세 같은 안정화 정책이 그들의 소비에 미치는 영향은 아주 클 텐데, 이는 재정 정책을 매우 강하게 만들 가능성이 있다.

63. 수학으로 생각하면 식은 다음과 같다.

$$\left(\frac{\text{부채}}{\text{국내 총생산}}\right)_t - \left(\frac{\text{부채}}{\text{국내 총생산}}\right)_{t-1} \approx (r_t - g_t)\left(\frac{\text{부채}}{\text{국내 총생산}}\right)_{t-1} + \left(\frac{\text{기초 재정 수지 적자}}{\text{국내 총생산}}\right)_t$$

여기서 r은 실질 금리, g는 국내 총생산 실질 성장률, 기초 재정 수지 적자는 비이자 지출과 세수 사이의 차이다.

64. Furman and Summers 2020.

6 도시가 더 잘 돌아가게 만들기

1. Clay Jenkinson, "Thomas Jefferson, Epidemics and His Vision for American

Cities," Governing, April 1, 2020, https://www.goveerning.com/context/Thomas-Jefferson-Epidemics-and-His-Vision-for-American-Cities.html에서 거론했다.

2. 1800년 9월 23일 토머스 제퍼슨이 벤저민 러시에게 쓴 편지. National Archives, Founders Online, https://founders.archives.gov/documents/Jefferson/01-32-02-0102.

3. 1800년 9월 23일 토머스 제퍼슨이 벤저민 러시에게 쓴 편지.

4. Haskel 2021.

5. Duranton and Puga 2014.

6. Glaeser 2011.

7. Clancy 2019.

8. Jaffe, Trajtenberg, and Henderson 1993.

9. Berkes and Gaetani 2019.

10. 영국에서는 1980년대 이후 집값 상승이 제한적 공급 때문인지, 예기치 않은 실질금리 인하 때문인지, 둘의 결합 때문인지를 놓고 열띤 토론을 벌였다. 런던의 집값이 다른 곳보다 더 오른 지역별 편차는 공급도 한몫했음을 시사한다. 게다가 실질금리는 내려갔지만 집값은 요지부동이거나 그 반대인 시기도 있다. Lisa Panigrahi and Danny Walker, "There's More to House Prices than Interest Rates," Bank Underground, June 3, 2020, https://bankunderground.co.uk/2020/06/03/theres-more-to-house-prices-than-interest-rates/ 참조. 다른 견해로 David Miles and Victoria Monro, "What's Been Driving Long-Run House Price Growth in the UK?," Bank Underground, January 13, 2020, https://bankunderground.co.uk/2020/01/13/whats-been-driving-long-run-house-price-growth-in-the-uk/ 참조.

11. Fischel 2005. Pennington 2001도 참조.

12. Max Nathan and Henry Overman, "Will Coronavirus Cause a Big City Exodus?," Economics Observatory, September 22, 2020, https://www.coronavirusandtheeconomy.com/question/will-coronavirus-cause-big-city-exodus는 코로나19가 도시에 미친 영향을 다룬다.

13. Forth 2018.
14. Paul Krugman, "The Gambler's Ruin of Small Cities (Wonkish)," *New York Times*, December 30, 2017, https://www.nytimes.com/2017/12/30/opinion/the-gamblers-ruin-of-small-cities-wonkish.html.
15. Moretti 2012.
16. Waldrop 2018 참조.
17. Cairncross 1997.
18. Cheshire and Buyuklieva 2019.
19. Leunig and James Swaffield 2007.
20. Myers 2020.
21. Ostrom 2005.
22. Hughes and Southwood 2021.
23. 이 논의는 Bowman and Westlake(2019)에서 가져왔다.
24. Robert Nelson 1999; Royal Town Planning Institute 2020; Building Better, Building Beautiful Commission 2020 참조.
25. Glaeser 2020.
26. Walker 2011.
27. Bogart(2005)가 논의하듯 도로 수선과 자금 조달은 새로운 문제가 아니다. 17세기에 지방 교구들은 도로 이용자에게 유지·보수·투자 요금을 부과하지 못했다. 예를 들어 1693년 베스널그린 지역에서는 런던으로 가는 두 주요 도로에 대한 수선 비용이 연간 200파운드에 달해 카운티의 치안 판사들한테 도움을 청했다. 베스널그린 주민은 겨우 200명뿐이었으므로 지방세로 도로 수선금을 충당할 수 없었다. 이 문제는 도로 통행료를 부과하고 이 수입을 담보로 대출받을 권한이 있는, 즉 도로 전체에 대해 사용자에게 요금을 부과할 권한이 있는 이사회를 갖춘 민간 단체인 유료도로신탁에 도로 관리 자금 조달을 위임함으로써 해결했다. 교구 기록을 보면 1730~1840년 유료도로신탁으로 인해 신탁이 없는 교구들에 비해 도로 투자가 증가했음을 알 수 있다. 이는 제도적 개혁(이 경우 공동 재산권)이 교환의 문제(집합 행위 문제)를 극복하는 데 얼마나 도움이 되는지 보여주는 또 하나의 사례다.
28. Shoup 2018.

29. Ostrom 2005. 영국에서는 지방의 주차 요금 수입을 그곳에 되돌려준다.

30. Skelton 2019, 16.

31. Will Tanner, "The Tories May Have Captured 'Workington Man,' but This Is How They Make Sure the Red Wall Turns Blue," *The Sun*, December 17, 2019, https://www.thesun.co.uk/news/10566847/tories-workington-man-red-wall에서 인용함.

32. Swinney, McDonald, and Ramuni 2018.

33. Kerr and Robert-Nicoud 2020, 66.

34. Centre for Local Economic Strategies 2019.

35. 이 논의는 Haskel(2020b)를 바탕으로 했다.

36. Sawhill and Guyot 2020.

37. Bloom et al. 2013.

38. Gibbs, Mengel, and Siemroth 2021.

39. Deming 2017. 경제학자 필리프 아기옹(Philippe Aghion), 앙토냉 베르조(Antonin Bergeaud), 리처드 블런델(Richard Blundell), 레이철 그리피스(Rachel Griffith)는 소프트 스킬, 특히 팀워크가 저숙련 노동자들의 임금 인상에 중요하며 만일 이들이 하이테크 회사에 있다면 더 그렇다고 밝힌 바 있다(Aghion et al. 2019).

7 역기능적 경쟁 줄이기

1. Subcommittee on Antitrust, Commercial and Administrative Law of the Committee on the Judiciary 2020.

2. European Union 2020.

3. De Loecker and Eeckhout 2018.

4. Andrews, Criscuolo, and Gal 2016.

5. Schumpeter 1942, 83.

6. Benkard, Yurukoglu, and Zhang 2021; Hsieh and Rossi-Hansberg 2019.

7. Hsieh and Rossi-Hansberg 2019, 2.

8. Bajgar, Criscuolo, and Timmis 2020.

9. Gutiérrez and Piton 2019a.

10. Corrado et al. 2021.

11. Peltzman 2020.

12. Armstrong 2015.

13. Hannak et al. 2014.

14. Grubb and Osborne 2015.

15. 이 논의는 Bowman and Westlake(2019)를 바탕으로 한다.

16. 이는 그렇게 하지 않으면 기존 기업들이 지위를 지키려고 벌이는, 폭넓은 로비 활동이 초래할 영향력 비용에 대한 평형추이기도 하다.

17. CMA 2017.

18. Aridor, Che, and Salz(2020)는 웹사이트 사용자들에게 쿠키(웹사이트 방문 시 남는 사용자의 정보—옮긴이)를 허용하도록 요구하는 유럽연합의 개인정보보호규정이 경쟁과 관련해 가져온 결과를 연구했다. 이들은 쿠키 사용이 12퍼센트 감소했음을 발견했다. 하지만 쿠키를 허용하지 않은 사람 대부분은 전부터 자기 인터넷 서비스 사업자(ISP) 주소를 임의로 지정하는 광고 차단 프로그램이나 개인 정보 보호 장치를 사용하고 있었다. 쿠키 차단은 흥미로운 효과를 불러왔다. 회사가 일부는 광고 차단 프로그램을 쓰고 나머지는 그렇지 않은, 사용자 **전체**의 정보를 수집할 때는 광고 차단 프로그램의 임의성이 잡음(noise)을 생성해 사용자 데이터의 가치가 감소했다. 전부터 광고 차단 프로그램을 사용하던 소비자들이 쿠키를 차단하자 그들의 ISP에 관한 어떤 정보도 회사에 제공되지 않았다. 이는 나머지 고객들을 더 쉽게 추적하고 식별할 수 있게 만들었다. 그러니까 규제는 쿠키 차단을 택한 사람들의 개인 정보 보호에는 도움이 되었을지 몰라도, 나머지 사람들의 개인 정보 보호는 훨씬 허술해졌다.

19. Markovits 2019, 5.

20. Emma Jones, "Operation Varsity: How the Rich and Famous Cheated the US University System," BBC News, March 18, 2020, https://www.bbc.co.uk/news/entertainment-arts-56427793.

21. Machin, McNally, and Ruiz-Valenzuela 2020.

22. 학생들이 부담이 큰 시험에서 자기 능력 이하의 점수를 받는 원인을 조사해보면 흥미롭다. Robert Metcalfe, Simon Burgess, and Steven Proud(2019)는 월드컵이 있는 해에 학생들의 GCSE 점수가 크게 떨어진다는 사실을 알아냈다. 이들은 월드컵이 없는 해에 GCSE를 본 학생들에 비해 최소한 다섯 과목에서는 C를 받을 가능성이 12퍼센트 더 낮다. 빈곤층 남학생들의 경우 문제가 한층 심각해지는데, 이들의 성적은 3분의 1이나 나빠진다. 아울러 일시적 대기 오염 급증은 이스라엘 학생들의 장기적 학업 성적을 상당히 떨어뜨리며(Ebenstein, Lavy, and Roth 2016), 여름의 폭염은 뉴욕 고등학생들의 시험 점수를 하락시켜 졸업 여부에 영향을 미친다(Park 2020).
23. BMG Research, "New GCSE Grades Research amongst Employers," report for the Office of Qulifications and Examinations Regulation (Ofqual), Ofqual/13/5334, November 2013, https://assets.publishing.service.gov.uk/government/uploads/system/uploads/attachment_data/file/529390/2013-11-01-bmg-research-with-employers-on-new-gcse-grades.pdf.
24. Acemoglu 1999, 1270.
25. Lewis 2000.
26. Department of the Treasury Office of Economic Policy, the Council of Economic Advisers, and the Department of Labor 2015.
27. Caplan 2018.
28. Noah Smith, "College Isn't a Waste of Time," Bloomberg, December 11, 2017, https://www.bloomberg.com/opinion/articles/2017-12-11/college-isn-t-a-waste-of-time 참조.
29. Caplan 2017.
30. Arcidiacono, Bayer, and Hizmo 2010.
31. Sibieta, Tahir, and Waltmann 2021.
32. National Audit Office 2002.

결론: 다시 시작하는 미래

1. Vollrath 2020.
2. Goldstone 2002.
3. Mokyr 1994.
4. Van Bavel 2016.
5. 경제학 지식이 있는 사람이라면 집합재 산출을 설명하는 기본 생산 함수를 생각해 볼 수 있다. 이런 재화로 고전적 의미의 공공재(가령 가로등)가 있지만 민간의 집합재(회사 내부의 조정 활동)가 될 수도 있다. 집합적 산출을 계산하려면 전통적 자본과 생산적 노동 시간에 조정 활동을 합산해야 한다고 가정하자. (조정 활동은 자본과 노동만 명시하는 고전적 생산 함수에는 나타나지 않으나, 그 이유는 회사가 자본과 노동력 투입을 효율적으로 결합한다고만 보고 이 투입을 조정하는 비용은 가정하지 않았기 때문이다.) 따라서 그림 C.1에는 그리지 않았지만 조정 활동과 정보의 재화 산출이라는 생산 관계를 반영하는 상향 선이 있다. 그림 C.1에 그린 경사진 하향 선은 산출이 더 집합적이고 중앙 집중화할수록 영향력 활동에 시간을 들이고 정보를 왜곡할 인센티브가 커지거나, 실험을 감소시키는 집합적 조달 때문에 정보가 부족해질 것으로 추정함을 뜻한다. 이때 그림의 선은 기본적 집합재 생산이 아니라 그런 생산의 제약 조건을 나타낸다.
6. Milgrom and Roberts 1988, 1990.
7. Ridley 2020.
8. Paul Romer, "Why the World Needs Charter Cities," July 1, 2009, https://youtu.be/mSHBma0Ithk?si=cTD4ir_REPxcuzCi.
9. 덧붙여 그들이 사용하는 알고리듬(가령 과학 관련 출판)도 시너지를 가로막는다.
10. Johnson and Koyama 2017, 2.
11. North and Weingast 1989.
12. Johnson and Koyama 2017, 3.
13. O'Reilly and Murphy 2020.
14. Alex Singleton, "Sir John Cowperthwaite: Free-Market Thinking Civil Servant behind Hong Kong's Success," *The Guardian*, February 8, 2006, https://

www.theguardian.com/news/2006/feb/08/guardianobituaries.mainsection에서 인용함.

15. 이 주장은 미묘하다. 정치인들은 일반적으로 정책 운영은 위임하지만 중앙은행의 목표를 설정한다.

16. Taylor 2016.

17. Lorenzo Castellani, "L'ère du technopopulisme," *Le Grand Continent*, March 16, 2018, https://legrandcontinent.eu/fr/2018/03/16/lere-du-technopopulisme/?utm_campaign=Matt%27s%20Thoughts%20In%20Between&utm_medium=email&utm_source=Revue%20newsletter.

18. Fukuyama 1995; Putnam 1994.

참고문헌

Aarts, Alexander A., Joanna E. Anderson, Christopher J. Anderson, Peter R. Attridge, Angela Attwood, Jordan Axt, Molly Babel, et al. 2015. "Estimating the Reproducibility of Psychological Science." *Science* 349 (6251). https://doi.org/10.1126/science.aac4716.

Abel, A. B., A. K. Dixit, J. C. Eberly, and R. S. Pindyck. 1996. "Options, the Value of Capital, and Investment." *Quarterly Journal of Economics* 111 (3): 753-77. https://doi.org/10.2307/2946671.

Acemoglu, Daron. 1999. "Changes in Unemployment and Wage Inequality: An Alternative Theory and Some Evidence." *American Economic Review* 89 (5): 1259-78.

Acemoglu, Daron, Simon Johnson, and James Robinson. 2004. "Institutions as the Fundamental Cause of Long-Run Growth." National Bureau of Economic Research working paper no. 10481. https://doi.org/10.3386/w10481.

Acemoglu, Daron, and James A. Robinson. 2019. *The Narrow Corridor: States, Societies, and the Fate of Liberty*. New York: Penguin.

Adler, Gustavo, Romain A. Duval, Davide Furceri, Sinem Kılıç Çelik, Ksenia Koloskova, and Marcos Poplawski Ribeiro. 2017. "Gone with the Headwinds; Global Productivity." International Monetary Fund Staff Discussion Notes, April. https://ideas.repec.org/p/imf/imfsdn/2017-004.html.

Aghion, Philippe, Antonin Bergeaud, Richard W. Blundell, and Rachel Griffith. 2019. "The Innovation Premium to Soft Skills in Low-Skilled Occupations." *SSRN Electronic Journal*, November. https://doi.org/10.2139/ssrn.3489777.

Ahn, JaeBin, Romain Duval, and Can Sever. 2020. "Macroeconomic Policy, Product Market Competition, and Growth: The Intangible Investment Channel." International Monetary Fund working paper no. 20/25. https://www.imf.org/en/Publications/WP/Issues/2020/02/07/Macroeconomic-Policy-Product-Market-Competition-and-Growth-The-Intangible-Investment-Channel-49005.

Alvardero, Facundo, Lucas Chancel, Thomas Piketty, Emmanuel Saez, and Gabriel Zucman. 2020. *World Inequality Report 2018*. https://wir2018.wid.world/files/download/wir2018-full-report-english.pdf.

Ampudia, Miguel, Thorsten Beck, and Alexander Popov. 2021. "Out with the New, in with the Old? Bank Supervision and the Composition of Firm Investment." Centre for Economic Policy Research working paper no. DP16225. https://cepr.org/active/publications/discussion_papers/dp.php?dpno=16225#.

Andrews, Dan, Chiara Criscuolo, and Peter N. Gal. 2016. "The Best versus the Rest: The Global Productivity Slowdown, Divergence across Firms and the Role of Public Policy" OECD Productivity working paper no. 5. https://www.oecd-ilibrary.org/economics/the-best-versus-the-rest_63629cc9-en.

Arcidiacono, Peter, Patrick Bayer, and Aurel Hizmo. 2010. "Beyond Signaling and Human Capital: Education and the Revelation of Ability." *American Economic Journal: Applied Economics* 2 (4): 76-104. https://doi.org/10.1257/app.2.4.76.

Aridor, Guy, Yeon-Koo Che, and Tobias Salz. 2020. "The Economic Consequences of Data Privacy Regulation: Empirical Evidence from GDPR." National Bureau of Economic Research working paper no. 26900. https://doi.org/10.3386/w26900.

Armstrong, Mark. 2015. "Search and Ripoff Externalities." *Review of Industrial Organization* 47 (3): 273-302. https://doi.org/10.1007/s11151-015-9480-1.

Arora, Ashish, Sharon Belenzon, and Andrea Patacconi. 2015. "Killing the Golden Goose? The Changing Nature of Corporate Research, 1980-2007." Fuqua Business School, working paper. https://www.semanticscholar.org/paper/Killing-the-Golden-Goose-The-changing-nature-of-%2C-Arora-Belenzon/c24b06fcfe989cd4ba2df14eb93f7f2146129a29.

____. 2018. "The Decline of Science in Corporate R&D." *Strategic Management Journal* 39 (1): 3-32. https://doi.org/10.1002/smj.2693.

Arora, Ashish, Sharon Belenzon, and Lia Sheer. 2021. "Knowledge Spillovers and Corporate Investment in Scientific Research." *American Economic Review* 111 (3): 871-98. https://doi.org/10.1257/AER.20171742.

Arquié, Axelle, Lilas Demmou, Guido Franco, and Irina Stefanescu. 2019. "Productivity and Finance: The Intangible Assets Channel-A Firm Level Analysis." OECD Economics Department working paper no. 1596. https://doi.org/10.1787/d13a21b0-en.

Arrow, Kenneth. 1962. "Economic Welfare and the Allocation of Resources for Invention." In *The Rate and Direction of Inventive Activity: Economic and Social Factors*, edited by Universities-National Bureau, 609-26. National Bureau of Economic Research. http://ideas.repec.org/h/nbr/nberch/2144.html.

Bahaj, Saleem, Angus Foulis, Gabor Pinter, and Jonathan Haskel. 2021. "Intangible Investment and House Prices." Unpublished working paper.

Bajgar, Matej, Chiara Criscuolo, and Jonathan Timmis. 2020. "Supersize Me: Intangibles and Industry Concentration." Draft working paper. https://www.aeaweb.org/conference/2020/preliminary/paper/iGtrhyEZ (2021년 8월 30일 접속).

Bank of England, Financial Policy Committee. 2020. *Financial Stability Report*. August. https://www.bankofengland.co.uk/-/media/boe/files/financial-stability-report/2020/august-2020.pdf.

Baudrillard, Jean. 1994. *Simulacra and Simulation*. Translated by S. F. Glaser. Ann Arbor: University of Michigan Press. (초판은 1981년).

Bean, Charles R., Jens Larsen, and Kalin Nikolov. 2002. "Financial Frictions and the Monetary Transmission Mechanism: Theory, Evidence, and Policy Implications." European Central Bank working paper no. 113. https://econpapers.repec.org/RePEc:ecb:ecbwps:2002113.

Bell, Alex, Raj Chetty, Xavier Jaravel, Neviana Petkova, and John Van Reenen. 2019. "Who Becomes an Inventor in America? The Importance of Exposure to Innovation." *Quarterly Journal of Economics* 134 (2): 647-713. https://doi.org/10.1093/qje/qjy028.

Benkard, C. Lanier, Ali Yurukoglu, and Anthony Lee Zhang. 2021. "Concentration in Product Markets." National Bureau of Economic Research working paper no. 28745. https://papers.ssrn.com/abstract=3838512.

Benmelech, Efraim, Janice Eberly, Dimitris Papanikolaou, and Joshua Krieger. 2021. "Private and Social Returns to R&D: Drug Development and Demographics." *AEA Papers and Proceedings* 111 (May): 336-40. https://doi.org/10.1257/pandp.20211104.

Bergeaud, Antonin, Gilbert Cette, and Rémy Lecat. 2015. "GDP per Capita in Advanced Countries over the 20th Century." Banque de France working paper no. 549. https://papers.ssrn.com/sol3/papers.cfm?abstract_id=2602267.

Berkes, Enrico, and Ruben Gaetani. 2019. "The Geography of Unconventional Innovation." *SSRN Electronic Journal*, July. https://doi.org/10.2139/ssrn.3423143.

Berlingieri, G., Carol A. Corrado, C. Criscuolo, Jonathan Haskel, Alex Himbert, and Cecilia Jona-Lasinio. 2021. "New Evidence on Intangibles, Diffusion and Productivity." OECD Science, Technology and Industry working paper no. 2021/10. https://doi.org/10.1787/de0378f3-en.

Bessen, James, and Michael Meurer. 2009. *Patent Failure*. Princeton, NJ: Princeton University Press.

Bessen, James E., Erich Denk, Joowon Kim, and Cesare Righi. 2020. "Declining Industrial Disruption." *SSRN Electronic Journal*, February. https://doi.org/10.2139/ssrn.3682745.

Blanchard, Olivier, Giovanni Dell'Ariccia, and Paolo Mauro 2010. "Rethinking Macroeconomic Policy." International Monetary Fund Staff Position Note no. 10/03. https://www.imf.org/external/pubs/ft/spn/2010/spn1003.pdf.

Bloom, Nicholas, James Liang, John Roberts, and Zichun Jenny Ying. 2013. "Does Working from Home Work? Evidence from a Chinese Experiment." National Bureau of Economic Research working paper no. 18871. https://www.nber.org/papers/w18871.

Bogart, Dan. 2005. "Did Turnpike Trusts Increase Transportation Investment in Eighteenth-Century England?" *Journal of Economic History* 65 (2): 439-68. http://www.jstor.org/stable/3875068.

Boldrin, Michele, and David K. Levine. 2013. "The Case against Patents." *Journal of Economic Perspectives* 27 (1): 3-22. https://doi.org/10.1257/jep.27.1.3.

Bowman, Sam, and Stian Westlake. 2019. *Reviving Economic Thinking on the Right: A Short Plan for the UK*. https://revivingeconomicthinking.com.

Branstetter, Lee, and Daniel Sichel. 2017. "The Case for an American Productivity Revival." Peterson Institute for International Economics Policy Brief no. 17-26. https://ideas.repec.org/p/iie/pbrief/pb17-26.html.

Brassell, Martin, and Kelvin King. 2013. *Banking on IP?* https://www.gov.uk/government/publications/banking-on-ip.

Brav, Alon, Wei Jiang, and Song Ma. 2018. "How Does Hedge Fund Activism Reshape Corporate Innovation?" *Journal of Financial Economics* 130 (2): 237-64. https://doi.org/10.1016/j.jfineco.2018.06.012.

Brazier, Alex. 2020. "Protecting Economic Muscle: Finance and the Covid Crisis." Bank of England, July 23. https://www.bankofengland.co.uk/speech/2020/alex-brazier-keynote-dialogue-at-the-cfo-agenda.

Broadberry, Stephen. 2013. "Accounting for the Great Divergence." Economic History Working Papers 184:2-33. https://doi.org/10.1017/CBO9781107415324.004.

____. 2020. "The Industrial Revolution and the Great Divergence: Recent Findings from Historical National Accounting." Centre for Economic Policy Research, discussion paper no. DP15207. https://cepr.org/active/publications/discussion_papers/dp.php?dpno=15207.

Brynjolfsson, Erik, and Andrew McAfee. 2014. *The Second Machine Age*. New York: W. W. Norton.

Brynjolfsson, Erik, Daniel Rock, and Chad Syverson. 2021. "The Productivity J-Curve: How Intangibles Complement General Purpose Technologies." *American Economic Journal: Macroeconomics* 13 (1): 333-72.

Building Better, Building Beautiful Commission. 2020. *Living with Beauty: Promoting Health, Well Being and Sustainable Growth*. January. https://assets.publishing.service.gov.uk/government/uploads/system/uploads/attachment_data/file/861832/Living_with_beauty_BBBBC_report.pdf.

Byrne, David M., Carol A. Corrado, and Daniel E. Sichel. 2017. "Own-Account IT Equipment Investment." FEDS Notes, Board of Governors of the Federal Reserve System, October 4. https://www.federalreserve.gov/econres/notes/feds-notes/own-account-it-equipment-investment-20171004.htm.

Byrne, David M., Stephen D. Oliner, and Daniel E. Sichel. 2017. "How Fast Are Semiconductor Prices Falling?" *Review of Income and Wealth*, April. https://doi.org/10.1111/roiw.12308.

Byrne, David, and Dan Sichel. 2017. "The Productivity Slowdown Is Even More Puzzling than You Think." *VoxEU*, August 22. https://voxeu.org/article/productivity-slowdown-even-more-puzzling-you-think.

Cairncross, F. 1997. *The Death of Distance: How the Communications Revolution Is Changing Our Lives*. Cambridge, MA: Harvard Business School Press.

Campbell, Donald T. 1979. "Assessing the Impact of Planned Social Change." *Evaluation and Program Planning* 2 (1): 67-90. https://doi.org/10.1016/0149-7189(79)90048-X.

Caplan, Bryan. 2017. "Reply to Noah on *The Case Against Education*." Blog post, EconLog, December 18. https://www.econlib.org/archives/2017/12/reply_to_

noah_o.html.

____. 2018. *The Case against Education: Why the Education System Is a Waste of Time and Money*. Princeton, NJ: Princeton University Press.

Case, Anne, and Angus Deaton. 2020. *Deaths of Despair and the Future of Capitalism*. Princeton, NJ: Princeton University Press.

Cecchetti, Stephen, and Kim Schoenholtz. 2018. "Financing Intangible Capital." *VoxEU*, February 22, 2018. https://voxeu.org/article/financing-intangible-capital.

Centre for Local Economic Strategies. 2019. "Community Wealth Building 2019: Theory, Practice and Next Steps." September. https://cles.org.uk/wp-content/uploads/2019/09/CWB2019FINAL-web.pdf.

Cheshire, Paul, and Boyana Buyuklieva. 2019. "Homes on the Right Tracks: Greening the Green Belt to Solve the Housing Crisis." Centre for Cities, September. https://www.centreforcities.org/wp-content/uploads/2019/09/Homes-on-the-Right-Tracks-Greening-the-Green-Belt.pdf.

Clancy, Matt. 2019. "Innovation and the City: Are Local Knowledge Spillovers Getting Weaker?" New Things under the Sun, December 19. https://mattsclancy.substack.com/p/innovation-and-the-city.

CMA. 2017. *Digital Comparison Tools Market Study: Final Report*. https://assets.publishing.service.gov.uk/media/59c93546e5274a77468120d6/digital-comparison-tools-market-study-final-report.pdf.

Cohen, Stephen S., and J. Bradford DeLong. 2016. *Concrete Economics: The Hamilton Approach to Economic Growth and Policy*. Cambridge, MA: Harvard Business Review Press.

Congressional Budget Office. 2007. *The Budget and Economic Outlook: Fiscal Years 2008 to 2017*. Washington, DC. https://www.cbo.gov/sites/default/files/110th-congress-2007-2008/reports/01-24-budgetoutlook.pdf.

Corrado, Carol, Jonathan Haskel, Massimiliano Iommi, and Cecilia Jona-Lasinio. 2019. "Intangible Capital, Innovation, and Productivity à La Jorgenson: Evidence from Europe and the United States." In *Measuring Economic Growth and Productivity: Foundations, KLEMS Production Models, and Extensions*, edited by Barbara M. Fraumeni, 363-86. London: Academic Press.

Corrado, Carol A., Chiara Criscuolo, Jonathan Haskel, Alex Himbert, and Cecilia Jona-Lasinio. 2021. "New Evidence on Intangibles, Diffusion and Productivity." OECD Science, Technology and Industry working paper no. 2021/10. Paris: OECD Publishing. https://doi.org/https://doi.org/10.1787/de0378f3-en.

Corrado, Carol A., Jonathan E. Haskel, and Cecilia Jona-Lasinio. 2021. "Artificial Intelligence and Productivity: An Intangible Assets Approach." *Oxford Review of Economic Policy*, forthcoming. Available at https://spiral.imperial.ac.uk/bitstream/10044/1/89036/2/Innov_J_curve_17Mar21.pdf.

Cowen, Tyler. 2011. *The Great Stagnation*. New York: E. P. Dutton.

____. 2017. *The Complacent Class: The Self-Defeating Quest for the American Dream*. New York: St. Martin's Press.

Cowen, Tyler, and Ben Southwood. 2019. "Is the Rate of Scientific Progress Slowing Down?" https://docs.google.com/document/d/1cEBsj18Y4NnVx5Qdu43cKEHMaVBODTTyfHBa8GIRSec/edit.

Cunliffe, Jon. 2017. "The Phillips Curve: Lower, Flatter, or in Hiding?" Bank of England, November 14. https://www.bankofengland.co.uk/-/media/boe/files/speech/2017/the-phillips-curve-lower-flatter-or-in-hiding-speech-by-jon-cunliffe.

Daly, Kevin. 2016. "A Higher Global Risk Premium and the Fall in Equilibrium Real Interest Rates." *VoxEU*, November 18. https://voxeu.org/article/higher-global-risk-premium-and-fall-equilibrium-real-interest-rates.

Dattani, Saloni, and Nathaniel Bechhofer. 2021. "The Speed of Science." Works in Progress, February 8. https://worksinprogress.co/issue/the-speed-of-science/.

Davies, Dan. 2014. "The World Is Squared-Episode 3: The Greek Calends." Crooked Timber, October 11. https://crookedtimber.org/2014/10/11/the-world-is-squared-episode-3-the-greek-calends/.

____. 2015. "Flat Whites, Hipsters, and the Post-mortgage British Economy." Medium, March 13. https://medium.com/bull-market/flat-whites-hipsters-and-the-post-mortgage-british-economy-6a8ea2a39478.

Davis, Jerry. 2018. "Apple's $1 Trillion Value Doesn't Mean It's the 'Biggest' Company." The Conversation, August 10. https://theconversation.com/apples-1-trillion-value-doesnt-mean-its-the-biggest-company-101225.

Decker, Ryan A., John Haltiwanger, Ron S. Jarmin, and Javier Miranda. 2018. "Changing Business Dynamism and Productivity: Shocks vs. Responsiveness." Board of Governors of the Federal Reserve System. https://doi.org/10.17016/FEDS.2018.007.

De Fiore, Fiorella, and Harald Uhlig. 2011. "Bank Finance versus Bond Finance." *Journal of Money, Credit and Banking* 43 (7): 1399-1421. https://doi.org/10.1111/j.1538-4616.2011.00429.x.

Dell'Ariccia, Giovanni, Dalida Kadyrzhanova, Camelia Minoiu, and Lev Ratnovski. 2017. "Bank Lending in the Knowledge Economy." International Monetary Fund working paper no. 2017/234. https://econpapers.repec.org/RePEc:imf:imfwpa:17/234.

De Loecker, Jan, and Jan Eeckhout. 2018. "Global Market Power." National Bureau of Economic Research working paper no. 24768. https://www.nber.org/papers/w24768.

Del Negro, Marco, Michele Lenza, Giorgio Primiceri, and Andrea Tambalotti. 2020. "Why Has Inflation in the United States Been So Stable since the 1990s?" *Research Bulletin*, no. 74. https://www.ecb.europa.eu/pub/economic-research/resbull/2020/html/ecb.rb200917~3bc072ea95.en.html.

Deming, David J. 2017. "The Value of Soft Skills in the Labour Market." *The Reporter*, December. https://www.nber.org/reporter/2017number4/value-soft-skills-labor-market#N_6_.

Demmou, Lilas, Irina Stefanescu, and Axelle Arquie. 2019. "Productivity Growth and Finance: The Role of Intangible Assets-a Sector Level Analysis." OECD Library. https://doi.org/10.1787/e26cae57-en.

Demsetz, Harold. 1967. "Toward a Theory of Property Rights." *American Economic Review* 57 (2): 347-359.

Department for Business, Energy & Industrial Strategy. 2019. "2018 UK Greenhouse Gas Emissions, Provisional Figures." March 28. https://assets.publishing.service.gov.uk/government/uploads/system/uploads/attachment_data/file/790626/2018-provisional-emissions-statistics-report.pdf.

Department of the Treasury Office of Economic Policy, the Council of Economic Advisers, and the Department of Labor. 2015. *Occupational Licensing: A Framework for Policymakers*. July. https://obamawhitehouse.archives.gov/sites/default/files/docs/licensing_report_final_nonembargo.pdf.

De Soto, Hernando. 2000. *The Mystery of Capital: Why Capitalism Triumphs in the West and Fails Everywhere Else*. New York: Basic Books.

De Veirman, Marijke, Liselot Hudders, and Michelle R. Nelson. 2019. "What Is Influencer Marketing and How Does It Target Children? A Review and Direction for Future Research." *Frontiers in Psychology* 10 (December). https://doi.org/10.3389/fpsyg.2019.02685.

Diewert, W. E. 1976. "Exact and Superlative Index Numbers." *Journal of Econometrics* 4 (2): 115-45. https://doi.org/10.1016/0304-4076(76)90009-9.

Diez, Federico, Jiayue Fan, and Carolina Villegas-Sanchez. 2019. "Global Declining Competition." International Monetary Fund working paper no. 19/82. https://papers.ssrn.com/sol3/papers.cfm?abstract_id=3397540.

Dixit, Avinash. 1992. "Investment and Hysteresis." *Journal of Economic Perspectives* 6 (1): 107-32. http://www.aeaweb.org/articles?id=10.1257/jep.6.1.107.

Dixit, Avinash, and Robert S. Pindyck. 1995. "The Options Approach to Capital Investment." *Harvard Business Review* 73 (3) (May-June): 105-15. https://hbr.org/1995/05/the-options-approach-to-capital-investment.

Douthat, Ross. 2020. *The Decadent Society: How We Became the Victims of*

Our Own Success. New York: Avid Reader Press/Simon & Schuster.
Drechsel, Thomas. 2021. "Earnings-Based Borrowing Constraints and Macro-economic Fluctuations." University of Maryland, Department of Economics, March 15. http://econweb.umd.edu/~drechsel/papers/jmp_drechsel.pdf.
Duranton, Gilles, and Diego Puga. 2014. "The Growth of Cities." In *Handbook of Economic Growth*, edited by Phillipe Aghion and Steven Durlauf, 781-853. Amsterdam: Elsevier.
Duval, Romain. 2017. "Financial Frictions and the Great Productivity Slowdown." International Monetary Fund working paper no. 17/129. https://www.imf.org/en/Publications/WP/Issues/2017/05/31/Financial-Frictions-and-the-Great-Productivity-Slowdown-44917.
Duval, Romain, JaeBin Ahn, and Can Sever. 2018. "Product Market Competition, Monetary Policy, and Intangible Investment: Firm-Level Evidence from the Global Financial Crisis." 1 St IMF-OECD-World Bank Conference on Structural Reforms, Paris, June 11. https://www.oecd.org/eco/reform/joint-imf-wb-oecd-conf-structural-reform-2018/Product_market_competition_monetary_policy_and_intangible_investment.pdf.
Ebenstein, Avraham, Victor Lavy, and Sefi Roth. 2016. "The Long-Run Economic Consequences of High-Stakes Examinations: Evidence from Transitory Variation in Pollution." *American Economic Journal: Applied Economics* 8 (4): 36-65. https://doi.org/10.1257/app.20150213.
Edgerton, David. 2018. *The Rise and Fall of the British Nation: A Twentieth-Century History*. London: Allen Lane.
Edmans, Alex. 2009. "Blockholder Trading, Market Efficiency, and Managerial Myopia." *Journal of Finance* 64 (6): 2481-513. https://doi.org/10.1111/j.1540-6261.2009.01508.x.
Eghbal, Nadia. 2016. *Roads and Bridges: The Unseen Labor behind Our Digital Infrastructure*. New York: Ford Foundation. https://www.fordfoundation.org/media/2976/roads-and-bridges-the-unseen-labor-behind-our-digital-

infrastructure.pdf.

European Union. 2020. "Speech by Executive Vice-President Margrethe Vestager: Building Trust in Technology." October. https://ec.europa.eu/commission/commissioners/2019-2024/vestager/announcements/speech-executive-vice-president-margrethe-vestager-building-trust-technology_en.

Feyrer, James, and Bruce Sacerdote. 2013. "How Much Would US Style Fiscal Integration Buffer European Unemployment and Income Shocks? (A Comparative Empirical Analysis)." *American Economic Review* 103:125-28. https://doi.org/10.1257/aer.103.3.125.

Fischel, William A. 2005. *The Homevoter Hypothesis*. Cambridge, MA: Harvard University Press. https://www.hup.harvard.edu/catalog.php?isbn=9780674015951.

Forth, John, Alex Bryson, Amy Humphris, Lse Maria Koumenta, Morris Kleiner, and Paul Casey. 2011. "A Review of Occupational Regulation and Its Impact." UK Commission for Employment and Skills, Evidence Report no. 40. https://assets.publishing.service.gov.uk/government/uploads/system/uploads/attachment_data/file/306359/ER40_Occupational_regulation_impact_-_Oct_2011.pdf.

Forth, Tom. 2018. "The UK Government Is Not Investing More in Transport in North England than London and the Wider South East." August 21. https://www.tomforth.co.uk/transportspending/.

Forth, Tom, and Richard Jones. 2020. *The Missing Four Billion: Making R&D Work for the Whole UK*. London: NESTA.

Francis-Devine, Bridig. 2020. "Income Inequality in the UK." 7484. House of Commons Briefing Paper no. 7484. London. https://researchbriefings.files.parliament.uk/documents/CBP-7484/CBP-7484.pdf.

Fukuyama, Francis. 1995. *Trust: The New Foundations of Global Prosperity*. New York: Free Press.

Furman, Jason, and Lawrence Summers. 2020. "A Reconsideration of Fiscal Policy in the Era of Low Interest Rates." Discussion draft. https://www.brookings.edu/wp-content/uploads/2020/11/furman-summers-fiscal-reconsideration-discussion-draft.pdf.

Gans, Joshua. 2020. *Economics in the Age of COVID-19*. Cambridge, MA: MIT Press.

Garicano, Luis. 2000. "Hierarchies and the Organization of Knowledge in Production." *Journal of Political Economy* 108 (5): 874-904. https://doi.org/10.1086/317671.

Garicano, Luis, and Thomas N. Hubbard. 2007. "Managerial Leverage Is Limited by the Extent of the Market: Hierarchies, Specialization, and the Utilization of Lawyers' Human Capital." *Journal of Law and Economics* 50 (1): 1-43.

Gibbs, Michael, Feirderike Mengel, and Christop Siemroth. 2021. "Work from Home & Productivity: Evidence from Personnel & Analytics Data on IT Professionals." Becker Friedman Institute for Economics working paper no. 2021-56. https://papers.ssrn.com/sol3/papers.cfm?abstract_id=3843197#.

Gilson, S. C., and E. I. Altman. 2010. *Creating Value through Corporate Restructuring: Case Studies in Bankruptcies, Buyouts, and Breakups*. 2nd ed. Hoboken, NJ: Wiley.

Glaeser, Edward L. 2011. *Triumph of the City*. New York: Macmillan.

____. 2020. "Urbanization and Its Discontents." *Eastern Economic Journal* 46 (2): 191-218. https://doi.org/10.1057/s41302-020-00167-3.

Goldin, Claudia, and Lawrence Katz. 2008. *The Race between Education and Technology*. Cambridge, MA: Harvard University Press.

Goldstone, Jack A. 2002. "Efflorescences and Economic Growth in World History: Rethinking the 'Rise of the West' and the Industrial Revolution." *Journal of World History* 13 (2): 327-89. https://doi.org/10.1353/jwh.2002.0034.

Goodhart, Charles A. E. 1981. "Problems of Monetary Management: The U.K. Experience." In *Inflation, Depression, and Economic Policy in the West*, edited by Anthony S. Courakis, 91-109. Totowa, NJ: Barnes and Noble Books.

Gordon, Robert J. 2012. "Is U.S. Economic Growth Over? Faltering Innovation Confronts the Six Headwinds." National Bureau of Economic Research working paper no. 18315. https://doi.org/10.3386/w18315.

____. 2016. *The Rise and Fall of American Growth: The U.S. Standard of Living since the Civil War*. Princeton, NJ: Princeton University Press.

Graeber, David. 2018. *Bullshit Jobs: A Theory*. London: Allen Lane.

Greenwald, Daniel. 2019. "Firm Debt Covenants and the Macroeconomy: The Interest Coverage Channel." Society for Economic Dynamics, 2019 Meeting Papers 520. https://ideas.repec.org/p/red/sed019/520.html.

Greif, Avner. 2006. *Institutions and the Path to the Modern Economy: Lessons from Medieval Trade*. Cambridge: Cambridge University Press. https://doi.org/DOI:10.1017/CBO9780511791307.

Gross, Daniel P., and Bhaven N. Sampat. 2020. "Organizing Crisis Innovation: Lessons from World War II." National Bureau of Economic Research working paper no. 27909. https://doi.org/10.3386/w27909.

____. 2021. "The Economics of Crisis Innovation Policy: A Historical Perspective." National Bureau of Economic Research working paper no. 28335. https://ideas.repec.org/p/nbr/nberwo/28335.html.

Grubb, Michael D., and Matthew Osborne. 2015. "Cellular Service Demand: Biased Beliefs, Learning, and Bill Shock." *American Economic Review* 105 (1): 234-71. https://doi.org/10.1257/aer.20120283.

Gutiérez, Germán, and Sophie Piton. 2019a. "Is There Really a Global Decline in the (Nonhousing) Labour Share?" Bank Underground, August 7. https://bankunderground.co.uk/2019/08/07/is-there-really-a-global-decline-in-the-non-housing-labour-share/.

____. 2019b. "Revisiting the Global Decline of the (Non-housing) Labor Share." http://www.centreformacroeconomics.ac.uk/Discussion-Papers/2019/CFMDP 2019-13-Paper.pdf.

Hall, Bronwyn, Christian Helmers, Mark Rogers, and Vania Sena. 2014. "The

Choice between Formal and Informal Intellectual Property: A Review." *Journal of Economic Literature* 52 (2): 375-423. https://doi.org/10.1257/jel.52.2.375.

Hall, Robert E., and Dale W. Jorgenson. 1967. "Tax Policy and Investment Behavior." *American Economic Review* 57 (3): 391-414. http://www.jstor.org/stable/1812110.

Hannak, Aniko, Gary Soeller, David Lazer, Alan Mislove, and Christo Wilson. 2014. "Measuring Price Discrimination and Steering on E-Commerce Web Sites." In *Proceedings of the ACM SIGCOMM Internet Measurement Conference*, 305-18. New York: Association for Computing Machinery. https://doi.org/10.1145/2663716.2663744.

Harari, Yuval Noah. 2015. *Sapiens: A Brief History of Humankind*. New York: Harper.

Hart, Oliver. 2017. "Incomplete Contracts and Control." *American Economic Review* 107 (7): 1731-52. https://doi.org/10.1257/aer.107.7.1731.

Harvey, David. 2007. *A Brief History of Neoliberalism*. Oxford: Oxford University Press.

Haskel, Jonathan E. 2019. "Capitalism without Capital: Understanding Our New 'Knowledge' Economy-Speech by Jonathan Haskel." Bank of England, May 16. https://www.bankofengland.co.uk/speech/2019/jonathan-haskel-ken-dixon-lecture-at-university-of-york.

____. 2020a. "Monetary Policy in the Intangible Economy-Speech by Jonathan Haskel." Bank of England, February 11. https://www.bankofengland.co.uk/speech/2020/jonathan-haskel-lecture-at-the-university-of-nottingham.

____. 2020b. "Remarks by Jonathan Haskel on COVID-19 and Monetary Policy." Bank of England, July 1. https://www.bankofengland.co.uk/speech/2020/jonathan-haskel-brighton-hove-chamber-of-commerce.

____. 2021. "What Is the Future of Working from Home?" Economics Observatory, April 20. https://www.economicsobservatory.com/what-is-the-future-of-working-from-home.

Haskel, Jonathan, and Stian Westlake. 2017. *Capitalism without Capital: The Rise of the Intangible Economy*. Princeton, NJ: Princeton University Press.

Hayek, F. A. 1945. "The Use of Knowledge in Society." *American Economic Review* 35 (4): 519-30.

Heller, Michael. 2008. *The Gridlock Economy: How Too Much Ownership Wrecks Markets, Stops Innovation, and Costs Lives*. New York: Basic Books.

Holmstrom, Bengt. 2015. "Understanding the Role of Debt in the Financial System." Bank for International Settlements working paper no. 479. https://economics.mit.edu/files/9777.

Hornbeck, Richard. 2010. "Barbed Wire: Property Rights and Agricultural Development." *Quarterly Journal of Economics* 125 (2): 767-810. https://doi.org/10.1162/qjec.2010.125.2.767.

Howes, Anton. 2020. *Arts and Minds*. Princeton, NJ: Princeton University Press.

Hsieh, Chang-Tai, and Enrico Moretti. 2019. "Housing Constraints and Spatial Misallocation." *American Economic Journal: Macroeconomics* 11 (2): 1-39. https://doi.org/10.1257/MAC.20170388.

Hsieh, Chang-Tai, and Esteban Alejandro Rossi-Hansberg. 2019. "The Industrial Revolution in Services." *SSRN Electronic Journal*, July. https://doi.org/10.2139/ssrn.3404309.

Hughes, Samuel, and B. Southwood. 2021. *Strong Suburbs*. London: Policy Exchange.

Hutton, Will. 1995. *The State We're In*. London: Jonathan Cape.

The Investment Association. 2020. *IA UK Funds Regime Working Group, Final Report to HM Treasury Asset Management Taskforce, 6 June 2019, Addendum on Onshore Professional Fund Proposals-11 March 2020*. https://www.theia.org/sites/default/files/2020-04/20200330-ukfrwgfinalreport.pdf.

Jaffe, A. B., M. Trajtenberg, and R. Henderson. 1993. "Geographic Localization of Knowledge Spillovers as Evidenced by Patent Citations." *Quarterly Journal of Economics 108* (3): 577-98. https://doi.org/10.2307/2118401.

Jennings, Will, and Gerry Stoker. 2016. "The Bifurcation of Politics: Two Englands." *Political Quarterly* 87 (3): 372-82. https://doi.org/10.1111/1467-923X.12228.

Jensen, Thais Laerkholm, Soren Leth-Petersen, and Ramana Nanda. 2014. "Housing Collateral, Credit Constraints and Entrepreneurship-Evidence from a Mortgage Reform." *SSRN Electronic Journal*, October. https://doi.org/10. 2139/ssrn. 2506111.

Johnson, Herbert. 2004. "The Wright Patent Wars and Early American Aviation." *Journal of Air Law and Commerce* 69 (1). https://scholar.smu.edu/jalc/vol69/iss1/3.

Johnson, Noel D., and Mark Koyama. 2017. "States and Economic Growth: Capacity and Constraints." *Explorations in Economic History* 64 (April): 1-20. https://doi.org/10.1016/j.eeh.2016.11.002.

Johnstone, Bob. 1999. *We Were Burning: Japanese Entrepreneurs and the Forging of the Electronic Age*. New York: Basic Books.

Jorda, Oscar, Moritz Schularik, and Alan Taylor. 2017. "Macrofinancial History and the New Business Cycle Facts." In *NBER Macroeconomics Annual*, vol. 31, edited by Martin Eichenbaum and Jonathan A. Parker, 213-63. Chicago: University of Chicago Press.

Kaoru, Hosono, Daisuke Miyakawa, and Miho Takizawa. 2017. "Intangible Assets and Firms' Liquidity Holdings: Evidence from Japan." Research Institute of Economy, Trade and Industry discussion paper no. 17053. https://ideas.repec.org/p/eti/dpaper/17053.html.

Katznelson, Ron D., and John Howells. 2015. "The Myth of the Early Aviation Patent Hold-Up: How a US Government Monopsony Commandeered Pioneer Airplane Patents." *Industrial and Corporate Change* 24 (1): 1-64. https://doi.org/10.1093/icc/dtu003.

Kay, John, and Mervyn King. 2020. *Radical Uncertainty: Decision-Making for an Unknowable Future*. London: Bridge Street Press.

Kerr, William R., and Frédéric Robert-Nicoud. 2020. "Tech Clusters." *Journal of*

Economic Perspectives 34 (3): 50-76. https://doi.org/10.1257/jep.34.3.50.

Keynes, John Maynard. 2010. "Economic Possibilities for Our Grandchildren." In *Essays in Persuasion*, 321-32. London: Palgrave Macmillan. (초판은 1930년).

Khan, Zorina. 2014. "Facts and Fables: A Long-Run Perspective on the Patent System." *Cato Unbound*, September 10. https://www.cato-unbound.org/browse?searchquery=facts+and+fables.

Kleiner, Morris M. 2006. *Licensing Occupations: Ensuring Quality or Restricting Competition?* Kalamazoo, MI: W.E. Upjohn Institute. https://doi.org/10.17848/9781429454865.

Kling, Arnold, and Nick Schulz. 2009. *From Poverty to Prosperity: Intangible Assets, Hidden Liabilities and the Lasting Triumph over Scarcity*. New York: Encounter Books.

Kortum, Samuel, and Josh Lerner. 2000. "Assessing the Contribution of Venture Capital to Innovation." *RAND Journal of Economics* 31 (4): 674. https://doi.org/10.2307/2696354.

Kremer, Michael. 1993. "The O-Ring Theory of Economic Development." *Quarterly Journal of Economics* 108 (3): 551-75. https://doi.org/10.2307/ 2118400.

____. 1998. "Patent Buyouts: A Mechanism for Encouraging Innovation." *Quarterly Journal of Economics* 113 (4): 1137-67. https://doi.org/10.1162/003355398555865.

Kremer, Michael, and Christopher Snyder. 2020. "Strengthening Incentives for Vaccine Development." National Bureau of Economic Research *Reporter* no. 4 (December). https://www.nber.org/reporter/2020number4/strengthening-incentives-vaccine-development.

Krugman, Paul. 1997. *The Age of Diminished Expectations*. Cambridge, MA: MIT Press.

Kuhn, Peter, and Fernando Lozano. 2005. "The Expanding Workweek? Understanding Trends in Long Work Hours among U.S. Men, 1979-2004." National Bureau of Economic Research working paper no. 11895. https://ideas.repec.

org/p/nbr/nberwo/11895.html.

Lachmann, Ludwig M. 1956. *Capital and Its Structure*. London: Bell and Sons. https://mises.org/library/capital-and-its-structure.

Lakonishok, Josef, Andrei Shleifer, and Robert W. Vishny. 1994. "Contrarian Investment, Extrapolation, and Risk." *Journal of Finance* 49 (5): 1541-78. https://doi.org/10.1111/j.1540-6261.1994.tb04772.x.

Lall, Subir, and Li Zeng. 2020. "Intangible Investment and Low Inflation: A Framework and Some Evidence." International Monetary Fund working paper no. 20/190. https://papers.ssrn.com/abstract=3695369.

Leamer, Edward E. 2008. *Macroeconomic Patterns and Stories: A Guide for MBAs*. Berlin: Springer.

Lerner, Josh, and Ramana Nanda. 2020. "Venture Capital's Role in Financing Innovation: What We Know and How Much We Still Need to Learn." *Journal of Economic Perspectives* 34 (3): 237-61. https://doi.org/10.1257/jep.34.3.237.

Leunig, Tim, and James Swaffield. 2007. *Cities Unlimited: Making Urban Regeneration Work*. London: Policy Exchange. https://www.policyexchange.org.uk/wp-content/uploads/2016/09/cities-unlimited-aug-08.pdf.

Lev, Baruch, and Feng Gu. 2016. *The End of Accounting*. Hoboken, NJ: Wiley.

Lev, Baruch, and A. Srivastava. 2019. "Explaining the Recent Failure of Value Investing." NYU Stern School of Business. https://ssrn.com/abstract=3442539.

Levitt, Theresa. 2020. "When Lighthouses Became Public Goods: The Role of Technological Change." *Technology and Culture* 61 (1): 144-72. https://doi.org/10.1353/tech.2020.0035.

Lewis, Paul. 2020. *Flying High? A Study of Technician Duties, Skills and Training in the UK Aerospace Industry*. London: Gatsby Charitable Foundation. https://www.gatsby.org.uk/uploads/education/reports/pdf/gatsby-flying-high.pdf.

Lian, Chen, and Yueran Ma. 2021. "Anatomy of Corporate Borrowing Constraints." *Quarterly Journal of Economics* 136 (1): 229-91. https://doi.org/10.1093/qje/qjaa030.

Liebowitz, S. J., and Stephen E. Margolis. 1990. "The Fable of the Keys." *Journal of Law and Economics 33* (1): 1-25. https://doi.org/10.1086/467198.

Lim, Steve C., Antonio J. Macias, and Thomas Moeller. 2020. "Intangible Assets and Capital Structure." *Journal of Banking and Finance* 118 (September): 105873. https://doi.org/10.1016/j.jbankfin.2020.105873.

Lindberg, Erik. 2013. "From Private to Public Provision of Public Goods: English Lighthouses between the Seventeenth and Nineteenth Centuries." *Journal of Policy History* 25 (4): 538-56. https://doi.org/10.1017/S0898030613000298.

Lowenstein, Roger. 2001. *When Genius Failed*. New York: Penguin Random House.

Machin, Stephen, Sandra McNally, and Jenifer Ruiz-Valenzuela. 2020. "Entry through the Narrow Door: The Costs of Just Failing High-Stakes Exams." *Journal of Public Economics* 190 (October): 104224. https://doi.org/10.1016/j.jpubeco.2020.104224.

Markovits, Daniel. 2019. *The Meritocracy Trap*. London: Allen Lane.

Marx, Karl, and Frederick Engels. 2002 [1848]. *The Communist Manifesto*. London: Penguin Books.

Mazzucato, Mariana. 2013. *The Entrepreneurial State: Debunking Public vs. Private Sector Myths*. London: Anthem Press.

____. 2021. *Mission Economy: A Moonshot Guide to Changing Capitalism*. London: Allen Lane.

McAfee, Andrew. 2019. *More from Less*. New York: Simon and Schuster.

McLean, Bethany, and Peter Elkind. 2005. *The Smartest Guys in the Room: The Amazing Rise and Scandalous Fall of Enron*. New York: Portfolio.

McLeay, Michael, and Silvana Tenreyro. 2020. "Optimal Inflation and the Identification of the Phillips Curve." *NBER Macroeconomics Annual* 34:4-255. https://doi.org/10.1086/707181.

McRae, Hamish. 1995. *The World in 2020: Power, Culture and Prosperity*. Cambridge, MA: Harvard Business Review Press.

Metcalfe, Robert, Simon Burgess, and Steven Proud. 2019. "Students' Effort and Educational Achievement: Using the Timing of the World Cup to Vary the Value of Leisure." *Journal of Public Economics* 172 (April): 111-26. https://doi.org/10.1016/j.jpubeco.2018.12.006.

Milgrom, Paul, and John Roberts. 1988. "An Economic Approach to Influence Activities in Organizations." *American Journal of Sociology* 94:S154-79. http://www.jstor.org/stable/2780245.

____. 1990. "Bargaining Costs, Influence Costs, and the Organization of Economic Activity." In *Perspectives on Positive Political Economy*, edited by James E. Alt and Kenneth A. Shepsie, 57-89. Cambridge: Cambridge University Press.

____. 2009. "Bargaining Costs, Influence Costs, and the Organization of Economic Activity." In *The Economic Nature of the Firm: A Reader*, 3rd ed., edited by Louis Putterman and Randall S. Kroszner, 143-55. Cambridge: Cambridge University Press.

Mirrlees, J., and S. Adam. 2011. *Tax by Design: The Mirrlees Review*. London: Institute for Fiscal Studies.

Mokyr, Joel. 1994. "Cardwell's Law and the Political Economy of Technological Progress." *Research Policy* 23 (5): 561-74. https://doi.org/10.1016/0048-7333(94)01006-4.

____. 2002. *The Gifts of Athena: Historical Origins of the Knowledge Economy*. Princeton, NJ: Princeton University Press.

____. 2018. "The Past and the Future of Innovation: Some Lessons from Economic History." *Explorations in Economic History* 69: 13-26. https://doi.org/10.1016/j.eeh.2018.03.003.

Moretti, Enrico. 2012. *The New Geography of Jobs*. Boston: Houghton Mifflin Harcourt.

Myers, John. 2020. "Fixing Urban Planning with Ostrom: Strategies for Existing Cities to Adopt Polycentric, Bottom-Up Regulation of Land Use." Mercatus Research, Mercatus Center at George Mason University, Arlington, VA, February.

https://www.mercatus.org/system/files/myers_-_mercatus_research_-_fixing_urban_planning_with_ostrom_-_v1.pdf.

Nanda, Ramana, and William Kerr. 2015. "Financing Innovation." *Annual Review of Financial Economics* 7 (1): 445-62.

National Audit Office. 2002. *Individual Learning Accounts*. https://www.nao.org.uk/wp-content/uploads/2002/10/01021235.pdf.

Nelson, Richard R. 1959. "The Simple Economics of Basic Scientific Research." *Journal of Political Economy* 67 (3): 297-306. https://doi.org/10.1086/258177.

____. 1994. "The Co-evolution of Technology, Industrial Structure, and Supporting Institutions." *Industrial and Corporate Change* 3 (1): 47-63. https://doi.org/10.1093/icc/3.1.47.

Nelson, Robert. 1999. "Privatizing the Neighborhood: A Proposal to Replace Zoning with Private Collective Property Rights to Existing Neighborhoods." *George Mason Law Review* 7. HeinOnline, https://heinonline.org/HOL/LandingPage?handle=hein.journals/gmlr7&div=37&id=&page=.

NESTA. 2016. "Pushing Boundaries: The 2015 UK Alternative Finance Industry Report." https://www.nesta.org.uk/report/pushing-boundaries-the-2015-uk-alternative-finance-industry-report/.

Nielsen, Michael. 2013. *Reinventing Discovery: The New Era of Networked Science*. Princeton, NJ: Princeton University Press.

North, Douglass C. 1993. "Douglass C. North-Prize Lecture: Economic Performance through Time." Nobel Prize Lecture, December 9. https://www.nobelprize.org/prizes/economic-sciences/1993/north/lecture/.

North, Douglass C., and Barry R. Weingast. 1989. "Constitutions and Commitment: The Evolution of Institutions Governing Public Choice in Seventeenth-Century England." *Journal of Economic History* 49 (4): 803-32. http://www.jstor.org/stable/2122739.

OECD. 2021. *Bridging the Gap in the Financing of Intangibles to Support Productivity: A Policy Toolkit*. Paris: OECD Publishing.

O'Reilly, Colin, and Ryan Murphy. 2020. "A New Measure of State Capacity, 1789-2018." *SSRN Electronic Journal*, August. https://doi.org/10.2139/ssrn.3643637.

Olson, Mançur. 1965. *The Logic of Collective Action*. Cambridge, MA: Harvard University Press.

Ostrom, Elinor. 2005. *Understanding Institutional Diversity*. Princeton, NJ: Princeton University Press.

Park, R. Jisung. 2020. "Hot Temperature and High Stakes Performance." *Journal of Human Resources*, March. https://doi.org/10.3368/jhr.57.2.0618-9535r3.

Peltzman, Sam. 2020. "Productivity, Prices and Productivity in Manufacturing: A Demsetzian Perspective." *SSRN Electronic Journal*, August. https://doi.org/10.2139/ssrn.3655762.

Pennington, Mark. 2001. *Planning and the Political Market: Public Choice and the Politics of Government Failure*. London: Athlone Press.

Phelps, Edmund. 2013. *Mass Flourishing: How Grassroots Innovation Created Jobs, Challenge, and Change. Princeton*, NJ: Princeton University Press.

Philippon, Thomas. 2019. *The Great Reversal: How America Gave Up on Free Markets*. Cambridge, MA: Belknap Press of Harvard University Press.

Piketty, Thomas. 2014. *Capital in the Twenty-First Century*. Cambridge, MA: Harvard University Press.

Porta, Rafael La, Florencio Lopez-De-Silanes, Andrei Shleifer, and Robert W. Vishny. 1997. "Legal Determinants of External Finance." *Journal of Finance* 52 (3): 1131. https://doi.org/10.2307/2329518.

Posner, Eric, and E. Glen Weyl. 2018. *Radical Markets: Uprooting Capitalism and Democracy for a Just Society*. Princeton, NJ: Princeton University Press.

Putnam, Robert. 1994. *Making Democracy Work: Civic Traditions in Modern Italy*. Princeton, NJ: Princeton University Press.

Rachel, Lukasz, and Thomas Smith. 2015. "Secular Drivers of the Global Real Interest Rate." Bank of England working paper no. 571. https://doi.org/10.2139/ssrn.2702441.

Ridley, Matt. 2020. *How Innovation Works: And Why It Flourishes in Freedom*. London: 4th Estate.

Ritchie, Stuart. 2020. *Science Fictions: Exposing Fraud, Bias, Negligence and Hype in Science*. New York: Penguin.

Rognlie, Matthew. 2015. "Deciphering the Fall and Rise in the Net Capital Share." *Brookings Papers on Economic Activity* 46: 1-69. https://doi.org/10.1353/eca.2016.0002.

Royal Town Planning Institute. 2020. "Priorities for Planning Reform in England." April 23. https://www.rtpi.org.uk/policy/2020/april/priorities-for-planning-reform-in-england/.

Sawhill, Isabel V., and Katherine Guyot. 2020. *The Middle Class Time Squeeze*. Washington, DC: Brookings Institution. https://www.brookings.edu/wp-content/uploads/2020/08/The-Middle-Class-Time-Squeeze_08.18.2020.pdf.

Schumacher, E. F. 1980. *Small Is Beautiful*. London: Blond & Briggs. https://www.amazon.co.uk/Small-Beautiful-F-Schumacher/dp/B0010365XW/ref=tmm_hrd_swatch_0?_encoding=UTF8&qid=&sr=.

Schumpeter, Joseph A. 1942. *Capitalism, Socialism and Democracy*. New York: Harper.

Schwartz, Peter, and Peter Leyden. 1997. "The Long Boom: A History of the Future, 1980-2020." *Wired*, July 1. https://www.wired.com/1997/07/longboom/.

Scott, James. 1999. *Seeing Like a State: How Certain Schemes to Improve the Human Condition Have Failed*. New Haven, CT: Yale University Press.

Shiller, Robert. 2019. *Narrative Economics*. Princeton, NJ: Princeton University Press.

Shoup, Donald. 2018. *Parking and the City*. New York: Routledge.

Sibieta, Luke, Imran Tahir, and Ben Waltmann. 2021. "Big Changes Ahead for Adult Education Funding? Definitely Maybe." Institute for Fiscal Studies Briefing Note BN325. https://ifs.org.uk/uploads/BN325-Big-changes-ahead-for-adult-education-definitely-maybe.pdf.

Sichel, Daniel E. 2016. "Two Books for the Price of One: Review Article of *The Rise and Fall of American Growth* by Robert J. Gordon." *International Productivity Monitor* 31:57-62. https://ideas.repec.org/a/sls/ipmsls/v31y20164.html.

Simon, Hermann. 1995. *Hidden Champions of the Twenty-First Century: The Success Strategies of Unknown World Market Leaders*. Cambridge, MA: Harvard University Press.

Skelton, David. 2019. *Little Platoons: How a Revived One Nation Can Empower England's Forgotten Tows and Redraw the Political Map*. London: Biteback Publishing.

Smith, Adam. 1904. *An Inquiry into the Nature and Causes of the Wealth of Nations*. Edited by Edwin Cannan. 2 vols. London: Methuen & Co.

Smith, James, Jack Leslie, Cara Pacitti, and Fahmida Rahman. 2019. "Recession Ready? Assessing the UK's Macroeconomic Framework." Resolution Foundation. https://www.resolutionfoundation.org/publications/recession-ready/.

Subcommittee on Antitrust, Commercial and Administrative Law of the Committee on the Judiciary. 2020. "Investigation of Competition in Digital Markets." https://judiciary.house.gov/uploadedfiles/competition_in_digital_markets.pdf.

Swinney, Paul, Rebecca McDonald, and Lahari Ramuni. 2018. "Talk of the Town: The Economic Links between Cities and Towns," London: Centre for Cities. https://www.centreforcities.org/publication/talk-of-the-town/.

Syed, Matthew. 2019. *Rebel Ideas: The Power of Diverse Thinking*. London: John Murray.

Syverson, Chad. 2019. "Macroeconomics and Market Power: Context, Implications, and Open Questions." *Journal of Economic Perspectives* 33 (3): 23-43. https://doi.org/10.1257/jep.33.3.23.

Tabarrok, Alex. 2013. "The Tabarrok Curve in the WSJ." Marginal Revolution, June 23. https://marginalrevolution.com/marginalrevolution/2013/06/the-tabarrok-curve-in-the-wsj.html.

Taylor, Mark Zachary. 2016. *The Politics of Innovation: Why Some Countries*

Are Better than Others at Science and Technology. Oxford: Oxford University Press.

Traina, James. 2018. "Is Aggregate Market Power Increasing? Production Trends Using Financial Statements." Available at SSRN, https://doi.org/10.2139/ssrn.3120849.

Van Bavel, Bas. 2016. *The Invisible Hand? How Market Economies Have Emerged and Declined since AD 500*. New York: Oxford University Press.

Van Zandt, David E. 1993. "The Lessons of the Lighthouse: 'Government' vs. 'Private' Provision of Goods." *Journal of Legal Studies* 22 (1): 47-72.

Vollrath, Dietrich. 2020. *Fully Grown: Why a Stagnant Economy Is a Sign of Success*. Chicago: University of Chicago Press.

Waldrop, M. Mitchell. 2018. *The Dream Machine*. 4th ed. San Francisco: Stripe Press.

Walker, John. 2011. *The Acceptability of Road Pricing*. London: RAC Foundation, May. https://www.racfoundation.org/wp-content/uploads/2017/11/acceptability_of_road_pricing-walker-2011.pdf.

Weingast, Barry R. 1995. "The Economic Role of Political Institutions: Market-Preserving Federalism and Economic Development." *Journal of Law, Economics, & Organization* 11 (1): 1-31. http://www.jstor.org/stable/765068.

Whitehead, Alfred North. 1911. *An Introduction to Mathematics*. London: Williams and Norgate.

Wilkinson, Frank, and Kate Pickett. 2009. *The Spirit Level: Why More Equal Societies Almost Always Do Better*. London: Allen Lane.

Williamson, Elizabeth J., Alex J. Walker, Krishnan Bhaskaran, Seb Bacon, Chris Bates, Caroline E. Morton, Helen J. Curtis, et al. 2020. "Factors Associated with COVID-19-Related Death Using OpenSAFELY." *Nature* 584 (7821): 430-36. https://doi.org/10.1038/s41586-020-2521-4.

Williamson, Oliver E. 2009. "Prize Lecture by Oliver E. Williamson." Nobel Foundation. https://www.nobelprize.org/prizes/economic-sciences/2009/williamson/

lecture/.

Wilsdon, James, Liz Allen, Eleonora Belfiore, Philip Campbell, Stephen Curry, Steven Hill, Richard Jones, et al. 2015. *The Metric Tide: Report of the Independent Review of the Role of Metrics in Research Assessment and Management*. https://doi.org/10.13140/RG.2.1.4929.1363.

Wise, Tom, and Kenney Turnbull. 2019. "How Has Trade Policy Uncertainty Affected the World Economy?" Bank of England, September 10. https://www.bankofengland.co.uk/bank-overground/2019/how-has-trade-policy-uncertainty-affected-the-world-economy.

Wyman, Oliver, and British Business Bank. 2019. "The Future of Defined Contribution Pensions: Enabling Access to Venture Capital And Growth Equity." British Business Bank, September. https://www.british-business-bank.co.uk/wp-content/uploads/2019/09/Oliver-Wyman-British-Business-Bank-The-Future-of-Defined-Contribution-Pensions.pdf.

찾아보기

ㄴ

ㄷ

ㄹ

ㅅ

ㅈ

ㅌ

ㅍ